Günter Heisterkamp
Vom Glück der Großeltern-Enkel-Beziehung

Sachbuch Psychosozial

Günter Heisterkamp

Vom Glück der Großeltern-Enkel-Beziehung

Wie die Generationen sich wechselseitig fördern

Psychosozial-Verlag

Bibliografische Information der Deutschen Nationalbibliothek
Die Deutsche Nationalbibliothek verzeichnet diese Publikation
in der Deutschen Nationalbibliografie; detaillierte bibliografische Daten
sind im Internet über http://dnb.d-nb.de abrufbar.

Originalausgabe

Walltorstr. 10, D-35390 Gießen
Fon: 06 41 - 96 99 78 - 18; Fax: 06 41 - 96 99 78 - 19
E-Mail: info@psychosozial-verlag.de
www.psychosozial-verlag.de

Umschlagabbildung: Grandfather carrying his grandson on the beach © Purestock/Thinkstock
Umschlaggestaltung: Hanspeter Ludwig, Wetzlar
www.imaginary-world.de
Druck: PRINT GROUP Sp. z o. o., Stettin
ISBN 978-3-8379-2492-3

Yannick, Eileen, Sina, Leon, Glenn, John und ihren Eltern

Enkelkinder sind die Morgenröte des Alters.

(Frei nach Victor Hugo:
L'art d'être grand-père, 1985 [1877])

Inhalt

1. Ursprünge des Buches

1.1 Eine zündende Idee

Dieses Buch ist aus der zündenden Idee eines befreundeten Kollegen entstanden, der eine psychologische Jahrestagung mit dem Titel »Instanzen im Schatten – Väter, Geschwister, bedeutsame Andere« plante. In diesem Zusammenhang fragte er mich, ob ich einen Vortrag zur Bedeutung von Großeltern für die Entwicklung ihrer Enkelkinder halten würde, denn er erinnerte sich lebhaft an Schilderungen, in denen mein Herz bereits während früherer Treffen bei diesem Thema übergelaufen war. Meine Erfahrungen sind schön eingefasst in der literarischen Formulierung Victor Hugos (1985[1877]), nach der Enkelkinder die Morgenröte des Alters sind. Die Anfrage meines Kollegen erfolgte unmittelbar bevor ich zu einem Symposium für Psychoanalyse und Körper nach Wien aufbrach. Ich bat mir eine kurze Bedenkzeit aus und machte mich mit dieser offenen Frage auf den Weg nach Österreich. In Wien nahm ich mir die Zeit, noch einmal das Freud-Museum zu besuchen. Dabei fielen mir besonders zwei Fotografien auf: Freud mit seiner Tochter Sophie und Freud mit seinen Enkeln Ernstl und Heinele, den beiden Söhnen von Sophie. Meine gesteigerte Aufmerksamkeit machte mir deutlich, dass mein Unbewusstes bereits »ja« zu dem Vortrag signalisiert hatte. Ich fühlte mich offenbar besonders von der Großelternsituation affiziert. Bei der nachdenklichen Betrachtung der beiden Bilder begann ich mich zu wundern.

Wenden wir uns zunächst dem Bild Freuds mit seiner Tochter zu, deren früher Tod der eifersüchtigen Schwester Anna bekanntlich ziemliche

Schuldgefühle bereitet hatte. Ich sehe in dem Bild das Bemühen Sophies, ihrem wohl von seinen schöpferischen Arbeiten stark beanspruchten Vater nahe sein zu wollen. Während sie sich an ihn schmiegt und er das wohl auch gerne zulässt, trifft sein mürrischer Blick den Fotografen, als wolle er ihn fragen, was dieser denn von ihnen wolle. Die Tochter scheint durch die Sehnsucht nach dem Vater bestimmt zu sein, er hingegen schaut distanziert und streng in die Kamera. Diesen prüfenden Blick kann man in vielen Freud-Portraits wiederfinden. Umso überraschender ist das zweite Bild, das Freud mit seinen Enkeln zeigt. Hier strahlt er ein Glück und eine Wärme aus, die man bei anderen Bildern vergeblich suchen wird. Den Enkeln bereitet es offensichtlich ebenfalls Freude und Behagen, sich innig an den Großvater zu schmiegen. Der Betrachter spürt die wohlige Atmosphäre, die Freud und seine Enkel trägt. Lässt sich in den unterschiedlichen Ausdrucksqualitäten der Bilder etwas erkennen, das für die Situation zwischen Großeltern und Enkelkindern typisch ist?

Freud selbst ist nach seinem Großvater väterlicherseits Sigmund benannt worden, der kurz vor seiner Geburt verstarb. Man findet keinen Hinweis darauf, ob er Kontakte zu der lang lebenden Großmutter mütterlicherseits hatte. Über seine Beziehungen zu seinen Großeltern kann kaum etwas gesagt werden. Freud wurde im Laufe seines Lebens Großvater von insgesamt sechs Enkelsöhnen und zwei Enkeltöchtern. In seinen Briefen an Fließ und Jung sowie in den Biografien von Jones und Gay finden sich keine Hinweise auf seine Großelternsituation (Furman, 2000, S. 19f.). Dennoch war er tief verbunden mit seiner Rolle als Großvater, wie es das zweite Bild ja schon andeutet. Auch Furman geht,

Freud mit seiner Tochter Sophie

Freud mit den Enkeln Ernstl und Heinele

ohne dass ich ihn schon bei meinem Museumsbesuch kannte, genau in diesem Sinne darauf ein:

> »On the other side of the coin, that of being a grandfather, much can be said as Freud seems to have felt deeply about this role, about this phase of life. One need only look in Jones (1957) at the pictures of Freud in 1922 with three of his grandsons, one with Ernstl and Heinerle, the other with Stefan Gabriel (pp. 78–79), to see a soft warmth in Freud's expression that I cannot remember finding in any other photograph of him« (Furman, 2000, S. 20).

Da ich selbst in meinen psychoanalytischen Weiterbildungen auch eine längere Zeit bei Ernest (»Ernstl«) Freud in Analyse war, zeitweise im Haus des heutigen Freud-Museums (Maresfield Gardens Nr. 20 in London), habe ich in meinen selbstanalytischen Nachbesinnungen den Eindruck gewonnen, selbst von dieser liebevollen Atmosphäre und den entsprechenden Enactments in der Behandlung profitiert zu haben, ohne dass es mir seinerzeit aufgefallen war. Ich gehe später ausführlich auf diese Analyseerinnerungen ein. Als Heinele (zumeist wurde er so in seiner Familie genannt und nicht »Heinerle«) zwei Jahre nach dem Tod seiner Mutter, die 1921 während einer Grippeepidemie gestorben war, an einer Tuberkulose starb, sagte Freud, dass er sich seitdem nicht mehr am Leben erfreuen könne.

> »Die Trauer um seine Tochter belebt sich, dem Weiterleben in einer neuen Generation ist nicht zu trauen. Er hat ›nie Schwereres erlebt‹. So verwundbar in seiner Liebe will Freud nie mehr sein; er will nie wieder ein Kind so lieben. Er panzert sich so, dass sein ältester Enkel sich vor ihm ängstigt« (Salber, 2006, S. 88).

Die tiefenpsychologische Bedeutung, die in den ausgestellten Fotografien zum Ausdruck kommt, hat allerdings in seinem Werk keinen Raum gefunden. Im Gesamt- oder Hauptregister (Freud, 1999, S. 173f.) fehlen Großeltern bzw. Großmutter oder Großvater als Indexwörter, und im biografischen Sonderregister lassen sich unter dem Oberbegriff der »Familie« und dem Unterbegriff »Verwandte« (S. 966) nur zwei Verweise finden, in denen das Wort Großvater in formaler Weise vorkommt (GW II/III 1999, S. 427 und S. 589). Vor dem Hintergrund meiner langjährigen Lebenserfahrungen als Großvater und meinen Analyseerfahrungen bei Ernest Freud und auch angesichts der Bilder von Freud mit seiner Tochter und mit seinen Enkeln hat wohl die Nachfrage meines Kollegen mich dazu geführt, dass ich mein Interesse für einen neuen Forschungsgegenstand entdeckte, dass ich »Feuer und Flamme« wurde, die Psychologie der Großelternsituation, insbesondere die Freuden der Großeltern-Enkelkind-Beziehung, zu untersuchen.

Es liegt nahe, sich auch bei Alfred Adler, dem zweiten Tiefenpsychologen, kundig zu machen, ob er vielleicht einen Beitrag zum psychologischen Verständnis dieser transgenerationalen Beziehung geleistet hat. In den Stichwortverzeichnissen findet man – wie es bei einem Forscher, der neben der besonderen Bedeutung der Familie die der Geschwisterkonstellation in die Tiefenpsychologie eingebracht hat, auch zu erwarten ist – relativ viele Verweise auf die Großelternsituation (Heisterkamp, 1985). In sieben Büchern zwischen den Jahren 1929 und 1933 finden sich im jeweiligen Index insgesamt 24 Hinweise auf Textpassagen, in denen von der Bedeutung der Großeltern die Rede ist. Sie haben alle denselben Tenor:

Großeltern verwöhnen und verzärteln ihre Enkelkinder und mischen sich ständig in die Erziehungsangelegenheiten der Eltern ein. Aus den Passagen wird überdeutlich, dass sich Adler nur mit der Fehlform der Verwöhnung der Enkelkinder durch die Großeltern befasst hat und die entwicklungsfördernden Bedingungen im Verhältnis von Großeltern zu Enkelkindern übergangen hat. Adler, der vermutlich keine Enkel hatte, wiederholt nur das seinerzeit übliche gesellschaftliche Vorurteil (Uhlendorff, 2003, 2008; Schäfer, 2006).

Eine derartige Vereinseitigung ist verwunderlich, insofern Adler des Öfteren darauf verwiesen hat, wie leicht Kinder im Sinne der jeweiligen Überkompensationen ihrer Eltern funktionalisiert werden können. Adler hatte bereits zu seiner Zeit ein familiendynamisches Verständnis (Heisterkamp, 1985), das ihn als Vorläufer von Richter (1969, 1972), Stierlin (1975, 1982) und Miller (1979, 1980, 1981) erwies und als Vordenker des intersubjektiven Bezogenseins (P. Heisterkamp, 1996, 2010). Er hat von Beginn an Erziehungsstile und Lebensstile der Eltern, ihre Beziehungen zueinander, die Geschwisterpositionen sowie die Allianzen zwischen Kindern und Eltern beachtet und ein tiefenpsychologisches Konzept zur Psychologie von Familien entworfen. Wenn man einmal von seiner tendenziösen Wahrnehmung der Großeltern absieht, bleibt beachtlich, dass er die Großelternsituation überhaupt in seine Überlegungen einbezieht und in seinem Werk immer wieder die Perspektive für eine dritte Generation öffnet. Dennoch hat er das Verhalten von Großeltern nicht auf die Wirkungszusammenhänge in Großfamilien bezogen. Darüber hinaus bleibt auch die Frage offen, wieso in den tatsächlichen oder vermeintlichen Fehlhaltungen von Großeltern etwas Typisches der Großelternsituation zum Ausdruck kommt. Eventuelle Freuden der Großelternsituation oder gar wechselseitige Entwicklungsförderungen bleiben völlig außer Betracht.

Diese negativistische Darstellung fordert schon aufgrund der allgemeinen Lebenserfahrung Widerspruch heraus. Es ist geradezu trivial festzustellen, dass Großeltern nicht nur an der Entstehung von Entwicklungsstörungen und seelischen Erkrankungen beteiligt sein können, sondern die Entwicklung des Kindes auch entscheidend fördern können. Die Enkel ihrerseits können den Großeltern einen tiefen Lebenssinn und viel Freude an ihrem Dasein bereiten, obwohl sie auch einen möglichen Herd der Unruhe und des Konfliktes darstellen (Herzka, 1988; Schwob, 1988, 1992;

Furman, 2000; Blos, 2000). Das ist heute alles unbenommen. Mich interessiert besonders die Frage, wie dieses transgenerationale Beziehungsgefüge »psychologisch funktioniert«, wie sich daraus sowohl Glücks- als auch Unglückserfahrungen entwickeln. Auch in der aktuellen Forschung der Individualpsychologie wird das Thema *Großeltern und Enkelkinder* nicht relevant. Das zeigt sich bereits daran, dass ein entsprechendes Stichwort sowohl in dem 1995 in zweiter Auflage erschienenem »Wörterbuch der Individualpsychologie« (Brunner & Titze, 1995) als auch in dem Register der deutschsprachigen individualpsychologischen Periodika von 1994 (Lehmkuhl & Gröner, 1994), das immerhin den Zeitraum von 1914 bis 1992 umfasst, fehlt.

Auch in der analytischen Psychologie C. G. Jungs, dem dritten Tiefenpsychologen, finden wir keine konkreten Hinweise auf Enkelkinder bzw. Großeltern, obwohl er selbst viele Enkelkinder hatte. Die Stichwörter »Großeltern« oder »Enkel« kommen im *Wörterbuch der Analytischen Psychotherapie* (Müller & Müller, 2003) und in Jacobis Einführung in das Gesamtwerk C. G. Jungs (1978) nicht vor. Im Kontext des kollektiven Unbewussten und der Archetypen gibt es nur indirekte Hinweise, die für das Verständnis der Großeltern- und der Enkelsituation genutzt werden können. Sie beziehen sich auf die Imagines der Großen Mutter und des Großen Vaters, der participation mystique zwischen Eltern und Kind (Jung, 1988, GW 17, §217a) sowie der universalen Polarität des Seelischen (z. B. alt und jung, nah und fern, fremd und vertraut). Die Hinweise sollen hier zunächst nur erwähnt und erst später an der passenden Stelle aufgegriffen und erläutert werden.

1.2 Sehnsucht nach einem Bild liebender Großeltern

Wenn die Nachfrage des Kollegen etwas in mir entzünden konnte, stellt sich die weiterführende Frage, worin denn der Zündstoff bestand. Was sind die unbewussten Motive, die mich bei der Verfertigung meines Buches über die Großelternsituation bewegten? Um diese zu entdecken, bedurfte es eines Handlungsdialoges, der in der gegenwärtigen Psychoanalyse auch als Enactment bezeichnet wird (Heisterkamp, 2002) oder im Sinne von Stern (1998, 2005) als Gegenwartsmoment oder Augenblickserfahrung (Now-Moment) aufgefasst werden könnte. Ich war schon über 60 Jahre alt, als ich mich noch einmal in eine analytische Psychotherapie begeben hatte. Wenn ich vorher nach meinen Gründen befragt worden wäre, hätte ich auf die Verunsicherungen infolge einer tiefen Beinvenenthrombose und auf das in vorausgegangenen Therapien des Öfteren behandelte Druckthema hingewiesen, das in meinem Lebensstil immer eine besondere Rolle gespielt hatte. In der Rückschau würde ich als zentrales Motiv für die Wiederaufnahme einer professionell begleiteten Selbstanalyse meine Suche nach einem Bild liebender Großeltern nennen. Diese Tendenzen erwuchsen sowohl aus der Abwehr meiner eigenen Erfahrungen als auch aus den Ängsten, in der Art und Weise alt zu werden und mich meinen eigenen Enkeln gegenüber so zu verhalten, wie ich es mit meinen eigenen Großeltern mütterlicherseits, mit denen ich in einer Großfamilie aufgewachsen bin, erlebt hatte. Wie sehr ich mich dort in Feindesland gefühlt hatte, blitzte eines Tages während der psychotherapeutischen Behandlung eines katholischen Theologen auf, als dieser nebenbei den in Theologenkreisen verbreiteten Spitznamen für Pietisten erwähnte, die hier als »Pietkong« karikiert würden.

Das Epizentrum der familiären Spannungen lag in der feindseligen Beziehung zwischen einer pedantischen Großmutter, die mit ihrer pietistischen Gesinnung über ihre um sich gescharte Großfamilie herrschte und alle Lebensfreude und Lebenslust im Keime zu ersticken versuchte, und einem »schwer kriegsbeschädigten Großvater«, der als Substitut des negativen Selbst für alle und alles diente. Gleichzeitig wurden seine prämorbiden narzisstischen Züge damit auch unkenntlich gemacht. Jedenfalls lieferte sein egozentrisches und unbeherrschtes Verhalten dann auch wieder den Anlass für Großmutters rigide Anstrengungen, uns im Sinne des puritanischen Familienmythos (absolut fleißig, rein, anständig, ehrbar) zu reglementieren.

Von meiner Großmutter, von der sich meine eigene Mutter, also ihre Tochter, ihr Leben lang nicht hat lösen können, fühlte ich mich in eine schreckliche puritanische Wirklichkeit genötigt. Sie lebte mir mit ihrem Mann eine von wechselseitiger Verachtung geprägte Beziehung vor.

Wegen meiner anfangs symbiotisch geprägten Beziehung zu meiner Mutter hatte ich immer wieder Teil an ihrer unterdrückten Wut auf ihre Eltern bzw. wurde projektiv von ihrem Hass auf ihre Mutter und ihren

Vater besetzt. Das Herkommen meiner Mutter und ihr Verhaftetsein in diesem vergifteten und verbitterten Familienmilieu hat sich mit depressiver Schwere auf meine anfängliche Entwicklung gelegt und die fatale Anregung geboten, eine masochistisch-narzisstische Form der Bewältigung zu entwickeln: nämlich mich als Erlöser der Mutter zu entwerfen. Ähnlich fühlte ich mich auch von meinem Vater, der als fünftes von acht Kindern zur Welt kam, unbewusst zur Kompensation seiner Nichtigkeitsgefühle aufgerufen. Er wurde ebenfalls in eine schwer belastete, präödipal gebundene Familie hineingeboren, in der zwei Geschwister vor ihm und zwei nach ihm gestorben waren.

Ich erlebte die Familiensituation darüber hinaus als absurd, insofern der Großvater zwar als der Unhold der Familie hingestellt wurde, aber dieser schwerkranke Mann der einzige war, der mit mir spielte, malte und werkelte. Allerdings habe ich ihn dabei immer schon als selbstbezogen erlebt und musste auf irgendwelche Zeichen von Resonanz weitgehend verzichten. Wir hatten uns wohl in einer gemeinsamen Not zusammengefunden.

»Pietkong« passt sehr gut als Metapher für die feindselige Familienatmosphäre, in die ich hineingeboren wurde. Aber die belastenden Wirkungszusammenhänge in meiner Familie, insbesondere die mit meinen Großeltern, hatten eine überpersonale und auch überfamiliäre Dimension, wie die Anspielung auf den Vietnamkrieg ebenfalls zum Ausdruck bringt.

Ich habe, identifiziert mit der von ihr abhängigen Mutter, meine Oma lange verteufelt. Erst sehr spät ist mir deutlich geworden, wie das historische Leid dieser Frau in ihr verkapselt blieb, nie Thema in einem Familiendiskurs wurde und ich mit meiner Abneigung zu dieser Verkapselung auch noch beitrug (Horn, 2014, S. 7). Was hatte diese Frau alles durchgemacht! Zwei Weltkriege mit ihren verheerenden Folgen: Ihr junger und vitaler Ehemann kehrte schwer traumatisiert und wesensmäßig verändert aus dem ersten Weltkrieg zurück, und im zweiten Weltkrieg starb einer ihrer Söhne, der Zwillingsbruder meiner Mutter, an der Front. Sie war für mich als Kind und Jugendlicher bis zu ihrem Tode eine schreckliche Frau, von deren eigenen eingekapselten Schrecken und Teilhabe an der kollektiven Scham der Deutschen ich nichts bemerkte. Die gesamte Großfamilie war nicht näherungsweise in der Lage, das eigene Leid zu äußern. Die Großmutter hatte das doppelte Leid eines Täter-Opfers zu ertragen, einmal die Scham über die Kriege und Verheerungen, die das deutsche Volk über Europa gebracht hatte, und dann die Leiden, die sie selbst bei Bombardierung, Beschuss, Hunger und Wohnungsnot erlitten hatte (Horn, 2014). Ihre zwanghaft pietistische Einstellung, von der ich mich als Kind so gequält fühlte, war für sie wohl der einzig verbliebene notdürftige Halt in einer aus den Fugen geratenen Wirklichkeit.

Der Großvater kehrte nach dem ersten Weltkrieg mit schweren posttraumatischen Störungen zurück. Mit cholerischen Ausbrüchen tyrannisierte er seine Umgebung. Er konnte wie aus heiterem Himmel stimmungsmäßig explodieren, analog zu den schrecklichen Erfahrungen als Kanonier im ersten Weltkrieg, als feindliche Granaten neben seinem mehrspännigen Pferdefuhrwerk, das ein gewaltiges Geschütz zog, einschlugen und seinen ganzen Körper mit unzähligen Splittern durchsiebten. »Er ist zu hundert Prozent kriegsbeschädigt« wurde zum geflügelten Wort, dessen Tonfall mehr Schimpf als Anteilnahme zum Ausdruck brachte. Erstaunlicherweise blieb ich als einziger nicht nur von seinen Anfällen und Ausbrüchen verschont, sondern wir fanden sogar viele Gelegenheiten, gemeinsam zu spielen, allerdings ohne dass je ein emotionales Miteinander dabei entstanden wäre.

Meine eigenen dämonischen Introjekte als Kriegskind, die längere Zeit erlebensmäßig nicht zugänglich waren, konkretisieren sich in zwei typischen Kindheitserinnerungen. In der einen, ich war ungefähr vier Jahre alt und der zweite Weltkrieg seit zwei Jahren im Gange, lief ich beim wilden Spiel auf der Straße vor eine eiserne Laterne und zog mir eine klaffende Wunde am Kopf zu. Meine Mutter trug mich ins Krankenhaus, wo mir ein Notarzt die Wunde nähte und verpflasterte. Was in bleibender Erinnerung blieb: Nachdem der Arzt die Behandlung abgeschlossen und ich nicht geweint hatte, gab er mir ein Bonbon und lobte mich mit den Worten: »Du bist aber ein tapferer Junge. Du wirst einmal Panzeroffizier.« Ich war sehr stolz und freute mich besonders über das Strahlen in den Augen meiner Mutter. Diese schaurig-schöne Erinnerung führte mir vor Augen, wie sehr ich bereits von den dämonischen Figuren meiner »Mitläufereltern« latent infiziert gewesen sein mag (Moser, 1996). In einer weiteren Kindheitserinnerung, ich war mittlerweile kaum ein Jahr älter, machte ich die typische Erfahrung von Kriegskindern, dass ihre Eltern sie mit ihren Fragen alleine ließen: Ich entdeckte nämlich eines Tages bei einer Straßenbahnfahrt mit meiner Mutter, meiner Großmutter und meiner Tante in die Düsseldorfer Innenstadt, dass die Gatter vor dem Schlachthof nicht wie sonst mit Tieren, sondern mit Menschen gefüllt waren. Bei früheren Fahrten hatte ich erfahren, dass hier Tiere geschlachtet und dann zu Wurst und Fleisch für die Stadtbevölkerung verarbeitet wurden. Ich blieb mit meiner erschreckten Nachfrage, was man denn mit den Menschen – heute weiß ich, dass es sich um Deportationen von Juden handelte – machen würde, allein. Und dabei traf meine entsetzte Vorahnung genau den entsetzlichen Kern der historischen Katastrophe (Heisterkamp, 2002, S. 236ff.).

Heute bin ich davon überzeugt, dass diese malignen Erfahrungen mit den Großeltern, mit der in ihrer Herkunftswelt verstrickt gebliebenen Mutter und einem meist abwesenden Vater angesichts meines fortgeschrittenen Alters bei mir latente Ängste vor einer Wiederholung geweckt hatten, insbesondere im Hinblick auf die Beziehung zu meinem gerade geborenen ersten Enkel. Der diesbezügliche Durchbruch in meiner analytischen Psychotherapie sei hier kurz erzählt (Heisterkamp, 2002, S. 41ff.):

> Ich kam zur vereinbarten Zeit zu meiner Sitzung, drückte die Klingel und wartete darauf, dass meine betagte Analytikerin zur Tür kam, was wegen der Distanz zwischen Praxisraum und Hauseingang immer eine gewisse Weile in Anspruch nahm. Diesmal dauerte es aber länger, und ich schellte ein zweites Mal, weil ich vermutete, dass das erste Läuten überhört wurde. Da ich selber schon gewisse Beeinträchtigungen meiner Hörfähigkeit spürte, konnte ich mir diese bei meiner noch älteren Analytikerin um so eher vorstellen. Ich wartete also weiter und beschäftigte mich mit dem Gedanken, ob ich mich oder die Analytikerin sich vielleicht im Termin geirrt oder ob wir uns nur bei der Terminabsprache missverstanden hätten.
>
> Schließlich dachte ich darüber nach, was ich, wenn die Stunde ausfallen würde, unternehmen würde. Dann würde ich noch früher zu meiner Tochter und meinem ersten Enkel kommen, die ich anschließend besuchen wollte, worauf ich mich schon sehr freute. Während ich meinen Gedanken nachhing, öffnete sich die Tür doch noch, aber nicht meine Analytikerin, sondern ein alter Mann öffnete mir und lud mich mit einer freundlichen Geste ein hereinzukommen, während er meiner Erinnerung nach sagte: »Meine Frau ist im Therapieraum und hat Sie vermutlich nicht gehört.«
>
> Nachdem er die Tür hinter mir geschlossen hatte, ging er langsam den gewohnten Weg vorweg zum Therapiezimmer, klopfte an, öffnete

die Tür, ging hinein – während ich noch in einem gewissen Abstand vor der Türe wartete – und ich hörte ihn sagen: »Schätzelein, da ist jemand für dich.« Seine Freundlichkeit zu mir, seine innigen Worte zu seiner Frau, meiner Analytikerin, dieser Moment der liebevollen Kontaktaufnahme insgesamt bewegte und berührte mich sehr. Mir wurde warm ums Herz und eine tiefe Freude durchströmte mich.

Vielleicht kennt der Leser auch die bewegende Erfahrung eines alten Paares, das liebevoll und zärtlich miteinander umgeht, das sich so wohltuend abhebt von der leider viel häufigeren Erfahrung verbitterter älterer Paare. Durch die augenblickliche oder momenthafte Erfahrung, wie zwei Alte zärtlich miteinander umgehen, wurde bei mir ein Hoffnungsbild für die verbleibenden Jahre meines Lebens wachgerufen. Auf der Grundlage fragiler und belastender Vorerfahrungen mit meinen eigenen Großeltern in der Vergangenheit und über die unmittelbare Teilhabe am Glück zweier alter Menschen kreierte mein Selbst einen hoffnungsvollen Entwurf für die Zukunft. Wie als Bestätigung aus dem Unbewussten erinnerte ich mich im Nachhinein an eine Episode aus dem Deutschunterricht in der Unterstufe des Gymnasiums. Mir fiel eine Stunde ein, in der ein alter und humorvoller Deutschlehrer uns erklärt hatte, dass man ein nettes, liebevolles älteres Paar als »Philemon und Baucis« bezeichnen würde. Er wird uns, da er auch Latein unterrichtete, sicherlich auch erklärt haben, dass dieses Bild aus den Metamorphosen des Ovid stammt. Jedenfalls erinnerte ich mich sofort wieder an die warmen und möglicherweise mit strahlenden Augen untermalten Erklärungen dieses alten weisen Mannes, der uns auch öfter von seiner Frau, seinen Kindern und Enkelkindern und seinem Hund erzählte. Ich verdanke ihm wohl den Keim einer Ahnung, dass man auch auf andere Weise alt werden kann, als ich das bei meinen primären Bezugspersonen erlebt hatte. Und diese »Pflanze« blühte nun in der analytischen Situation auf: zum einen unmittelbar bei der Anteilnahme an der liebevollen Begegnung zwischen meiner Analytikerin und ihrem Mann, und zum anderen mittelbar, weil dieses antike Bild auch zu der erhofften responsiven Antwort meines »Übertragungsobjektes«, dessen fundierte humanistische Bildung mir schon lange aufgefallen war, führte. Allmählich wandte sich unser Blick von der Retrospektive zur Prospektive, und ich freute mich, als ich zu ahnen begann, dass ich einen beglückenden Selbstentwurf für die

Zukunft mit meiner zweiten Frau und meinen Kindern und Kindeskindern gefunden hatte. In dem Mythos von Philemon und Baucis hat Ovid ein bewegendes Bild für die Metamorphosen des Seelischen geschaffen.

Tripp fasst den Mythos folgendermaßen zusammen:

> »Baukis und Philemon, älteres armes Ehepaar in Bithynien. Während Zeus und Hermes als Sterbliche verkleidet durch Phrygien wanderten, wurde ihnen in unzähligen Häusern die Gastfreundschaft verweigert. Am Abhang oberhalb einer besonders ungastlichen Stadt kamen sie schließlich zu der ärmlichen Hütte von B. und P. Das alte Ehepaar nahm sie mit großer Freundlichkeit auf. Während der Mahlzeit bemerkten die Gastgeber, daß der Weinkrug sich auf wunderbare Weise beständig wieder füllte, und es wurde ihnen klar, daß ihre Gäste keine Sterblichen waren. Die beiden Götter gaben sich zu erkennen und führten die alten Leute auf die Spitze des Hügels. Als sie sich umdrehten, sahen sie, daß die ungastliche Stadt im Tal in einem See verschwunden war. Ihre eigene Hütte war jedoch zu einem Tempel geworden. Zeus sagte ihnen jede Gunst zu, um die sie bitten würden. P. wünschte sich nur, daß sie den Rest ihres Lebens als priesterliche Hüter des Tempels verbringen dürften und am Ende keiner länger als der andere leben solle. Der Wunsch wurde erfüllt. B. und P. kümmerten sich um den Tempel, solange sie lebten, und wurden, als sie starben, der eine in eine Eiche, der andere in eine Linde verwandelt, die Seite an Seite wuchsen« (Tripp 1991, S. 127).

Am Beispiel dieses alten Paares zeigt Ovid, was es bedeutet, sich auf die Wandlungen des Seelischen einzulassen. Während andere im »Sumpf« symbiotischer Verschmelzungen und Verstrickungen untergehen (Überschwemmung), unterscheiden sich die beiden als Individuen (Eiche und Linde) und bleiben doch aufeinander bezogen (Gegenüberposition und sich berührende Äste). In vielfältiger Weise lassen sich Philemon und Baucis auf die intrapsychische und interpsychische Dialektik der seelischen Wirklichkeit ein. Sie öffnen sich dem Fremden, dem Anderen, dem »Dritten«. Darin veranschaulicht sich eine postödipale Reife, in der die Spannungen triangulärer Konstellationen reguliert werden. Das Dritte kann auch die umfassende Wirkungseinheit des Paares sein, die mehr und anders ist als ein additives Zusammen zweier Individuen. Bei Philemon und Baucis ist das Schöpferische der umfassenden Wirkungseinheit in der gemeinsamen Hütte und besonders in dem Heiligtum des Tempels versinnbildlicht. Im Tempel findet die Verehrung des Schöpferischen in ritualisierter Form ihren Ort. Die Metamorphose der Wirklichkeit geht über das Leben hinaus. Philemon und Baucis stehen für Wirklichkeiten, die selbst in heftigen und schicksalhaften Verwandlungen ihre Kontinuität nicht verlieren und sich über den Tod hinaus in biologischen Kreisläufen und in kosmischen Bahnen aufgehoben fühlen.

Meine familiäre Situation lässt sich in ein Bild setzen, das ich in einer langjährigen Psychodramaausbildung früher schon einmal inszeniert hatte. Die Szene stammt aus der Anfangsphase meiner Bemühungen um die Vertiefung meiner Selbsterfahrung und stellt am ehesten die seelische Wirklichkeit dar, in die meine Kinder auf Gedeih und Verderb hineingeboren wurden.

> Ich hatte mich als Protagonisten in die Mitte des Bildes und mir gegenüber einen feindseligen, im Halbkreis angeordneten Block von fünf Personen gestellt: eine besserwisserische Tante, einen tobsüchtigen und vor unterdrückter Wut ständig zu explodieren drohenden Onkel, dessen masochistische Ehefrau, eine zwanghafte Großmutter und eine gehässige Tante, die Frau des im zweiten Weltkrieg gefallenen Zwillingsbruders meiner Mutter. Sie machten alle eine entwertende Geste zu mir und gaben verächtliche Kommentare zu dem kleinen, etwa vier bis fünf Jahre alten Jungen ab. Meine selbstunsichere Mutter versteckte sich derweil hinter meinem Rücken. Sie schubste mich gegen die feindselige Meute und rief ihr trotzig entgegen: »Ist er nicht toll! Ist er nicht toll!« In dem narzisstischen Kampf zwischen Verachtung und Idealisierung versuchte ich vor der Salve feindlicher Entwertungen vergeblich zurückzuweichen, während ich von meiner Mutter mit sanft verbrämter Gewalt in den Rücken und gegen die Feinde gestoßen wurde. Ich selber fühlte mich dabei in einem Arrangement verstrickt, hin- und hergerissen zwischen quälenden Insuffizienzgefühlen und narzisstischen Größenphantasien, alleingelassen mit meinen Strukturierungsnöten.

Das Fehlen des Vaters in jener psychodramatischen Szene steht für die fehlende väterliche Unterstützung in dieser familiären Notlage. Er fühlte sich von der belastenden Familienkonstellation ebenfalls überfordert und wich in ein suchtartiges Verlangen nach Arbeit, Nikotin und Alkohol aus. Deswegen blieben seine Entwicklungshilfen nur sporadisch, vorwiegend begrenzt auf mein kurzes Glück beim Frühstück zwischen 05.45 und 06.30 Uhr, bevor er in die Fabrik musste, sowie auf das wohlige Miteinander, wenn ich nachts im Bett des Vaters lag.

Auch den abgeschobenen Großvater hatte ich seinerzeit nicht in die Szene eingebaut. Von beiden konnte ich keine Unterstützung in dem familiären Drama erwarten.

Meine Mutter litt unter der schwierigen Geschwisterposition als Jüngste in einem Zwillingspaar, das weniger als zwei Jahre auf einen Bruder folgte. Sie hatte schwer zu tragen an der von ihrer Mutter bestimmten rigiden und lebensfeindlichen Atmosphäre sowie unter dem autoritären und narzisstischen Vater, dessen Ausbrüche gegenüber seinen Bezugspersonen gefürchtet waren. Darüber hinaus fühlte sie sich den unberechenbaren Attacken des väterlich identifizierten, strukturell gestörten ältesten Bruders ausgeliefert und fand nach ihren Kindheitserinnerungen nur hin und wieder oasenhafte Zustände von Ruhe, wenn sie sich heimlich und verbotenerweise mit einem Buch unter der Bettdecke versteckt hatte, oder beim Spiel mit ihrem Zwillingsbruder. In dieser Situation entwickelte sie eine notdürftige Identität als das negative Substitut einer von quälenden Minderwertigkeitsgefühlen gequälten Familie nach dem Motto: »Ich bin, was ich für die anderen ertrage.« So wurde sie und so ließ sie sich in der Familie als das nicht ernst genommene »dämliche Schaf« organisieren und entwickelte ein entsprechend notdürftiges Selbstwertgefühl und entsprechende überkompensatorische Tendenzen.

Sie fand in meinem Vater einen gutmütigen und warmherzigen Partner, vielleicht nach dem Muster ihrer Zwillingsbeziehung, der sich aber selber aus seinen Verlassenheitsängsten heraus nicht zu wehren und durchzusetzen wagte. Er wurde von einer jüngeren, als besonders intelligent geltenden Schwester, die es bis zu einer tüchtigen Sekretärin geschafft hatte, entthront. Mir vermittelte sich die Einschätzung, dass sie die Intelligente war, während mein Vater seine Schwierigkeiten mit dem Lernen und der Weiterbildung gehabt haben soll und lieber Fußball spielte. In dieser Paarkonstellation wuchs ich auf und erlebte mich sowohl als willkommen geheißen von beiden Eltern als auch mit psychologischer Notwendigkeit entworfen als Kompensation unbewusster Wunscherfüllungen. Ich sollte und wollte etwas Besonderes werden, damit meine Eltern sich besser fühlen konnten und ich meine Lebenswirklichkeit grandios verändern würde. Meine neun Jahre jüngere, kurz nach Kriegsende geborene Schwester wurde entsprechend der familiären Spaltung als Substitut des negativen Selbst der Eltern organisiert. Eine längere nachgeburtliche Hospitalisierung infolge schwerer Entzündungen führte bei der damaligen Unkenntnis für die seelischen Schädigungen aufseiten der Ärzte und Eltern zu nachhaltigen Verwerfungen ihrer Entwicklung.

Die Großeltern väterlicherseits haben in meiner Kindheit nur eine sekundäre Bedeutung gewonnen. Die Großmutter väterlicherseits war vor meiner Geburt bereits tot. Sie lebte aber nach meiner Anmutung im großfamiliären Kontext fort in einer als debil geltenden und von mir auch so erlebten Schwester, die ich selber als abschreckend empfand. Darüber ist zwar nie gesprochen worden, aber ich vermute, dass die »unbekannte« Großmutter als Substitut der negativen Identität der väterlichen Herkunftsfamilie galt. Die Position des relativ alt gewordenen Großvaters väterlicherseits blieb in meinem Erleben bis auf eine oasenhafte ermutigende Erinnerung, auf ich die später Bezug nehme, weitgehend leer, insofern dieser bis an sein Lebensende im Haushalt seiner jüngsten Tochter, der jüngeren Schwester meines Vaters, lebte und in einer lebenslangen Symbiose mit ihr verhaftet blieb. Er erkannte mit naiver Selbstverständlichkeit nur deren Tochter als »seine« oder »unsere« an. Insgesamt setzten sich »meine« Großeltern, also die mütterlicherseits, immer wieder von der väterlichen Seite entwertend ab, um sich selbst zu stabilisieren. Das wirkte sich sehr verunsichernd hinsichtlich meiner Beziehung zu meinem Vater aus.

Zusammenfassend könnte man meine letzte Analyse, wie bereits erwähnt, als die Suche nach entwicklungsförderlichen Großeltern bzw. als Hilfen für die Gestaltung des letzten Drittels meines Lebens ansehen, das verunsichert war durch vorherrschend negative und durch verschüttete positive Kindheitserfahrungen. Mein Alter und meine Enkelkinder stellten mich vor eine neue Lebensaufgabe. Diese im Sinne meiner Vorerfahrungen zu organisieren hätte das Unglück meiner Kindheit mit meinen Enkelkindern wiederholt. Ich erinnere mich noch genau, wie ich mich bei den Notizen in meinem Therapietagebuch gewundert hatte, wieso ich vor der verschlossenen Türe meiner Analytikerin den Einfall hatte, meine Tochter mit dem damals noch sehr jungen ersten Enkel zu besuchen, falls sich der Termin als irrtümlich herausstellen würde. Ich hatte sogar überlegt, ob diese Anmerkungen nicht überhaupt überflüssig wären, war quasi selbst überrascht über diesen Einfall »draußen vor der Tür«. Meine professionellen Erfahrungen mit Erlebensbeschreibungen hinderten mich glücklicherweise daran und belohnten mich im Nachhinein mit den ersten Ahnungen von der erlebten Not meiner früheren Entwicklung. Vor dem Hintergrund eigener Erfahrungen und auf der Grundlage einer weiteren seelischen Konsolidierung drängte mein Seelisches auf eine Veränderung meines Großelternbildes, auf eine Suche nach Entwürfen für ein gesünderes Miteinander dreier Generationen.

Das lange Zeit unbewusste, sich aus meiner persönlichen Entwicklung ergebende Motiv für die Bearbeitung des transgenerationalen Themas hat sich in fruchtbarer Weise mit der allgemeinen, für meine Entwicklungsphase typischen Einstellung verbunden. Man könnte sie mit Quinodoz (2010) als Arbeit an der eigenen Lebensgeschichte (»Alternsarbeit«) verstehen, als Ausdruck eines tiefen Bedürfnisses, »die eigene innere Geschichte zu rekonstruieren« (Quinodoz, 2010, S.15ff.). Das Streben, Sinn und Kohärenz in sein Leben zu bringen, prägt sich mit zunehmendem Alter immer mehr aus. Genau in diese Zeit eines sich steigernden eigenbiografischen Interesses werden die Enkelkinder hineingeboren. Sie können dabei eine wesentliche und kontinuierliche Anregung sein, die eigene seelische Geschichte tiefer und komplexer nachzuvollziehen, verleugnete oder abgespaltene Bereiche aufzudecken und zu integrieren, Lücken sinnvoll zu schließen, bereits Bekanntes neu zu beleuchten, bisherige Bewertungen zu relativieren oder zu korrigieren, familiäre Ressourcen der Individuation freizulegen und für die aktuelle Wirklichkeitsgestaltung zu nutzen. Wir tendieren im Alter dazu, unsere seelische Geschichte als Ganzes zu betrachten. Das entspricht der Lebensphase der Generativität und Integrität, in der sich das Bedürfnis meldet, etwas Überdauerndes zu generieren und die Vielfalt der Erfahrungen und Widerfahrnisse zu integrieren (Erikson, 1965). Von einer »Verwandlungswirklichkeit« (Salber, 1993) zu sprechen hebt hervor, dass – psychologisch betrachtet – die Vergangenheit keine fixe Größe oder kein hartes Faktum ist. Solange wir leben und insbesondere, wenn wir aktiv altern, versuchen wir, unserer Gesamtgeschichte Bedeutung oder Sinn zu verleihen. Die Sterbebegleitung zeigt in beeindruckender Weise, dass zuweilen wenige Minuten am Ende eines Lebens die Bedeutung eines ganzen Lebenslaufes verändern können (Quinodoz, 2010, S. 32ff.).

In meinen personencharakteristischen und in meinen entwicklungspsychologischen Bedürfnissen liegen also die Ursprünge des vorliegenden Buches. Sie artikulieren sich in dem wissenschaftlichen Bemühen, das Glück und die Freude über das Sein und Werden meiner Enkelkinder zu verstehen. Indem ich darüber ein Buch schreibe, drücke ich meine Lebensfreude aus, die in der pietistisch verbrämten Atmosphäre meiner Großfamilie »vom Teufel war«. Letztlich wird also mein Buch getragen von einer Hoffnung auf Resonanz, auf die wir aus selbstpsychologischer Sicht lebenslang angewiesen sind. Auch mein Interesse für die psychoanalytische und insbesondere behandlungsmethodische Bedeutung der Freude entspringt dieser Quelle. Heute bin ich froh und stolz, dass ich mit meiner Gegenbewegung so weit gekommen bin. Dazu musste meine Lebensbewegung allerdings noch vom »Unkraut« eigener Sicherungs- und Abwehrformen befreit werden.

1.3 Transgenerationale Fragestellung

Wie die Worte von Victor Hugo hervorheben, bringen Enkelkinder Licht und Farbe in das Leben der Großeltern und strahlen es in besonderer Weise an. Wie die aufgehende Sonne einen neuen Tag ankündigt, so bringen Enkelkinder eine »sonnige« Sicht in die eigene Entwicklung. Die Hinweise auf die Großelternfreuden knüpfen an eine immer häufiger artikulierte Erfahrung an. So betitelt *Die Zeit* (2011) die Beziehung zwischen Großeltern und Enkeln als einen Bund fürs Leben, der lange nachwirke und oft unterschätzt werde. In den Artikeln zu diesem Thema wird hervorgehoben, dass Großeltern ihren Enkelkindern »Ruhe, Halt und Mut« mit auf den Weg geben. Was die Autoren damit meinen, wird wohl kaum ernsthaft angezweifelt werden. Aber Ruhe, Halt und Mut oder dergleichen mehr sind keine Geschenkpakete, die den Enkelkindern überreicht werden, sondern es stellt sich die Frage, wie Beruhigung oder Ermutigung psychologisch funktionieren. Diese »Feststellungen« und »Festschreibungen« verstellen aber eine dynamische Perspektive auf das seelische Ganze, wie dieses Beziehungsgefüge zu fassen ist und sich entwickelt, welche förderlichen oder auch hinderlichen Auswirkungen es hat, wie transgenerationale Wechselwirkungen zu verstehen sind, wie sie über mehr als nur drei Generationen nachvollziehbar werden. Darüber hinaus versprechen psychoanalytisch orientierte Entwicklungsforschungen auch Erkenntnisse, die für die psychotherapeutische Behandlungslehre relevant sind.

Es lohnt sich also, die für die Beziehung von Großeltern und Enkelkindern typischen Situationen genauer zu beschreiben und verstehend zu zergliedern, d. h. zu einem psychologischen Forschungsgegenstand zu machen. Eine beschreibende und zergliedernde Psychologie entspringt »dem Bedürfnis einer unbefangenen und unverstümmelten Auffassung des Seelenlebens« (Dilthey, 1894, S. 168). In der Naturwissenschaft werden letzte Elemente gesucht, die als kausale Faktoren bestimmte Vorgänge erklären. In der Psychologie gehen wir von Gesamtphänomenen (z. B. der Freude *zwischen* Enkelkindern und Großeltern) aus, zergliedern oder analysieren es, um *dieses Gesamtgeschehen* schließlich differenzierter erfassen und behandeln zu können.

Rosenfeld (2010) bezieht sich in einem Aufsatz über »Die übergriffige Großmutter« auf »die Figur der Großmutter in ihren gelingenden und misslingenden Facetten« (S. 151). Sie meint damit keine äußerliche Betrachtung einer soundso großen und soundso schweren, speziell konturierten und von Haut eingefassten Masse, sondern die durch eigentümliche Freuden und Konflikte gezeichnete Erlebenssituation einer Großmutter. Von »Großmutterschaft« zu sprechen verdeutlicht noch einmal, dass damit keine individuelle Eigenschaft gemeint ist, sondern die Lebenswirklichkeit einer Großmutter, die in einer spezifischen Weise strukturiert oder figuriert ist, wie es in der Morphologie Salbers (1987, 1988, 1993, 1998) oder in der Gruppendynamik (Elias & Dunning, 2003; Brandes, 2006; Heisterkamp, 2013) heißt. Mit dem Hinweis auf die Figur oder Figuration der großelterlichen Situation ist also die sowohl ganzheitliche als auch zergliedernde Analyse einer spezifischen Lebenssituation verbunden. Diese Sichtweise wird in diesem Buch zweifach modifiziert.

Zum einen nehme ich in dieser Untersuchung die Großelternsituation generell, also für Großmutter und Großvater, in den Fokus meiner Verstehensbemühungen. Der Aufsatz von Rosenfeld hebt hervor, dass die großelterliche Wirklichkeit auch noch einmal hinsichtlich des Geschlechts der Großeltern und hinsichtlich der Geschlechterkonstellation zwischen Großeltern und Eltern relativiert werden könnte. Zum anderen befasst sich das vorliegende Buch ausdrücklich und vordringlich mit den *gelingenden* Aspekten der großelterlichen Figuration, der freudigen Wirklichkeit zwischen Großeltern und Enkelkindern. Da wir es in den Therapien vorwiegend mit »misslingenden« Beziehungen zwischen Großeltern und Enkelkindern zu tun haben, möchte ich hier ausdrücklich die »gelingenden«, die ja glücklicherweise weit überwiegen, hervorheben.

Vorwissenschaftliche Andeutungen des Forschungsgegenstandes finden wir in den bekannten Großelternanekdoten. Eine Kostprobe aus Zeitungen bieten die folgenden Seiten:

> *Seniorentheater.* »In Düsseldorf gibt es seit 20 Jahren das Seniorentheater »Seta«. Anlässlich der Feier dieses Jubiläums berichtet ein langjähriges Mitglied dieser Theatergruppe, dass sie sich besonders über die Rückmeldung eines jungen Zuschauers nach einer Aufführung gefreut habe, der ihr sagte, dass er nicht mehr so viel Angst vor dem Altwerden habe, seitdem er die Senioren beim Spiel erlebt hatte« (*Rheinische Post*, 20.04.09).

> *Sehnsucht nach den Großeltern.* »Um seinen Opa und seine Oma zu sehen, hat ein Sechsjähriger aus Xanten einen langen Fußmarsch auf sich genommen. Der Kleine hatte sich nach Polizeiangaben gestern Morgen von der Hand seiner Mutter in der Domstadt losgerissen und war wie vom Erdboden verschwunden. Die besorgte Mutter alarmierte die Polizei, die auch sofort eine großangelegte Suchaktion startete. Beamte fanden den Ausreißer schließlich 15 Kilometer entfernt in der Nähe einer Siedlung in Rheinberg, in der seine Großeltern wohnen« (*Rheinische Post*, 13.07.2005).

> *Engel am Weihnachtsbaum.* »Die Enkel als Sternen-Engel. Ich liebe alle Bäume, aber der Christbaum ist mein liebster. Warum? Weil meine Enkel darin hängen. Mein Schmuck besteht nur aus Engelchen. Meine liebsten Engelchen sind allerdings meine Enkel – zwar nicht immer lieb, aber sozial eingestellt und mit dem Himmel verbunden. So bastelte ich drei goldene Sterne, auf die jedes Jahr ein aktuelles Foto von Carlo, Remo und Sarah kommt« (*Rheinische Post*, 24.12.2012).

> *Enkel zu Besuch.* »Mein 5-jähriger Enkel kommt für zwei Wochen zu Besuch. Er klettert aus dem Auto, beide Arme voller Spielzeug, rennt mir entgegen und ruft: ›Omi, ich freue mich so, dass ich wieder bei dir zu Hause bin!‹ Mein Herz wird weit, und meine Knie werden weich« (*Die Zeit*, 29.07.2010, Leserbrief).

Freude einer Urgroßmutter. »86 Jahre lang war ich in meiner Heimatstadt Düsseldorf verwurzelt. Zuletzt wohnte ich dort allein. Da riefen mich meine Tochter und ihre Familie zu sich ins Schwabenland. Kurz entschlossen zog ich um. Beim Abschied sagte mein Nachbar: ›Wenn das man gut geht! Einen uralten Baum kann man nicht verpflanzen.‹ Doch ich war fest davon überzeugt, dass es gut gehen würde, und nun »wurzele« ich schon fast zwei Jahre mit herrlichem Blick auf die Schwäbische Alb. Der Kern der Sache: Nicht nur, dass ich von der Fürsorge und Liebe meiner Familie durch mein neues Dasein getragen werde, nein, ich erlebe täglich im Umgang mit meinen beiden Urenkelkindern eine neue, lebendige Welt. Ich lerne zum Beispiel neue Methoden der Kindererziehung kennen. Kein ›Sei still!‹, ›Hör auf‹, ›Benimm dich!‹. Der Umgang mit den Kindern ist verständnisvoller, ja partnerschaftlich, mit großem Vertrauen in ihre Stärke. Das macht mich glücklich und reicher« (*Die Zeit*, 12.08.2010, Leserbrief).

Mutter, ich bekomme ein Baby. »Vor einigen Monaten besuchte ich meine Mutter im Pueblo San Juan, Neu-Mexiko. Meine älteste Tochter, mein erstes Kind, war dabei, ihr erstes Kind zur Welt zu bringen. Als die Zeit der Entbindung kam, waren meine Mutter und eine Nachbarin behilflich, während ich mein Enkelkind mit meinen Händen empfing. Diese Erfahrung berührte mich tief; so tief, dass ich selbst von der Stärke meiner Gefühle überrascht war. Die Kraft dieser Emotion trieb mich dazu, vielen gedanklichen Fäden nachzugehen, die ich während meines Lebens gespeichert hatte. Dieses Entwirren von Fäden hat mir eine Kraftquelle erschlossen, die mich für den Rest meines Lebens tragen wird ... Als meine Tochter damals sagte: ›Mutter, ich werde ein Baby haben‹, da wandte ich mich meiner Mutter zu, die neben mir saß. Sie begann zu lachen – und lachte –, und als ich allmählich verstand, warum sie lachte, stimmte ich mit ein. Meine Tochter schaute uns zwei Sekunden lang an, und dann fing auch sie an zu lachen. Alle drei saßen wir da und lachten vor Freude, glücklich, dass ein neues Leben begonnen hatte« (Levy, 1993, S. 18).

Weihnachtsbaumanhänger. »Heiligabend reiste meine Tochter mit Ehemann an, um mit mir und der Familie Weihnachten zu feiern. Meine Tochter fühlte sich komisch, sodass mein Schwiegersohn einen Schwangerschaftstest holte. Bingo! Überraschung und grenzenlose Freude! Seitdem hängt jedes Jahr der Test im Baum, und meine mittlerweile siebenjährige Enkelin ist ganz entzückt von der Geschichte« (*Rheinische Post*, 24.12.12).

»Opa ist mächtig stolz auf mich«. »In einem Zeitungsartikel von Pflughaupt und Zehrfeld wird von einem 14-jährigen Schüler berichtet, der einen »Geronto-Koffer« entwickelt hat, mit dem junge Menschen Alterskrankheiten nachempfinden können: Brillen mit verschrammten Gläsern, die dem Träger helfen, sich in Menschen zu versetzen, die am grauen Star leiden; vibrierende Armbänder, die Demenz und Tremor simulieren; dicke Handschuhe, die die Fingerfertigkeit einschränken und dgl. mehr. Mit seinen Geräten kann er die Seh- und Hörschwächen von alten Menschen und die Beschwerden von Parkinson- und Demenzkranken versinnbildlichen. Damit hat der junge Wissenschaftler viele Forschungspreise gewonnen. Wissenschaft und Wirtschaft zeigen sich auch sehr interessiert an ihm. In dem Bericht gehen der Reporter und die Reporterin auch auf seine Motive ein. Sie rahmen diese in ihrem Artikel zwischen dem ersten Satz im Untertitel »Der Dortmunder Schüler Lukas Baumann liebt seinen Großvater und die Wissenschaft.« und dem Zitat des Jungen: »Opa ist mächtig stolz auf mich« als letzten Satz ein. Im Text erfahren wir noch, dass er viele Monate lang seinen Opa, der unter vielen Alterskrankheiten leidet, gepflegt habe. Das brachte ihn auf die Idee, dass es sinnvoll wäre, den Jungen zu erläutern, was sie im Alter alles erwarten kann« (*Rheinische Post*, 08.07.2008).

Mailen. »Unser Enkel Tim, vier Jahre alt, ist für eine Woche bei uns. An einem Regentag beschließen wir, unseren Speicher zu erkunden. Unter manchem Krempel finden wir eine alte Reiseschreibmaschine. Ich erkläre ihm, wie sie funktioniert: Schreibtasten, Buchstabenhebel, Farbband und was sonst dazugehört. Er staunt nicht schlecht über das Gerät, das er bis dahin nicht kannte. Aber dann zum Schluss kann er sich eine Frage nicht verkneifen: ›Und wie mailt man damit?‹« (*Die Zeit*, 24.05.12, S. 82, Leserbrief).

Inzwischen hat sich in der westlichen Welt die Lebenserwartung kontinuierlich erhöht. Immer mehr Menschen verbringen jenseits ihrer aktiven Berufs- und Familientätigkeit noch viele Jahre ihres Lebens. Besonders bei Frauen wird deutlich, wie unsinnig hier eine biologistische Interpretation wäre, insofern sie in etwa doppelt so alt werden, wie sie gebärfähig sind. Den jungen Alten, die noch viele Jahre Kontakt zu ihren Enkeln haben, eröffnet sich eine Lebenssituation, die Großeltern, Eltern und Enkelkinder vor neue Lebens- oder Entwicklungsaufgaben stellt. Hier können die Betroffenen gar nicht anders, als dazu Stellung zu beziehen. Welche Bedeutung geben Großeltern dem Leben mit ihren Enkelkindern? Wie wirken sich die Erfahrungen mit ihren Enkeln auf die Wirklichkeitsgestaltung der Großeltern aus? Welche typischen Wirkungszusammenhänge lassen sich beobachten? Welche neuen Sinnbezüge ergeben sich dabei auch für die Beziehung zu den (Schwieger-)Söhnen und (Schwieger-)Töchtern? Welche Bedeutung können Großeltern für die Entwicklung ihrer Familiengeschichte und die ihrer Gesellschaft gewinnen?

Transgenerationale Wirkungszusammenhänge zu erfassen, ohne die Phänomene aus dem psychologischen Fokus zu verlieren, ist nicht einfach. Generationenübergreifende Wirkungszusammenhänge bleiben selbst in analytischen Psychotherapien punktuell und spärlich. So ist zum Beispiel die mehrgenerationale Analyse eines Traumes etwas Ungewöhnliches und bleibt wohl beschränkt auf die Bedingung, dass die Träumerin selbst Psychoanalytikerin ist (Mergel-Hölz, 2011, MS S. 1). Entsprechend versuche ich die Begegnungen mit meinen Enkelkindern unter der Perspektive von mehreren Generationen zu verstehen. Bei der Analyse des generationenübergreifenden Beziehungsgefüges werde ich nicht nur bei den drei unmittelbar beleuchteten Generationen (Großeltern, Eltern, Kinder) bleiben. Diese Konstellation verweist in der Mehrgenerationenperspektive auch auf die Erfahrungen der Großeltern zurück, als sie selbst Enkelkinder, Kinder oder auch Eltern waren. Meine Überlegungen umspannen teilweise sechs Generationen: mich als Urenkel, Enkel, Sohn, Vater, Großvater, sowie als Vertreter einer eigenen Generation. Dabei interessieren gerade die Mechanismen der transgenerationalen Vermittlung. Um diese Wirkungszusammenhänge zu studieren, bedürfte es systematischer Tiefeninterviews ganzer Familienzweige, die unter den vorliegenden Umständen nicht zu leisten gewesen wären.

Die multiplen Aspekte, dass ich selbst Enkel war und Enkel habe, Vater bin und einen Vater hatte, Großvater bin und Großeltern hatte, stellen einen fundierten Zugang bereit, um die transgenerationalen Wirkungszusammenhänge von Familien bzw. Familienzweigen oder -linien nachzuvollziehen. Ich gehe also von meinen eigenen »positiven« Erfahrungen aus, die ich mit vielen anderen Großeltern teile: dass Enkel mein Leben bereichern und erfüllen. Alle folgenden Analysen dienen also der differenzierenden und vertiefenden Erfassung der Ausgangserfahrung, dass die Wirkungszusammenhänge zwischen Großeltern und Enkelkindern die Quelle erhebender Glückserfahrungen (entsprechend natürlich auch quälender Unglückserfahrungen) darstellen. Daher handelt es sich vorwiegend um eine »salutogenetische« Abhandlung im Gegensatz zur »pathogenetischen« Perspektive, aus der heraus die Psychoanalyse entstanden ist. Meine eigenen autobiografischen Anmerkungen sowie meine langjährigen Erfahrungen als Einzel-, Paar-, Familien- und Gruppentherapeut bieten genügend Gelegenheiten, um auch die Störfälle innerhalb dieser transgenerationalen Wirkungseinheit andeuten zu können. Wegen des Mangels an detaillierten und fundierten Beobachtungsmöglichkeiten werde ich auf eigene Erfahrungen mit meinen sechs Enkelkindern, die ich meinen Töchtern und ihren Ehemännern verdanke, zurückgreifen und sie auf meine Lebens- und Behandlungsgeschichte beziehen.

Um dieses komplexe Wirkungsgeschehen verstehen zu wollen, bedarf es der Zwischenschritte. Ausgangs- und Bezugspunkt bildet die Grundtatsache, dass sich Enkelkinder und Großeltern in einer je spezifischen Entwicklung befinden und sich bei ihrem Kontakt darin fördern und hindern können. So dient Kapitel zwei der Frage, wie Entwicklung psychologisch zu verstehen ist, wie sie gelingen und misslingen kann, welche typischen Ängste sie freisetzt und welche kompensatorischen Bemühungen sie wachruft, welche Spannungen und Konflikte daraus resultieren und wie Großeltern ausdrücklich oder unausdrücklich auf die Suchbewegungen ihrer Enkelkinder einwirken. Die Entwicklung ist nicht etwas, das einem geschenkt wird oder einfach aus sich heraus geschieht, sondern impliziert große Ängste und setzt die Regulation von Spannungen voraus. Damit hängen Freude und Leid seelischen Werdens zusammen und eben auch die entwicklungsförderlichen oder entwicklungshinderlichen Einwirkungen von Großeltern.

Diese aus didaktischen Gründen noch eingeschränkte Perspektive wird dann im dritten Kapitel um die Grundtatsache erweitert, dass Großeltern wie Enkelkinder sich ständig in Entwicklung befinden. So stellt sich auch die Frage, wie sie wechselseitig aufeinander einwirken, wie die Lebensbewegungen der Großeltern mit denen der Enkelkinder zusammentreffen und welche entwicklungsförderlichen oder auch entwicklungshinderlichen transgenerativen Wirkungszusammenhänge zu beobachten sind. Hierbei gehe ich auf die eigenen Entwicklungserfahrungen mit meinen Enkelkindern ein und halte Augenblickserfahrungen meiner eigenen Wandlung im Kontakt mit meinen Enkelkindern fest. Die Frage, wie die Beziehungen zwischen Enkelkindern und Großeltern zu verstehen sind und wie sie entwicklungsförderlich oder –hinderlich aufeinander einwirken, trage ich auch an künstlerische Produktionen heran und analysiere dazu bekannte Märchen, Romane, Filme, Skulpturen oder Bilder. Die aus den künstlerischen Gestalten herausgearbeiteten Züge zur Großeltern- bzw. Enkelsituation münden in die psychologische Grundstruktur der Großeltern- bzw. Enkelsituation.

1.4 Untersuchungsaspekte

Bei der Analyse der transgenerationalen Wirkungszusammenhänge werden wichtige Perspektiven und Vorgehensweisen psychoanalytischer Forschung vorgestellt und erläutert: *die alltagspsychologische, die salutogene und die biografische*. Ich gehe davon aus, das Spektrum des tiefenpsychologischen Forschungsinteresses damit zu bereichern. Die Psychoanalyse hat sich bisher wenig mit den Lebenserfahrungen befasst, die unabhängig von psychotherapeutischen Behandlungen einen nachhaltigen Einfluss auf die Selbstwerdung ausüben. Hierhin gehört auch die Bedeutung von Großeltern für die Entwicklung ihrer Enkelkinder und umgekehrt der Enkelkinder für die Entwicklung der Großeltern. Ich wende mich dabei einem in der Psychoanalyse noch weitgehend unerforschten Gebiet zu, worauf A. Freud bereits hingewiesen hat. Sie hob hervor, dass Kontakte und Ereignisse aus dem täglichen Leben in allen Entwicklungsphasen ihre Entwicklungschancen haben, wenn die Bezugspersonen in der Lage sind, sich sensibel in die Entwicklungsbedürfnisse des Patienten einzufühlen (Hurry, 2002, S. 43ff.). Die Geschichte von Mina und ihrem Großvater, auf die ich im nächsten Kapitel eingehen werde, ist ein Musterbeispiel einer unausdrücklichen Entwicklungstherapie im alltäglichen Leben. A. Freud wies auch darauf hin, dass insbesondere Kinder und Jugendliche für zahlreiche Einflüsse offen sind. Viele Menschen, die nie in psychotherapeutischer Behandlung waren, haben sich trotz gravierender Widerfahrnisse relativ gesund entwickelt oder sich zum Wohl ihrer seelischen Gesundheit stark verändert. Manchmal sind es integrativ verarbeitete Frustrations- und oft sind es anregende und ermutigende Glückserfahrungen. A. Freud macht auf diesen unerforschten Bereich von Wandlungserfahrungen ohne therapeutische

Behandlungen aufmerksam und hebt ihn als lohnenswertes Forschungsgebiet hervor. Das ist zu begrüßen, weil durch diese Forschungen auch die für die psychotherapeutische Perspektive typische pathogene Sicht durch eine stärkere Beachtung der heilsamen Entwicklungsbedingungen ergänzt wird. Gegenüber der in der psychoanalytischen Forschung typischen krankheitsbezogenen Ausrichtung, die uns wegen der alltäglichen Berufserfahrung nahe liegt, wird hier primär eine Perspektive verfolgt, die auf das Werden stabiler und flexibler Strukturen der Wirklichkeitsgestaltung gerichtet ist und glücklicherweise für die überwiegende Anzahl von Entwicklungen gilt.

Dazu gehört ein weiterer, bislang ebenfalls vernachlässigter Forschungsaspekt, nämlich die Psychoanalyse freudiger Wirkungszusammenhänge. Ich habe vorgeschlagen, sie als »gavise« Gefühlszustände zu bezeichnen, um damit die Reihe der depressiven und aggressiven Gefühle ausdrücklich zu ergänzen. Der Begriff wurde analog zu den letzteren vom Partizip des lateinischen Wortes (gaudere, gavisum) abgeleitet. Bereits früher habe ich in inhaltsanalytisch angelegten Untersuchungen eine weitgehende Tabuisierung freudiger Phänomene in psychoanalytischen Veröffentlichungen festgestellt und darüber hinaus erste Versuche unternommen, die freudigen Übertragungs- und Gegenübertragungsvorgänge sowie die freudigen Gegenwarts-Momente zwischen Patient und Therapeut psychoanalytisch zu erfassen und behandlungsmethodisch zu erschließen (z. B. Heisterkamp, 2000, 2003, 2007b, 2011).

Kohut (1981) gebührt das Verdienst, in der Psychoanalyse erstmals zwischen der Lust als einer auf spezifische sinnliche Erregungen bezogenen, also einer teilheitlichen Erfahrung, und der Freude als einer ganzheitlichen Erfahrung unterschieden zu haben und der Freude damit einen wesentlichen entwicklungspsychologischen Ort zugewiesen zu haben. Die Freude liegt im Dreh- und Wendepunkt seelischer Lebensbewegungen (Heisterkamp, 1990, 2007c, 2011). Freude ist das Gefühl des Neubeginns, der Selbsterneuerung, der Wiederbelebung, der Weiterentwicklung oder des fortschreitenden Seins, wie man mit Bezug auf Adler (1912), Balint (1970), Kohut (1981), A. Freud (1980) und Winnicott (1974) hervorheben könnte. Wenn ich dann allerdings auf die Bedeutungen zu sprechen komme, die meine Kinder und Enkelkinder für mich haben, geraten meine eigenen seelischen Behinderungen und die in meinen Analysen erfolgten Wandlungen wieder in den Fokus der Betrachtungen. Ich hoffe, dass ich dabei ein angemessenes Maß für eine hinreichende Veranschaulichung ohne exhibitionistische Ausbreitung oder intellektualisierende Abwehr finde. Bevor ich vom Leser unter den nicht auszuschließenden Verdacht großelterlicher Idealisierung gesetzt werde, möge er berücksichtigen, dass das weit verbreitete Glück von Großeltern mit ihren Enkelkindern ein legitimer Forschungsgegenstand ist, falls die Freude zu leben nicht einer depressiven Abwehr zum Opfer fallen soll. Wie das Werdeleid von Patienten, so kann auch das Werdeglück ein interessanter und lohnenswerter Forschungsgegenstand sein.

Die folgenden Überlegungen können insofern als ein tiefenpsychologischer Beitrag zu einer sogenannten »Positiven Psychologie« verstanden werden, wie sie sich in den letzten Jahren entwickelt hat. Sie veranschaulichen gelungene Entwicklungsschritte und sind deshalb sehr häufig mit dem Erleben von Zuversicht, Hoffnung, Neugier, Initiative, Freude und Glück verbunden. Da wir von unseren Patienten selten einen drei Generationen umfassenden und differenzierten Überblick über ihr Leben erhalten, greife ich auf meine eigenen Selbsterfahrungen aus zahlreichen Therapie- und Analysestunden zurück, um den Lebensweg des durch mich und meine neun Jahre jüngere Schwester repräsentierten Familienzweiges psychologisch aufzuschlüsseln. Darüber entwickelte sich für mich eine Ahnung für die Chancen des Neuwerdens im Kontakt zwischen den Generationen und die ermutigenden Möglichkeiten heilsamer, korrektiver Wandlungen. So, wie man für die Entstehung einer Schizophrenie eine sich über drei Generationen hinstreckende Entwicklungsphase angenommen hat, so kann man auch die seelische Gesundung einer Familienlinie über mehr als zwei Generationen hinweg untersuchen.

Schließlich biete ich mit meinen Untersuchungen einen Beitrag zu einer biografischen Methode. Indem ich im Kontakt mit meinen Enkelkindern darauf achte, welche Kindheitserinnerungen sie in mir wachrufen, entsteht im Spiegel der Erfahrungen mit den Enkelkindern meine eigene Biografie, erzähle ich mir und dem Leser meine eigene Lebensgeschichte. Hier stelle ich oft staunend bzw. ahnend fest, wie meine sich teilweise über sechs Generationen ausdehnende Sicht übergreifende familiäre Entwicklungslinien deutlich werden lässt. Dabei werden sowohl der Mechanismus »psychologischer Vererbungen« anschaulich als auch die familienhistorische Bedeutung, wenn belastende Mechanismen zum

Wohl der Nachkommen gewandelt werden können oder wenn sich die Tragik fataler Wiederholungen ereignet.

Getragen von dem altersgemäßen Bedürfnis nach einer biografischen Reflexion lege ich mit den zu beschreibenden Gegenwartsmomenten zwischen meinen Enkeln und mir also das Beispiel einer biografischen Methode in der Charakterkunde vor. Es geht nicht um eine Feststellung und Festschreibung »autobiografischer Daten« oder gar »harter Fakten«, sondern um eine autobiografische Reflexion meiner Lebensbewegung im Spiegel meiner Erfahrungen mit meinen Kindern und Kindeskindern, Eltern und Großeltern. Das biografische Vorgehen ist in besonderer Weise durch den individualisierenden Ansatz Adlers (»*Individual*psychologie«) begründet. Damit wird das Allgemeine individualpsychologischer oder psychoanalytischer Begriffe (Minderwertigkeitsgefühl, Kompensation, Ziele, Triebe, Verdrängung, Widerstand und dergleichen mehr) überschritten und dem Forschungsinteresse unterstellt, das Individuelle, »das Subjektive des Lebens und Erlebens« (Witte, 2010, S. 64), das Einmalige einer Lebensgeschichte zu erfassen. Die biografische Methode kann mit den typischen Verfahren des Beschreibens, des deskriptiven Verdichtens, des Träumens, des Erinnerns, der künstlerischen und intuitiven Versenkung und der kunstanalogen Erfassung charakterisiert werden. Dabei artikuliert sich eine selbstschöpferische Such- und Lebensbewegung, die mit der der Kinder und Kindeskinder in eine mehr oder weniger schöpferische Schicksalsgemeinschaft gerät, die erstarren oder sich auflösen kann, die sich auf einem Lebensweg zu einer flexiblen und kohäsiven Wirklichkeit befindet. In den Kapiteln fünf bis neun versuche ich, die transgenerationalen Wirkungszusammenhänge zu differenzieren und zu systematisieren, indem ich die bedeutsam gewordenen Augenblicks- oder Erfahrungsmomente mit meinen Enkeln auf meine eigene Lebensgeschichte beziehe, um sie dann wiederum hinsichtlich meiner Erinnerungen als Vater, Sohn, Enkel und/oder Urenkel zu reflektieren.

Der Gewinn einer vertieften Selbsterfahrung und einer fundierten Selbstorganisation hat auch eine besondere kulturpsychologische Bedeutung. Aus vielen Tiefeninterviews des Rheingold-Institutes im Rahmen seiner Kultur-, Markt- und Medienforschungen wurde als psychologische Verfassung unserer derzeitigen Gesellschaft ein Zustand »überdrehter Erstarrung« herausgearbeitet nach dem »geläufigen« Bild unsinnig erscheinender Hamsterradbewegungen. Diese simulieren nur lebendige Aktionen, legen aber die seelische Entwicklung gleichzeitig still. In diesen scheinbaren Lebensbewegungen verlieren und entfremden wir uns immer mehr (Grünewald, 2007, S. 7ff.). Die Kontakte mit den Enkelkindern bleiben hierbei ein heilsames Gegenbild. Sie stellen nämlich berührende eigene Erfahrungen im Spiegel der Entwicklung meiner Kindeskinder dar. Diese freudige Teilhabe ist eine selbstschöpferische Alternative gegenüber den gesellschaftstypischen Ängsten vor originären Selbstbewegungen. Nicht das biologische Faktum, Großmutter oder Großvater zu werden und zu sein, macht die Gegenbewegung zur gesellschaftlichen Hamsterradverfassung aus, sondern die Art und Weise, wie Großeltern mit dem Werden ihrer Enkelkinder mitschwingen. Dabei erhalten sie eine kontinuierliche Möglichkeit, ihrer selbst inne zu werden und komplementär der Existenz des anderen gewahr zu werden.

Victor Hugos Bonmot von den Enkelkindern als Morgenröte des Alters ist mehrdeutig. Einerseits klingt es verheißungsvoll (»Morgenröte«), andererseits aber auch beängstigend (»Alter«, »Tod«). Das Dialektische wird daran sichtbar, dass das Erfreuliche und Schöne nur in der flexiblen Regulierung mit der andrängenden Gewissheit des eigenen Todes, also der absoluten Trennung von allem, was einem lieb und teuer ist, zu erfahren ist. Das Glück mit meinen Enkelkindern kann ich nur in dem Maße genießen, wie es mir gelingt, die Endgültigkeit meiner Existenz entsprechend zu akzeptieren und danach zu leben. Damit fügt sich der Titel auch stimmig in die grundlegenden Dimensionen unseres Lebens ein, die wir mit Freude und Leid benennen. Hierbei handelt es sich allerdings nicht, wie die Begriffe glauben machen könnten, um statische Gefühlszustände, sondern um Prädikate des Gesamterlebens oder um Pole von Befindlichkeiten, die in vielfältigen Zwischenschritten ineinander übergehen oder sich miteinander vermischen. Das letzte Kapitel ist daher den peri- und postmortalen Übergangserfahrungen gewidmet. Es untersucht sowohl an literarischen als auch an eigenen Erfahrungen, wie sich diese im Austausch mit den Enkelkindern ereignen und hilfreich für die Lebensbewegungen von Enkelkindern und Großeltern werden.

Aus familientherapeutischer Sicht wissen wir, dass es sehr schwierig oder nur selten möglich ist, ein System zu analysieren, von dem man selbst ein Teil ist. Dass ich es dennoch versuche, hängt mit meinen Analyseerfahrungen in verschiedensten Therapierichtungen zusammen. Insofern sind die im Buch artikulierten Selbsterfahrungen fast alle mehrfach mit einem oder in Gruppen mit mehreren außerhalb meines Herkunftssystems stehenden Dritten durchgearbeitet worden. Nicht zu vergessen sind die mein Analytikerleben begleitenden selbstanalytischen Reflexionen und insbesondere die jahrzehntelangen Analysearbeiten an Familienstrukturen aus Einzel-, Gruppen-, Paar- und Familientherapien. In diesem Zusammenhang wird ein besonderes Faktum meines Lebens zu einem Erkenntnisvorteil. Meine Zwillingstöchter waren bereits elf und meine jüngste Tochter sechs Jahre alt, ehe ich überhaupt damit begann, analytische Selbsterfahrungen zu machen. Zwischen dieser Zeit und der, als ich durch sie zum Großvater wurde, liegen außer Lebenserfahrungen also viele Analyse- und Therapieerfahrungen. Die Schattenseite dieser Situation lag natürlich in den sich mit meiner vertiefenden Selbsterfahrung einstellenden schmerzlichen Einsichten, was ich meinen eigenen Kindern und auch mir schuldig geblieben bin. Unter einer wissenschaftlichen Perspektive birgt diese Konstellation aber, wie gesagt, den Vorteil, dass die notreifen Erfahrungen mit den eigenen Kindern und die andersartigen mit den Enkelkindern die Unterschiede umso deutlicher hervortreten lassen. Ich vermute, dass die Berufswahl meiner Töchter unter anderem mit den Diskrepanzerfahrungen zusammenhängt, die sie mit mir vor und nach den Analysen gemacht haben: Eine ist analytische Kinder- und Jugendlichenpsychotherapeutin, eine Lehrerin an einer Förderschule und eine Psychoanalytikerin für Erwachsene geworden.

Ich kann natürlich nicht für die Entwicklung einer gesamten Familie sprechen, sondern nur für die Analyse eines Familienzweiges, wie er durch mich und meine Familienlinie repräsentiert ist, den ich mit der Mutter meiner Kinder, meiner ersten Frau, begründet habe.

2. Großeltern als Entwicklungshelfer

2.1 Expedition als Entwicklungsbild

Wie »machen« es Großeltern eigentlich, wenn sie ihren Enkelkindern »Ruhe«, »Halt« und »Mut« »geben«? Das sind ja, wie oben erwähnt, keine Pakete wie Weihnachtsgeschenke, die überreicht werden. Um psychologisch zu verstehen, wie dies alles vor sich geht und was damit alles zusammenhängt, werden die angesprochenen Phänomene auf die Grundtatsache des Seelischen bezogen, dass es gar nicht anders kann, als sich zu bewegen, zu bilden und umzubilden. Die einzige Konstante im Seelischen – sowohl bei Großeltern wie bei Enkelkindern – ist der entwicklungsmäßige Wandel. Damit müssen recht statisch anmutende Begriffe wie Mut oder Halt zu tun haben. Einen Schritt weiter haben uns Adler (1931), Havighurst (1972) und Erikson (1965) gebracht, indem sie uns auf Entwicklungs- und Lebensaufgaben aufmerksam gemacht haben. Als Psychotherapeuten wissen wir aus unserer eigenen Lebensgeschichte sowie aus unserer psychotherapeutischen Arbeit, »dass viele Entwicklungsaufgaben verdrängt, verleugnet oder langfristig aufgeschoben« werden (Radebold & Radebold, 2009, S. 74).

Erikson hat das psychoanalytische Verstehen dieser Entwicklungsaufgaben differenziert, indem er sie als Antinomien zu verdeutlichen versuchte. So unterschied er bekanntlich die früheste Entwicklungsaufgabe nach der Dichotomie von Urvertrauen versus Urmisstrauen. Dieser Ansatz lässt sich noch weiterführen und den Phänomenen der Entwicklung weiter annähern, indem der Gegensatz von Urmisstrauen und Urvertrauen durch den für eine Polarität notwendigen Pol der Ursorglosigkeit oder -arglosigkeit ergänzt wird. Dann wird Urvertrauen als eine frühe selbstschöpferische Leistung seelischer Strukturierung deutlich, nämlich als reversible Regulierung zwischen den polaren Tendenzen einer ursprünglichen Sorglosigkeit und eines basalen Misstrauens. So lässt sich beobachten, dass im Zusammenhang mit den ersten Entwicklungs- oder Lebensaufgaben häufig das Arrangement der Vertrauensseligkeit übersehen wird, wie es ja bei Kindern und Erwachsenen immer wieder zu finden ist. Insbesondere wird dabei die komplizierte Strukturierungsnotwendigkeit, mit der wir bereits am Beginn des Lebens zu tun haben, übersehen, wie kompliziert es nämlich ist, im Prozess ständigen Wandels einen beweglichen Halt zu finden und wie viele Ängste dieses fragile und explosible Entwicklungsgeschehen wachruft, aber auch wie viel Freude die gelungenen Strukturierungen durchzieht.

Für diesen krisenhaften Entwicklungsprozess mit seinen permanenten und immer wieder neuen Herausforderungen lässt sich das Bild oder die Metapher einer »Expedition« heranziehen. Bei einer Lebensexpedition im symbolischen Sinne gibt es kein Vorher und Nachher. Das Leben ist eine Dauerexpedition. Die bekannten Schwellensituationen (Geburt, Entwöhnung, Geburt von Geschwistern, Kindergarten, Eintritt in die Schule, Berufs- wie Partnerwahl, »Wechseljahre«, Altersphasen usw.) mit ihren spannungsvollen Strukturierungsaufgaben markieren besondere Wende-, aber auch Verstörungspunkte. Über ein simultan erfassbares Bild wie Expedition sind die unumgänglichen Zwischenschritte nicht zu übersehen, in denen sich das Seelische immerwährend formt und umformt. »Entwicklung ist paradox, weil sie immer wieder zerstört, was sie entwickelt – damit sich etwas neu entwickelt« (Salber, 1987, S. 34).

Um die Entwicklung als Prozess der Verwandlung zu zergliedern, bieten sich besonders Biografien oder Romane an. In der Erzählung »Großvater und die Wölfe« (2003) schildert der schwedische Schriftsteller Per Olov Enquist, wie eine Expedition von vier Kindern mit ihrem Großvater und seinem Hund zu einem gefährlichen Abenteuer wird. Die Geschichte ist emotional eingerahmt vom Staunen eines sechsjährigen Mädchens (Mina), wie man in drei Wochen »groß werden kann«.

> Eines Nachts wird Mina von einem Angsttraum aus dem Schlaf gerissen. Ihr Schreien ruft den schläfrigen Vater herbei. Er versucht sie vergeblich davon zu überzeugen, dass sie nicht von einem Krokodil

gebissen, sondern nur von einer Mücke gestochen worden sei. Mina fühlt sich nicht ernst genommen und wendet sich an den Großvater, der ahnt, dass sie einen »Beschützer« oder »Wohltäter« braucht. Er hat sofort den Plan, ihr einen jungen Hund zu kaufen und mit ihr und den anderen Enkeln (der drei Jahre älteren Cousine Ia, dem fünfjährigen Marcus, Ias jüngerem Bruder, und ihrer vierjährigen Schwester Moa) eine Expedition zum »Dreihöhlenberg« zu unternehmen, in eine Wildnis aufzubrechen, in der es noch Wölfe und Bären gibt.

Am Fuße des Berges richten sie sich zu Beginn ihrer Expedition in der ersten Höhle ein Basislager ein. In der Nähe entdecken sie einen Bären, der vermutlich auf der Flucht vor Wilddieben ist. Angesichts dieser Gefahr, die insbesondere Mischa, Opas Hündin, wittert, kehren sie ins Haus von Großvater und seiner zweiten Frau Gunilla zurück.

Am nächsten Morgen führt der von Wolfshunden abstammende Hund Mischa sie zu einer Felsspalte, wohin sich ein von Wilddieben angeschossener Wolf geschleppt hatte und verendet ist. Neben ihm hockt ein zitterndes Wolfsjunges. Sie kümmern sich um das Junge, nehmen es mit nach Hause und versorgen es. Am Abend des zweiten Tages hören sie den Ruf der Wolfsmutter nach ihrem Jungen. Am nächsten Morgen erscheint die Wölfin in der Nähe des Hauses. Sie lassen das Wolfsjunge zu seiner Mutter laufen. Die beiden Tiere beschnüffeln sich und verschwinden wieder im Wald. Am folgenden Tag brechen sie erneut zu ihrer Expedition auf und erreichen am Nachmittag ihr Basislager, in dem sie zu Abend essen und übernachten.

Tags darauf steigen sie bei regnerischem Wetter auf. Kurz vor dem Gipfel, sie können schon die beiden anderen Höhlen erkennen, rutscht der Großvater aus und bricht sich bei einem Sturz das Bein. Ohne Festnetzverbindung befinden sie sich in einer besorgniserregenden Klemme. Mit vereinten Kräften und der Großvater unter großen Schmerzen schleppen sie sich zur nächstliegenden Höhle. Als ihre Augen sich an die Dunkelheit gewöhnt haben, entdecken sie eine große Wölfin mit ihrem Jungen. Die erneute Gefahrensituation löst sich glücklich auf, weil die Wolfsmutter und insbesondere das Junge sie wiedererkennt.

Am nächsten Morgen bittet Großvater Ia als die Kräftigste zusammen mit Mischa den Rückweg anzutreten und von zu Hause aus Polizei und Rettungshubschrauber zu alarmieren. In der Höhle spitzt sich die Lage erneut zu, als die Wölfin, die nachts die Höhle verlassen hatte, sich, von Wilddieben angeschossen, in die Höhle rettet und dabei von den Wilddieben verfolgt wird. Gerade noch rechtzeitig erscheint der Rettungshubschrauber mit Ia und Mischa an Bord. Nachdem Großvater notärztlich versorgt worden ist, fliegen sie zurück. Die Wilddiebe werden noch am selben Abend von der Polizei gefasst und verhaftet. Großvaters Bein wird eingegipst. Die Eltern der Kinder regen sich über ihn auf wegen der Gefahren, denen sie durch die gefährliche Unternehmung ausgeliefert waren. Die Kinder und der Großvater aber sind guter Dinge.

Am Ende der Geschichte sitzt Großvater neben Mina mit ihrem Hund. Als er sie noch einmal auf ihren anfänglichen Traum mit dem Krokodil und den Menschenfressern anspricht, stellt sie nüchtern fest, dass sie doch nur geträumt habe und dass sie damals noch sehr klein gewesen sei. Sie denkt an das Wolfsjunge, das sicherlich große Sehnsucht nach ihr habe.

Wenn die Kinder mit dem Großvater eine »Expedition« machen, wird ein Grundkomplex seelischer Entwicklung angesprochen. Die etymologische Bedeutung des Wortes »Expedition« und seine lateinische Wurzel sind bereits eine Metapher für eine Psychologie der Selbstwerdung. Der lateinische Wortstamm bedeutet »sich aus den Fußfesseln befreien«. Das Verb »expedire« enthält Bedeutungen wie: los machen, frei machen, befreien, sich heraus retten, entkommen, überwinden, erledigen, entwickeln. Wenn etwas förderlich, nützlich oder zuträglich ist, nennt der Lateiner das »expedit«. Eine männliche Person, die frei, ungehindert und bereit ist, wird als »expeditus«, eine weibliche als »expedita« bezeichnet. Der Begriff der Expedition steht beispielhaft für die Chancen und Gefahren psychologischer Entwicklungen und hat prototypische Bedeutung für den krisenhaften Prozess der Individuation. Unausdrücklich versteht Minas Großvater, verstehen auch die kleinen und großen Leser dieses Kinderbuches, dass Mina in ihren Schreianfällen noch nicht »expedita« ist und dass sie noch angstvoll vor ihrem nächsten Entwicklungsschritt zurückschreckt, nämlich sich aus den Fesseln ihrer verbliebenen Kindlichkeit und familiären Gebundenheit zu befreien und auf das Abenteuer einer Wandlung einzulassen.

Das geschieht keineswegs so nüchtern, wie es sich liest. Um die Entwicklungsdynamik zu erkennen, muss man sich der im Alltag und nicht selten sogar in der Wissenschaft vermiedenen Realität stellen, dass »Entwicklung« nicht bloß eine Auswicklung keimhaft angelegter, gengesteuerter und phasenspezifisch sich auswirkender Faktoren ist. Es ergibt auch wenig Sinn, die aufwühlenden Entwicklungsprozesse in abstrakte Konstrukte wie Anlage und Umwelt zu packen. Wenn die Psychologie ihr eigentliches Ziel, Verhalten und Erleben zu verstehen, nicht verfehlen will, kommt sie nicht umhin, die ungeheuren Entwicklungsängste, die jeder in der eigenen Entwicklung zu regulieren hatte, ob sie ihm noch zugänglich sind oder nicht, stärker zu beachten. Der lohnende Preis für diesen Wagemut liegt darin, dass dabei auch die beglückenden Erfahrungen des seelischen Weiterkommens erlebbar und die »reifen« Entwicklungsleistungen der Selbstwerdung wahrnehmbar werden können. Die Verwerfungen seelischer Lebensbewegungen und die Entwicklungsdramen führen uns vor Augen, dass sich Entwicklung nicht einfach so ergibt. Entsprechend beginnen wir auch zu ahnen, welche Strukturierungsleistungen und Entwicklungshilfen hinlänglich gesunde Lebensverläufe notwendigerweise gefordert haben.

> »Entwicklung fällt nicht als ein Geschenk vom Himmel. Die Menschen müssen Entwicklung lernen, sie müssen sie erleiden und ausgestalten; sie müssen in Entwicklung bleiben und darin ihren Lebenssinn finden« (Salber, 2006, S. 151).

Expeditionen haben einen Start und ein Ziel. Es sind auch viele Vorbereitungen nötig, und es liegt auch ein klarer Ausgangspunkt vor. Der Verlauf und insbesondere das Ende der Expedition sind aber ungewiss. »Expedition« ist eine Allegorie des Seelischen selber. Hier ist durch die Neuartigkeit und Unerforschtheit des Kommenden ein Grundzug des Seelischen besonders herausgehoben. Das Seelische kann – morphologisch gesprochen – gar nicht stehen bleiben, es ist von seinem »Wesen« her auf ewig hin angelegt, sich zu verändern. Selbst wenn wir uns einmal eine »starre« Lebensform vorstellen, die zwanghaft geprägt ist von der Angst vor Veränderung, stellen wir fest, dass das scheinbar Gleiche in den Wiederholungen weitere bedrohliche Veränderungen wachruft, die zu gefährlichen pathologischen Ausbrüchen führt. Wir wissen aus der Psychotherapie, dass

Zwänge nicht selten die Funktion haben, psychotische Dekompensationen abzuwehren. Das andere Extrem seelischen Geschehens liegt in den desorganisierten, chaotischen Lebensbewegungen, die wegen des Mangels an Halt ebenfalls ständig von unerträglichen, als lebensbedrohlich erlebten Auflösungen bedroht sind.

»Expedition« ist ein Bild für ein seelisches Konstruktionsprinzip, in dem Basislager vorhanden sind, die den Aufbruch in neue Formen der Wirklichkeitsgestaltung fundieren, relativ sichere Rückzugsgebiete im Falle unüberwindlich erscheinender Hindernisse darstellen und sich mit den neuen Entdeckungen wandeln. »Expedition« verweist auf das Leben als Abenteuer und die unumgänglichen Herausforderungen, Wagnisse, Krisen, Katastrophen und schicksalhaften Ereignisse. Wir sind immer auf der Suche nach Lebensgestalten, die sich halten und zugleich wandeln können. Wir sind, ob bewusst oder unbewusst, in unserer Entwicklung ständig bemüht, Neuland seelischen Existierens urbar zu machen und neue Kulturen für unsere seelische Wirklichkeit zu finden.

In Enquists »Großvater und die Wölfe« hilft der Großvater seinen Enkelkindern mit ihrer Expedition dabei, sich von Urformen des Bezogenseins (Familie) allmählich zu lösen und variable Formen des Miteinanders (Team) zu erproben. Die Rede vom »Dreihöhlenberg« spielt dabei schon auf eine grundlegende Entwicklungsaufgabe an, der Freud mit dem Ödipuskomplex ein einprägsames Bild gegeben hat. Nach den dualen Beziehungsformen der frühen Kindheit und den Vorformen der frühkindlichen Triangulierung gewinnt die ödipale Triangulierung die Bedeutung eines fundamentalen Basislagers für die gesamte Entwicklung. An den Stellen dialektischer Entwicklungsspannungen wie Gestaltung und Wandlung, Festhalten und Loslassen, Bestimmen und Bestimmtwerden, Wollen und Können gewinnt der Großvater seine Bedeutung als psychologischer Entwicklungshelfer. Er ist – unter hinlänglich günstigen Umständen – den Kindern als Vater der eigenen Eltern *vertraut* und gleichzeitig als Vertreter der vorvorigen Generation auch *fremd*. Insofern ist er bereits in seiner Konstellation eine Übergangsfigur, die dem Kind möglichst optimal dosierte Entwicklungsanreize bietet. Das psychologische Bild einer seelischen Expedition aus der frühkindlichen Welt passt gut zu dieser Erzählung. Sie ist als Abenteuergeschichte für Kinder angelegt, ist aber auch als entwicklungspsychologische Erzählung für Erwachsene ein »interessantes« Werk.

In der durch den Großvater geführten Expedition bleibt für die Kinder der permanente Halt großelterlicher Begleitung und Führung auch in bedrohlichen Situationen weitgehend erhalten und werden in einer relativ sicheren Wirklichkeit beängstigende Gefahren gemeistert, wird traumatischen Widerfahrnissen vorgebeugt.

Eine Expedition lebt *psycho-logisch* von den Übergängen oder Zwischenschritten vom Vertrauten zum Fremden. Den immanenten schöpferischen Tendenzen des Seelischen, sich selbst zu organisieren und zu behandeln, wird mit der Wirklichkeit des Großvaters ein seelischer Schonraum bereitgestellt, der die altersgemäßen Potenzen des Kindes nicht überbürdet, sondern anregt. In hinlänglich gesunden Werdeformen spürt das Kind mehr oder weniger ausdrücklich, dass eine Steigerung und Fixierung des bisher Vertrauten ins Unerträgliche führen würde. Diese Ahnungen drücken sich im Erleben des Kindes und auch seiner Eltern aus (Beispiel: Minas Schreiepisoden). Wie Rotkäppchen es so drastisch erleben musste, spürt auch Mina das Wölfische oder Auffressende einer extremisierten Versorgung und die damit verbundene Selbstaufgabe (Salber, 1987; Salber & Rascher, 1986). Auch wenn wir das berühmte Bild vom Ödipuskomplex heranziehen, das sich bei einer tiefenpsychologischen Betrachtung aufdrängt, gilt: die Urmuster der Bezogenheit – die wenig mit Erwachsenensexualität zu tun haben – sind verlockend und bedrohlich zugleich. Hier wird deutlich, wie wichtig das Zulassen und Erleben der Angst ist, wie wenig es darum geht, die Angst zu verleugnen, sondern sie zu akzeptieren und gemäß ihrem Werdesinn zu integrieren und zu verstehen. Die Angst macht auf die Gefährdungen seelischer Strukturierungen aufmerksam. Die komplementäre Gefühlskonstellation ist die Freude, die alle momentan gelingenden Umstrukturierungen im Seelischen durchzieht bzw. als ahnendes Leitmotiv im Erleben und Handeln des Kindes wirksam wird (Heisterkamp, 2003, 2007b, 2011).

Die responsive Wirklichkeit des Großvaters zeigt sich, wenn er die Ängste und Phantasien der Kinder annimmt und nicht glaubt, vernünftige Argumente dagegen setzen zu müssen, womit dann die schöpferische Selbstbewegung und Selbstbehandlung des Kindes unterdrückt würden; wenn er den Kindern die Funktion eines Basislagers erläutert und ein operatives Vorverständnis für die Zwischenschritte seelischer Entwicklung einführt; wenn er angesichts eines für alte Menschen typischen Malheurs, nämlich eines Sturzes mit den Folgen eines Beinbruches, nicht dekompensiert, sondern im Rahmen des Möglichen seine Schmerzen aushält, selbst in dieser schwierigen Situation noch einen guten Plan hat und sich dabei auch vom eigenen Schicksal drängen lässt, den Kindern noch mehr Verantwortung zu übertragen; wenn er sich selbst von den Aufregungen der Eltern nicht anstecken lässt und dergleichen mehr. Also: Wir lesen gespannt eine Geschichte, wie sich die angstvolle Mina aus ihrer mittlerweile zu eng erlebten Lebenswirklichkeit mithilfe des vertrauten Großvaters, mit dem sie nicht so wie mit den Eltern ambivalent verstrickt ist, herausführen lässt in eine erweiterte Lebenswirklichkeit.

Im Schutz des großelterlichen Schonraums können die Kinder es wagen, sich ihren jeweiligen Entwicklungsaufgaben zu stellen und ihre Lösungen zu erproben. Titel und literarische Form drücken bereits diesen Schonraum aus. Die Rede vom Großvater (einem familiär Vertrauten) und den Wölfen (fremde gefährliche Wesen) bringt die latente Dynamik in ein allen Lesern bekanntes Bild. Der Leser erlebt hier wohl bereits bei einem Titel wie »Großvater und die Wölfe« – trotz der anklingenden Gefahrenmomente – ein Gefühl von Zuversicht. Dieses Gefühl wird weiterhin dadurch bestärkt, dass der gute Ausgang der Geschichte bereits am Anfang vorweggenommen wird. So ist die Lektüre eingebettet in einen haltgebenden Kontext. Es heißt nämlich bereits auf der ersten Seite: wie sich die nächtlichen Ängste der sechsjährigen Mina nach nur drei Wochen des Zusammenseins mit dem Großvater gelegt haben. Die Erzählung ist aus der Perspektive einer Sechsjährigen und entsprechend auch in kindlicher Ausdrucksweise geschrieben. Die sprachlichen Wendungen folgen einfachen Mustern. Die literarische Form bildet einen sicheren Rahmen, in dem sich nun die Neugier und Entdeckerfreude ausbreiten können, ohne dass sie zu sehr durch das zu erwartende Fremde bedroht würden. Die Geschichte gibt also ein Entwicklungsversprechen ab, das den Leser im Vorhinein beruhigt. Diesem Erleben mag auch die Beruhigung entsprechen, die sowohl die Eltern spüren, wenn sie ihre Kinder in die Obhut ihrer eigenen Eltern oder anderer vertrauter Bezugspersonen geben als auch die Beruhigung, die die Kinder fühlen, wenn sie sich in der Obhut der von ihren Eltern wertgeschätzten Personen befinden. Hier besteht eine Analogie zwischen der Lese- und der Großelternsituation.

Auch der Spannungsbogen der Handlung spiegelt die psychologische Schonung wider. Die Geschichte beginnt bei den Albträumen der gerade eingeschulten Mina und schildert über viele Stationen hinweg den Weg der Angst und die einzelnen Momente ihrer Überwindung unter Mithilfe des Großvaters, und zwar ohne dass dieser Komplex benannt würde, sondern einfach durch die Beschreibung der Handlungen und der damit verbundenen immanenten Bedeutungen. In diesen strukturellen Wandlungskreis sind noch die entsprechenden Entwicklungen der anderen (Schwester, Cousin, Cousine) einbezogen. Um die Interpretation der Geschichte nicht zu sehr auszuweiten, gehe ich hier nur auf die Haupthandlung ein und lasse die in die Geschichte verwobenen Wandlungsprozesse der anderen aus. Ich zeichne im Folgenden also allein die seelische Entwicklung von Mina nach.

Alle Kinder und Erwachsenen, die unter seelischen Störungen leiden und unter deren Störungen nicht selten auch die anderen leiden, sind eindrückliche Beispiele dafür, dass die Lösung von Entwicklungsaufgaben und die Regulierung der entsprechenden Grundspannungen misslungen sind. Eine flexible Regulierung wird meist durch statische Begriffe wie Selbstsicherheit, Zuversicht, Mut und Vertrauen gekennzeichnet. Wenn man bei solch abstrakten Konstrukten verbleibt, übersieht man leicht die Strukturierungsnöte und die -notwendigkeiten, die zur Entwicklung gesunder Lebensstile unabdingbar sind. Die oben erwähnten, sich auf Eigenschaften beziehende Begriffe stehen nämlich für gelungene Strukturierungen, in denen ein beweglicher Halt entwickelt wurde, der sich auch durch die lebensnotwendigen Wandlungen hindurch bewährt hat und halten lässt. Eine flexible und reversible Regulierung der seelischen Grundspannungen ist ein wesentliches Kriterium seelischer Gesundheit. Kinder und Jugendliche, die diese Form der Selbstorganisation bzw. Selbstbehandlung entwickelt haben, können von ihren Eltern zuversichtlich ins Leben entlassen werden.

2.2 Ein Entwicklungsproblem in Traumarbeit

Im Leben eines jeden Individuums und insbesondere während einer psychotherapeutischen Behandlung drücken sich Entwicklungsprobleme, Wandlungsvorgänge und Lebensentwürfe oft in Träumen aus. In den Träumen führt die Seele gewissermaßen Selbstgespräche. In der »stillgelegten« Verfassung hütet der Traum den Schlaf und erprobt zugleich archaische und revolutionäre Bewegungsmuster für die unerledigten Tagesreste (Salber, 1997; Grünewald, 2007, 2013). So teilt uns die sechsjährige Mina darin ihre Nöte, Konflikte und Spannungen mit, die unvermeidbar bei der Selbstwerdung auftauchen, wenn sie sich aus ihren primären Abhängigkeiten und Gegenabhängigkeiten zu befreien versucht. Die Bilder des Traumes verdeutlichen in exemplarischer Weise, wie gewaltig die anstehenden Entwicklungsaufgaben sind. Schauen wir uns deswegen die Traumgeschichte der Sechsjährigen einmal sukzessive näher an. Der Anfang hat »es« schon in sich: *Eines Nachts, als Mina gerade eingeschlafen war, wurde sie von einem Krokodil in den Po gebissen. Als sie erwachte, spürte sie, wie weh es noch tat.*

Hier und im anschließenden Disput mit dem Vater fällt die prädikative Aussage auf. Der erwachsene Leser würde im Zusammenhang mit einem Traum eine konjunktivische Formulierung erwarten, z. B. dass sie geträumt *habe*, dass ein Krokodil sie gebissen *hätte* und dass sie auch im Wachsein die Empfindung *habe*, dass es schmerzen *würde*. In den indikativen Formulierungen wird deutlich, dass Mina in diesem Moment anscheinend nicht mehr genau zwischen Traum und Wirklichkeit unterscheiden kann. Darin liegt ein eindrückliches Stilmittel des Autors, auf die realen Ängste und Nöte der Kinder dieses Alters aufmerksam zu machen. Enquist wechselt danach wieder in die für Erwachsene typische, eben konjunktivische Aussageform, wie furchtbar es gewesen *wäre*, von dem grünen Krokodil angegriffen und gebissen worden zu sein; als *läge* sie im Sterben; dass sie weinte und schluchzte, als *hätte* sie eine schlimme Krankheit; und sich ungefähr so fühlte, als ob sie allein und verlassen im Wald *wäre*. Die Szene endet dann wieder mit der auf das reale Erleben bezogenen Feststellung, dass Mina schließlich nur noch untröstlich schluchzte. Bei späteren Einfällen zum Traum wird diese präsentische Schilderung des Traumes erneut aufgegriffen. So wird das Angstvolle und Ungeheuerliche kindlichen Erlebens nochmals hervorgehoben. In feinsinniger Weise wird so betont, wie real die Entwicklungsnöte von Kindern sind und wie sehr sie darunter leiden. Doch den Erwachsenen fällt es schwer, sich an diese frühe Form der Wirklichkeitserfahrung zu erinnern und das kindliche Erleben nachzuvollziehen, obwohl alle (!) sie aus der eigenen Entwicklung kennen. Deswegen wird das Erleben der Kinder von Erwachsenen gerne belächelt, und auch Enquist bedient sich hier einer humorigen Ausdrucksweise. So können sich Erwachsene von dem un-heimlichen Erleben der Kindheit distanzieren und eigene Erfahrungen verdrängen. Sich in dieser Situation untröstlich zu fühlen ist eine durchaus angemessene Reaktion von Kindern, denn Traum und Realität gehen bei ihnen viel leichter ineinander über.

Auch Erwachsene können nach eigenen Angst- und Albträumen noch kurzzeitig in diesen unheimlichen Zwischenzustand zwischen Traum und Realität geraten. Arthur Schnitzler hat diese Verfassung in seiner »Traumnovelle« zum Thema gemacht. In einem Brief an Arthur Schnitzler bemerkte Freud 1922 dazu: »Im Grunde Ihres Wesens sind Sie ein psychologischer Tiefenforscher, so ehrlich unparteiisch und unerschrocken wie nur je einer war« (Freud, 1960, S. 249f.). Eine noch intensivere Ahnung vom Erleben der Kinder in diesen Situationen bekommen wir, wenn die ungeheuerlichen Szenen dieser grandiosen Novelle kongenial von einem Regisseur verfilmt werden. Ich denke hier an Stanley Kubricks Verfilmung von Arthur Schnitzlers *Traumnovelle* mit Nicole Kidman und Tom Cruise in dem Film *Eyes Wide Shut* aus dem Jahre 1999. Die Komplex- oder Erlebensentwicklung bei diesem Film wird von Blothner (2003a, S. 30ff.), der im cineastischen Geschehen den Spiegel des Seelischen sieht, differenziert analysiert. Der Film, in dem Wahn und Wirklichkeit immer wieder ineinander übergehen, fesselt und verstört den Zuschauer zugleich. Darüber problematisiert Kubrick in künstlerischer Form die im Alltag scheinbar so klare Trennung zwischen Traum und Realität, Wahn und Wirklichkeit.

Wenden wir uns nun wieder Minas Traum und seiner latenten Bedeutung zu. Wenn wir davon ausgehen, dass hier die unbewussten Gestaltungskräfte von Mina am Werke sind, haben alle Züge des Traumes einen auf sie bezogenen Sinn. Das ist bei einem schmerzhaften Biss eines Krokodils in das eigene Fleisch unmittelbar nachvollziehbar. Das gilt auch für die Symbolik eines Krokodils sowie für seinen gefährlichen Angriff. Alle Züge des Traumgeschehens sind bildhafte Schöpfungen eines latenten Sinnes. In Minas Traum verdichten sich vielfältige Bedeutungen, die sowohl ihre unbewussten Tendenzen als auch deren Abwehr in das Drama einer Traumgeschichte bringen. Der Selbstaspekt oder Selbstausdruck des gesamten Traumgeschehens wird evident, wenn aus dem kleinen Krokodil später ausdrücklich ein »Krokodil*mädchen*« wird.

In der Behandlung von entwicklungsgestörten Kindern im Vorschul- und Grundschulalter werden die unbewussten Ängste, vom anderen vereinnahmt zu werden und die Gier, den anderen zu verschlingen, immer wieder deutlich. Mit großer Lust greifen die Kinder nach Handpuppen oder Steifftieren, die einen Wolf, ein Krokodil darstellen, oder sie spielen den Menschenfresser oder können nicht oft genug das Märchen von Rotkäppchen oder das von den sieben Geißlein hören. In ihnen wird versucht, die Ängste, vereinnahmt oder der Macht des anderen ausgeliefert zu sein, zu bearbeiten. Dies wird oft dadurch abgewehrt, dass die angstvolle Antizipation, aufgefressen zu werden, der man passiv ausgeliefert ist, umgewandelt wird, indem der andere kontrolliert oder gefressen wird. Das ist eine normale Durchgangsphase der Entwicklung: Wenn das Kind merkt, wie es vor lauter Liebe oder Heißhunger auf die Mutter oder den Vater diese zum Fressen gern hat, projiziert es die Zuwendungen von diesen auch im Sinne seines eigenen »oralen« Verlangens und wird in archaischer Weise der ambivalenten Dialektik von Liebesbeziehungen inne.

Wenn Mina einen schmerzhaften Biss des kleinen Krokodils erlebt, könnte es für die Interpretation schwierig werden, darin noch die schöpferischen Kräfte von Minas Seelischem wirksam zu sehen, denn sie hat doch Schmerzen zu erleiden und benötigt scheinbar mitleidige Anteilnahme. Hier lauert die Gefahr eines psychologischen Kurzschlusses, der direkt nach Tätern in Minas Leben sucht und mit ihr in die Kollusion einer gemeinsamen Entrüstung ausweicht. Darüber würde die Verschiebung von Minas Nöten und Sicherungen unkenntlich gemacht. Mit dem Beißen und Fressen wird der »orale« Modus der frühkindlichen Wirklichkeitsgestaltung hervorgehoben, in dem es um das Bekommen und Vereinnahmen geht. In diesem Sinne könnte man hervorheben, dass Mina ihre Mutter und/oder ihren Vater zum Fressen gern hat, d. h. sie in archaischer Weise verschlingen und vereinnahmen möchte. Im Beißen klingt Eindringliches und Aggressives an.

In einer analytischen Psychotherapie erhellt sich der latente Sinn von Träumen erst über einen mehr oder weniger langen intersubjektiven Prozess, in dem der Patient seinen Einfällen zu seinen Träumen folgt und der Psychotherapeut sich empathisch mit dem Erleben des Patienten mitbewegt und daneben introspektiv das seine beachtet. Er hat die Kunst erworben, sein jeweiliges Erleben in den Behandlungssituationen als Ausdruck für die Wirklichkeitsgestaltung des Patienten zu nutzen und in hilfreiche psychotherapeutische Interventionen umzusetzen. Darüber ergibt sich ein psychotherapeutischer Verlauf, aus dem sich allmählich Bedeutung und

Sinn des Traumes ergeben bzw. ereignen. In einer Kinderanalyse würde diese Traumbearbeitung durch operative Verfahren wie Zeichen-, Mal-, Sand- oder Baukastenspiele und viele andere Handlungen geschehen bzw. durch agierte Kindheitserinnerungen in Szene gesetzt. Auch in der analytischen Erwachsenenpsychotherapie haben die sich immer wieder ereignenden Enactments oder Inszenierungen, an denen der Therapeut stets mit beteiligt ist, eine zunehmende Beachtung gefunden (Heisterkamp, 2002). In jüngster Zeit interessieren sich Psychoanalytiker immer mehr für handelnde Inszenierungen, die im Rahmen einer sogenannten analytischen Körperpsychotherapie entwickelt wurden. Obwohl wir hier den psychotherapeutischen Prozess der traumbezogenen Einfälle und Bearbeitung nicht zur Verfügung haben, können wir die Art der literarischen Darstellung, des Verlaufs der Traumerzählung, der Eingliederung in den gesamten Text sowie der Ausweitung des Traums in eine familiäre Szene als Analogon zu den üblichen »freien Einfällen« heranziehen. Ich hoffe, dass dabei auch beim Leser eine entsprechende Erlebnisgeschichte entsteht, in der sich die in dem manifesten Traum enthaltenen vielschichtigen Sinngestalten entfalten. Wie geht »es« in Minas Traum nun weiter?

> »Sie erwachte und spürte, dass es weh tat. Sie fühlte nach, wie weh es tat und ob es nötig war, wie verrückt zu brüllen, damit Papa und Mama kamen. Als ihr wieder einfiel, wie furchtbar es gewesen war, als das grüne Krokodil sie angegriffen und an ihrem Po geknabbert hatte, entschied sie sich dafür, dass es furchtbar war und beschloss loszubrüllen wie am Spieß.«

Nachdem sie wach geworden war, ist ihr offenbar doch noch ein gewisser Abstand zum eigenen Erleben möglich: Sie fühlt nach, verhält sich zielorientiert und entscheidet sich zu weinen, um ein Elternteil herbeizuholen. Mina ist in gewisser Weise fähig ihre Situation zu reflektieren, deutet bereits einen gewissen Abstand dazu an.

> »Und da kommt Papa mit ganz verknittertem Gesicht, schläfrig und mürrisch ins Zimmer. Mina schluchzte noch eine Weile, als läge sie im Sterben oder als hätte sie eine schlimme Krankheit, die Papa sofort heilen müsste, z.B. mit einem Eis am Stiel oder mit einem Würstchen mit Ketchup. Papa setzte sich nur bei ihr aufs Bett und guckte und war überhaupt nicht entsetzt.

> Als Mina ihm die Stelle zeigte, wo das Krokodil sie gebissen hatte, und sie auf die Stelle, die ihr riesengroß erschien, zeigte, sagte der Vater, dass es ein Mückenstich sei und es keinen Grund gäbe, sich zu ängstigen. Liebevoll fügte er an, »schlaf jetzt, mein Kleines«. Mina ließ sich nicht davon abbringen, dass es ein Krokodil gewesen war. Der Vater sagte erneut zu Mina »schlaf jetzt, mein Liebes« und bat sie zu verstehen, dass er jetzt weiterschlafen müsse. Mina entgegnete trotzig: »Ich bin aber gebissen worden«. Papa hielt dem entgegen, dass sie nur geträumt und sonst nichts habe; dass sie jetzt weiterschlafen solle, sie würde ja nur phantasieren. Als das alles nicht half, mahnte er Mina noch einmal damit aufzuhören, weil sie sonst noch so würde wie der Großvater.«

Alle Eltern kennen derartige Auseinandersetzungen mit ihren Kindern, und alle haben auch die Erfahrung gemacht, wie leicht derartige Interaktionszirkel zu quälenden Machtkämpfen eskalieren können. Sinnvolle Möglichkeiten, dem Kind dabei zu helfen weiterzukommen, sind begrenzt. Alles, was z. B. der Vater in der Geschichte machen kann, tut er: Er setzt sich »nur« zu ihr auf das Bett, guckt »nur«, ist selbst nicht entsetzt, spricht lieb zu ihr und verweist auf die Realität. Die Entwicklungsförderung durch den Vater besteht darin, sich vom Entsetzen der Tochter nicht anstecken zu lassen, die Realität ins Spiel zu bringen und die entwicklungspsychologische Not des geliebten Kindes nicht zur eigenen Beruhigung beseitigen zu wollen. Der Vater ermutigt sein Kind, indem er dessen Erleben wahr- und annimmt, seine eigene Verfassung nicht übergeht und zuversichtlich auf die schöpferischen Kräfte der Selbstorganisation seines Kindes setzt. In dieser Situation werden auch die Grenzen und Gefahren elterlicher Erziehung deutlich. Eltern bleiben günstigenfalls gelassen, nehmen das Erleben des Kindes wahr und berücksichtigen gleichzeitig die Realität. Die entwicklungshinderlichen Verhaltensweisen von Eltern liegen in zwei gegensätzlichen Positionen: einerseits die typischen Bemühungen überbehütender Eltern, ihrem Kind – was unmöglich ist – alle Ängste ersparen zu wollen, andererseits die Haltung entwertender Eltern, die das Kind in seinem originären Erleben lächerlich machen. Dies führt in die entwicklungshinderlichen Teufelskreise wechselseitiger Be*nötigung*, in denen jeder jeden in Rollen nötigt, die er selbst zur Kompensation eigener Minderwertigkeitsgefühle und zur Abwehr eigener drohender Ängste oder Affekte nötig hat. Der erlebte Unterschied wird für das Kind, wenn es sich wahrgenommen und die Eltern als gelassen erlebt, ein Movens für eine förderliche Entwicklung, eine Anregung für selbstschöpferische Wandlungen sein.

Zum Beginn der Erzählung gelingt es Mina nur unzulänglich, sich aus der verbliebenen Abhängigkeit vom Vater zu lösen. Sie steckt anfangs noch in einer vorläufigen Zwischenlösung: nämlich in einer Art Gegenabhängigkeit. Die Versuche des Vaters, Mina davon zu überzeugen, dass sie »nur« geträumt oder phantasiert habe, dass er sein Bedürfnis zu schlafen begründet und an ihre Vernunft appelliert, bleiben vergeblich. Seine Tochter ist nicht mit guten Worten und plausiblen Begründungen zu erreichen. Sie pocht darauf, selber zu wissen, wann sie träume und wann sie phantasiere. Als letzten Versuch bringt der Vater als vermeintlich abschreckendes Beispiel seinen Schwiegervater ins Spiel, dass sie nur ja nicht so werden solle wie ihr Großvater. Ihr Vater ahnt wohl nicht, wie sehr er indirekt gerade dadurch Minas weitere Entwicklung forciert; denn Mina lässt sich, wie der Vater wohl gehofft hatte, nicht abschrecken, sondern greift den Großvater im gegenteiligen Sinne als Vorbild auf: Sie wolle gerade werden wie dieser. In der Szene und im Streit mit dem Vater zeigt sich Minas notdürftiger Loslösungsversuch. Sie braucht noch das Dagegen als Zwischenschritt der Verselbstständigung. Sie hofft und ahnt wohl auch aus Erfahrung schon, dass der Großvater jemand ist, der ihr Problem versteht und ihr weiterhilft. So wie in der Peergroup der Pubertierenden die Gleichaltrigen als Entwicklungsobjekte entdeckt werden, so liegt es in Minas Alter nahe, Bezugspersonen als Entwicklungshelfer auszuwählen, die der Herkunftsfamilie sowohl genügend nahe als auch ausreichend fern stehen, und das sind insbesondere die Großeltern. Mina ist jedenfalls überzeugt davon, dass der Großvater sie gegen das Krokodil verteidigt hätte. Danach wird ein grundlegender Stützpunkt ihrer Entwicklung zugänglich.

> Mina erinnert sich daran, wie sie, als sie vier Jahre alt war, gebrüllt hatte, weil sie gefallen war und meinte, sie hätte das Bein gebrochen. Diese Situation wurde von ihrer Mutter humorvoll aufgelöst.

Mina hatte sich wohl angewöhnt, das ursprünglich lebenswichtige Schreien nach den Bezugspersonen für eine nachhaltige Beachtung einzusetzen. Sie hatte gelernt »zu brüllen wie verrückt, damit Papa und Mama kamen«

und sie mit Eis und Würstchen zu beruhigen versuchten. In einem weiteren Einschub des Autors, der durchaus einem Einfall von Mina in einer spielerischen Traumbearbeitung entsprechen könnte, berichtet er von der obigen Szene, in der die Mutter dieses Arrangement aufdecken und humorvoll damit umgehen konnte. Diese Anmerkung ist ein Hinweis dafür, dass es der Mutter vermutlich gelungen war, ihrer Tochter das unbewusste Motiv des Schreiens vor Augen zu führen und gleichzeitig zu verdeutlichen, dass sie ein Eis auch ohne Schreianfälle bekommen könnte. Das mütterliche Modell eines humorvollen, gelassenen und ermutigenden Umgangs mit den Entwicklungsproblemen eines heranwachsenden Kindes wird Mina vermutlich bei ihren weiteren Entwicklungsschritten geholfen haben. Es macht den Leser auf eine Entwicklungsressource, ein »Basislager« für die nächsten Entwicklungsschritte aufmerksam.

In solchen Situationen können aber auch bei einem entsprechenden Entgegenkommen der Eltern sehr belastende Beziehungsmuster entstehen. Derartige Familiendramen enthalten einen tiefen psychologischen Sinn für die Kinder wie für die Erwachsenen. Sie resultieren aus der wechselseitigen Abwehr der eigenen Entwicklungsnöte. Das psychosoziale Arrangement hieße dann: Das Schreien der Kinder ist Ausdruck ihrer immensen Entwicklungsnöte. Die Antwort der Eltern soll sowohl der Beruhigung der Ängste ihrer Kinder als auch der Abwehr ihrer eigenen unbewältigten Ängste dienen. In beiden Fällen gelingt das nur notdürftig. Kinder fühlen sich in diesem Fall nicht genügend gehalten und Eltern bleiben weiterhin gebunden an die Dämonen der eigenen Vergangenheit. Darin liegt die Quelle für zahlreiche und vielfältige Wiederholungen.

Nun zurück zum Traumgeschehen:

> »Der Angriff des Krokodils ereignete sich am Kongofluss. Sie erinnerte sich noch ganz genau daran, dass sie am Strand des schrecklichen Kongoflusses gewesen war, wo die Menschenfresser badeten und sich sonnten und am Strand in der Sonne einschliefen, nachdem sie sich aneinander satt gegessen hatten. Sie aßen allerdings nur von den Beinen. Alle waren nett, keiner schrie oder fluchte. Die kleinen Menschenfresserkinder aßen besonders gern – mit Ketchup – die Beine eines netten dicken Onkels. Mina hatte keine Lust auf Bein mit Ketchup und war in das Wasser des Kongoflusses gegangen, um zu baden.«

Bei einer näheren Beschreibung des Traumes am Strand des schrecklichen Kongoflusses lesen wir dann geradezu von einer Urlaubsidylle bei Menschenfressern. Sie baden miteinander, sonnen sich, schlafen ein, und das alles »nachdem sie sich aneinander satt gegessen hatten«. Sie aßen einander allerdings nur die Beine auf. Mina ist mittlerweile wohl das verschlingende frühkindliche Versorgungsverhältnis (»oral«) deutlich, denn sie will sich an der Menschenfresserei nicht beteiligen, sondern nur im Kongofluss baden, d. h. sich in ihrem Leben weiter bewegen und entwickeln. Die scheinbare Urlaubs- und Strandidylle ist eine dramatische Metapher für die Psychodynamik der Selbstwerdung, ist ein archaisches Bild für die radikale Abwehr von Trennung. Wenn man sich in der Familiengruppe die Beine auffrisst, kann keiner weggehen und niemand kann verlassen werden. Es steht dann allerdings auch keiner mehr auf eigenen Beinen.

Im Bild vom »Strand des schrecklichen Kongoflusses« liegt eine Metapher für den Schrecken der Entwicklung, den Mina erlebt. Das Werden des Selbst bedeutet, dass alles im Fluss ist, dass sich alles verändert, nichts so bleibt wie es ist und immer wieder schreckliche Herausforderungen auf sie warten. So hat Mina gerade eine gewisse familiäre Sicherheit erreicht, wozu auch lange Zeit die ritualisierten Schreianfälle und Beruhigungsrituale gehörten. Sie muss sich nun auf neue Lebenssituationen wie z. B. die Schule und die damit verbundenen komplexen psychologischen Anforderungen einstellen. In ihrem unbewussten Erleben spürt sie neben dem Bestreben nach Halt und Sicherheit auch ein altersgemäßes Drängen, sich aus den immer mehr als beengend erlebten kindlichen Beziehungsformen zu lösen bzw. die Bewegungsmuster zu erweitern und zu steigern. Mina, die die nächsten Schritte der Selbstwerdung zu ahnen beginnt, versucht sich von den »netten« Menschenfressern zu unterscheiden. Etwas Eigenes zu wagen kommt einem bedrohlichen und schmerzlichen Schritt gleich. Sie pendelt zwischen der Anpassung an das entwicklungsgemäß Unpassende und den Konsequenzen eines eigenen Weges. Das Anfressen steht für all das, was sie im Dienste eines weiteren »netten« Bezogenseins opfern würde. Da die Ängste noch überwiegen, kann sie sich noch nicht völlig auf die vor ihr liegenden Entwicklungsaufgaben einstellen. Aber die Entwicklungsmotive sind unverkennbar.

> »Da war das kleine grüne Krokodil gekommen und das sah genauso aus wie das Zeichen auf Papas Pulli. Mina fragte das Krokodil, ob es von Papas Pulli abgehauen sei. Das Krokodil war nur blöd herumgeschwommen und hatte Mina sauer angeglotzt und gesagt, es begreife nicht, was sie meine. Es sei ein gefährliches Krokodil und sie solle sich bloß in Acht nehmen. Mina entgegnete, es solle sich selbst in Acht nehmen und sofort zurück auf Papas Pulli schwimmen, sonst würde Papa stocksauer. Mina solle sich an den eigenen Keks fassen, hatte das Krokodil reichlich sauer erwidert, und dann war es hochgesprungen und hatte Mina in den Keks, also in den Po gebissen.«

Hier begegnet Mina, wie oben erwähnt, der eigenen Angst, sich vom Vater zu entfernen. Wenn das Krokodilmädchen sich vom Hemd des Vaters (von seiner Brust, aus seinem Herzen) wegbewegt, expressiv und aggressiv zu werden beginnt, kann es auch befürchten, seine Zuneigung zu verlieren und sich dabei selbst zu schaden. Und dabei entsteht eine köstliche Kontroverse zwischen Mina und dem kleinen Krokodil, was genau ihrem Konflikt entspricht. Während sie das Krokodil anherrscht, es solle sich auf Papas Pulli zurückscheren (an Papas Herz zurückkehren), gibt das Krokodil zurück, sie solle sich an den eigenen Keks fassen (sich auf sich selbst besinnen). Und das Seelische bringt im Traum diesen Widerspruch kunstvoll zusammen, indem das kleine grüne Krokodil *ihr* in den Po beißt. In diesem Bild werden sowohl ihre zärtlichen als auch ihre aggressiven Tendenzen symbolisiert und abgewehrt: Sie fühlt sich herzlich verbunden mit dem geliebten Vater, hat ihn gewissermaßen zum Fressen gern, gleichzeitig drängt ihre weitere Entwicklung aber hin zu einer Veränderung der bisherigen inneren Beziehung. Sie erlebt es mit zunehmendem Alter immer bedrohlicher, sich selbst in ihren archaischen Bedürfnissen nach Geborgenheit zu verfehlen. Die projektive Abwehr wird auch in Minas Ängsten deutlich, dass der Vater »sauer« würde, wenn das Krokodil, also sie sich aus dem bisherigen Muster des Bezogenseins herausbewegen würde. In ihrer Wahrnehmung erlebt sie ihren eigenständigen und eigenwilligen Schritt der Loslösung wohl auch (noch) als eine Verletzung des Vaters, womit sie diesen so verärgern würde, wie sie selbst enttäuscht und wütend gewesen wäre, wenn der Vater sich zu früh oder inadäquat von ihr distanziert hätte.

Es müssen also vielfältige Ängste reguliert werden, die wachgerufen werden, wenn Kinder zunehmend spüren, wie es sie selber danach drängt, die elterlichen Bindungen zu lockern und weitere Schritte der Individuation zu wagen. Falls der Vater ein hinlänglich reifes Stadium erreicht hat, wird er über ihre weiteren Schritte der Verselbstständigung gerade nicht beunruhigt sein oder ärgerlich werden, sondern wird sich – vielleicht nach einem Bedauern, dass diese schöne Phase mit seiner Tochter nun auch wieder vorbei ist – über den neuen Entwicklungsschritt seiner Tochter freuen. Die grundlegende Bedingung für die Bildung eines kohäsiven Selbst sind die Freude des Kindes an den eigenen gelungenen Entwicklungsschritten sowie die Teilhabe an der resonanten Freude ihrer Selbstobjekte über dieselben. Wenn der Vater aber selber an einer entsprechenden Entwicklungsstelle steckengeblieben ist, sind Verstrickungen mit dem eigenen Kind vorgezeichnet und eine Verstrickung in dem Arrangement einer wechselseitigen Be*nötigung* zur eigenen Selbstsicherung unausweichlich.

Dieses Entwicklungsproblem erhält für das Kind in der ödipalen Phase noch einmal eine besondere Brisanz. Hier tut sich mit dem triangulären Bezogensein eine schwierige, aber geradezu grundlegende Entwicklungsaufgabe auf. Es hat sowohl zur Mutter als auch zum Vater eine eigenständige Beziehung aufzunehmen und muss doch akzeptieren lernen, aus der besonderen Form der Verbundenheit seiner Eltern ausgeklammert zu sein. Dem archaischen Erleben drängt sich in diesem Alter auf, den Vater ganz für sich haben und mit ihm eins sein zu wollen. Es wird aber noch komplizierter, weil das »ödipale« Kind ja bereits eine dramatische Entwicklung hinter sich hat. Es kann gar nicht anders, als seine früheren innigen Erfahrungen des Bezogenseins, die es gewöhnlich besonders mit der Mutter erlebt hat, in die Entwürfe seiner Beziehung zum Vater mit hineinzunehmen. In der ödipalen Situation kehren also noch frühere und primitivere Muster der Wirklichkeitsgestaltung in verdeckter Form wieder und mischen sich bis zur Unkenntlichkeit verschoben der Beziehung zum Vater bei. Die Angst vor dem Ausgeliefertsein, insbesondere den eigenen archaischen Tendenzen, wächst mit zunehmendem Alter und zunehmendem Drang der Selbstwerdung mehr und mehr.

Dadurch entsteht ein explosibles Spannungsverhältnis zwischen widerstreitenden Tendenzen, nämlich den geliebten Vater für sich alleine zu haben, doch die ebenfalls geliebte Mutter dabei nicht verletzen zu wollen. Der notdürftige Kompromiss könnte sich dann auch noch in dem Bild des Krokodilbisses ausdrücken. Sie begehrt den Vater für sich mit Schuldgefühlen und Selbstbestrafungstendenzen. Gleichzeitig ist aber das Krokodil von Papas Hemd an ihrem Po ein höchst intimes Bild für innige Nähe. Hier kann man sich an Sexualphantasien des Kindes erinnert fühlen, in denen es entwicklungsgemäß eine besondere Nähe zum Vater sucht, mit dem sie ersatzweise eine den Erwachsenen »sexuell« anmutende Verbundenheit, ein inniges Einssein, herzustellen versucht.

Die Traumgeschichte verdeutlicht die Strukturierungsleistungen, die Kinder zu erbringen haben und wie sehr sie dabei auf Entwicklungsförderungen z. B. durch ihre Eltern, Großeltern, Freunde, Lehrer oder Tiere usw. angewiesen sind. Es zeigt sich auch, dass sich hier belastende seelische Verstrickungsmöglichkeiten mit den nahen Bezugspersonen ergeben, wenn diese die entsprechenden Entwicklungsaufgaben selber noch nicht oder nur notdürftig bewältigt haben und unvermeidbar ihre Kinder parentifizieren, d. h. sie zur Leugnung oder Scheinbewältigung der eigenen Entwicklungsaufgaben missbrauchen. Alle diese Formen der Delegierung durch die Eltern werden aber vom Kind wiederum als Nötigungen erlebt und beantwortet. So entstehen die belastenden Formen wechselseitiger Be*nötigungen* in Familien. In der Erzählung von Enquist finden sich demgegenüber viele Beispiele, wie Mutter, Vater, Großvater, Tiere oder Dinge zu hilfreichen Entwicklungsobjekten werden.

2.3 Zwischenschritte und Wendepunkte

Entwicklung steht für einen Wandlungsprozess mit typischen transformativen Mechanismen. Dabei ergeben sich Zwischenschritte, Wendepunkte, sowie phasenspezifische Figurationen und Transfigurationen.

Transformative Unterstützung

Die Lebensbewegungen von Mina lassen sich wie eine Suchbewegung betrachten, in der sie sich immer wieder selbst behandelt, um die zu werden, als die sie sich verspürt. Hierbei spielen Angst und Freude eine regulierende Funktion. Die Ängste bewahren das Kind vor überwältigenden Veränderungen, und die Freude bestätigt geglückte Entwicklungsschritte oder wirkt als bewegende Ahnung, wie es weiterkommen könnte. Bei Mina drückt sich das in den Nöten aus, sich aus der frühkindlichen Versorgungswelt zu lösen, und wird spürbar in der latenten Hoffnung, sich aus der frühkindlichen familiären Gebundenheit zu befreien. Hierbei spielen transformative Unterstützungen eine ermutigende Rolle. In diesem Sinne wurde oben hervorgehoben, wie der Vater in seiner gelassenen Haltung sowie in der Beachtung seiner Realität Mina den Möglichkeitsraum geboten hat, ihre eigene Wirklichkeit auch mit Bezug auf die Realität der anderen zu gestalten. Dabei findet sie auch eine behelfsmäßige Übergangslösung. Sie versteht zwar Vaters »Versteh doch mal« nicht, nimmt seine Äußerungen aber mehr oder weniger frustriert hin und holt sich selbst eine Ersatzbefriedigung aus dem Kühlschrank. Wenn es auch aus dem Streit mit dem Vater heraus geschieht und es noch eine orale Ersatzbefriedigung darstellt, drückt die Handlung schon das Ziel ihrer nächsten Schritte aus: Aus den elterlichen Versorgungseinheiten herauszufinden und die Sorge für sich – konkret und im übertragenen Sinne – allmählich selbst zu übernehmen.

Bei diesen Lösungsschritten hilft auch die besondere Situation des Großvaters. Mina fühlt sich von ihm verstanden, da er offenbar darum weiß, dass sie in dieser Situation einen »Beschützer« braucht, wie er es schon öfters gesagt hat. Was schützt er? Nach der obigen Traumanalyse ist das nicht mehr schwer zu beantworten. Er nimmt ihre Phantasien an, fühlt sich nicht von ihr provoziert, nimmt das Entwicklungsanliegen seiner Enkeltochter wahr und macht unausdrückliche Angebote, wie sie mit ihren latenten Entwicklungsproblemen weiterkommen kann. Großvaters familiärer Abstand und seine altersentsprechende Sensibilisierung für biografische Zusammenhänge machen es ihm leichter, als es ihm selbst vielleicht in jungen Jahren mit seinen eigenen Kindern gefallen ist, zum Begleiter und »Beschützer« ihrer Selbstwerdung zu werden.

Der Großvater ist in seiner Familienposition gewissermaßen ein vertrauter Fremder (Fooken, 1999). Als solcher ist er besonders geeignet für die Unterstützung bei schwierigen Entwicklungsaufgaben. Aus ihrer eigenen langen und reichhaltigen Lebenserfahrung wissen Großeltern, dass Ziele oft nicht direkt erreichbar sind, dass bei unseren Entwicklungsschritten immer auch etwas dazwischen kommen kann, was dann schöpferisch zu verarbeiten ist. Auch das macht deutlich, wie schwierig für Kinder die Verselbstständigung ist. In der frühen Kindheit werden sie günstigenfalls vor solchen Erfahrungen geschützt. Mina ist in einem Alter, in dem sowohl ihr Vater (Arbeitsanforderungen) als auch der Opa (bewusst: Expedition, Basislager; schicksalhaft: Beinbruch, Wolfsepisode) die Erfahrung vermitteln, dass Pläne der Zwischenschritte bedürfen und dass das Leben nicht komplikationslos verläuft. Manchmal muss eben ein brennendes Desinfektionsmittel auf der Haut ertragen werden, damit eine Wunde wieder heilen kann. Die von den Wilddieben verletzte und medikamentös behandelte Wolfsmutter führt Mina vor Augen, wie unsinnig Schreianfälle in dieser Situation wären.

Wendung von der Passivität zur Aktivität

Die Sicherheit der basalen Verbundenheit mit den Eltern hat ihre unbewusste Schattenseite, nämlich in den entsprechend großen Ängsten vor Abhängigkeit und Vereinnahmung, in den Ängsten, sich dabei selbst zu verlieren. In der Geschichte von Mina finden wir eine Reihe von Beispielen, in denen sich abhängige in selbstständigere, passiv erfahrene in aktiv gestaltete Formen des Bezogenseins wandeln. Diese in der Psychoanalyse als Abwehrmechanismus bekannte Wendung von der Passivität zur Aktivität ist in verschiedenen Episoden der Erzählung zu beobachten. So zeigt sich Minas schöpferische Selbstbehandlung, als sie mithilfe des Großvaters, des Hundes Mischa und der anderen Kinder ein Wolfsjunges rettet, das auf der Flucht vor Wilderern sein Muttertier verloren hat. In der Versorgung des verlorenen Jungtieres greift Mina auf die bewährten Muster zurück, auf die ein hinlänglich umsorgtes und geliebtes Kind zurückgreifen kann. Mit der Versorgung von abhängigen Wesen ist sie vertraut, denn sie ist ja als Sechsjährige den frühen Grundbedürfnissen kaum entwachsen. Es handelt sich hier nicht um eine einfache Wiederholung, sondern die Situation enthält eine entwicklungsbedeutsame und entwicklungsförderliche Umkehrung. Sie selbst übernimmt die mütterliche Position, verwandelt also ihre Erfahrungen aus dem passiven Versorgtsein in ein aktives Versorgen. Hier liegt auch die fundamentale Bedeutung des kindlichen Spiels, insbesondere die Bedeutung der Haltung und Pflege von Tieren. Indem Kinder Jungtiere herzen und pflegen, können sie ihre eigenen Erfahrungen und Bedürfnisse an das »Übergangsobjekt« (Winnicott, 1979) oder »Verwandlungsobjekt« (Bollas, 1987) weitergeben und dabei selbst unabhängiger werden. Wie sehr auch noch Erwachsene zur Projektion ihrer frühen Erfahrungen bereit sind, wird an den hohen Besucherzahlen in Zoos deutlich, wenn von der Geburt eines Bären, Elefanten, Nashorns, Löwen, Delphins usw. berichtet wird. Mina macht also mit der liebevollen Fürsorge für Tiere einen weiteren Entwicklungsschritt. Diese Wende von der Passivität in die Aktivität wird auch noch einmal eindrücklich hervorgehoben, als Mina ihren Welpen Elsa tröstet, als dieser in der ersten Nacht, die er ohne seine »Mutter« verbringt, nach ihr jault.

Die Versorgung des Wolfsjungen wird zu einer bewegenden Szene des Ankommens. Wenn das Wolfsjunge von Mina auf den Arm genommen wird, von Ia gefüttert und von Markus gekitzelt wird, während Moa das Spucktuch bereithält, üben die Kinder sich in eine archaische Form der Annahme ein. Implizit spüren sie aus dem eigenen Herkommen und ihrer »intuitiven Elternschaft« (Papoušek, 1989), dass junge Lebewesen einen sozialen Halt brauchen, um sich entwickeln zu können. Für diese entwicklungsnotwendigen Bereitstellungen hat der Großvater ebenfalls einen tiefen psychologischen Sinn.

Übergangserfahrungen

Der Blick vom ersten Basislager auf das ferne Haus der Großeltern, aus dessen Kamin Rauch aufsteigt, ist ein sinnliches Beispiel für eine Übergangserfahrung und ein wichtiges Entwicklungsstadium des Erlebens, das anfangs auf den unmittelbaren Kontakt mit dem »Objekt« angewiesen ist, im reifen Stadium aber von der sinnlichen Präsenz unabhängig wird. Wir reden von einer Objektkonstanz, wenn das Kind ein Bild vom abwesenden »Objekt« verinnerlicht hat. Die Rauchfahne wahrzunehmen ist ein Zwischenschritt auf dem Entwicklungsweg vom unmittelbaren Kontakt zur Bezugsperson zum internalisierten, von der konkreten Gegenwart unabhängigen »inneren« Bild. In der personalisierten Entwicklungssprache der Psychoanalyse ausgedrückt: Die Rauchfahne ist nicht mehr das Objekt und noch nicht die Repräsentanz. Sie symbolisiert den frühen Halt und bietet noch etwas von dessen gegenwärtiger Sicherheit.

Mina ist dem Hund Mischa dankbar dafür, dass er das Wolfsjunge gerettet hat. Obwohl sie dieses in ihr Herz geschlossen hat und das Bedürfnis spürt, es zu behalten, fordert sie den Großvater schließlich von sich aus auf, das Junge zu seiner Mutter laufen zu lassen. Es ist eine weitere Entwicklungsleistung, die kreatürliche Bindung zwischen Jungtier und Muttertier, zwischen jüngerem Geschwister und Mutter, anzuerkennen, während sie selber sich in der Ablösung von ihren primären Bezugspersonen befindet. In der Nacht nach der Wiederaufnahme der Expedition spürt Mina ihre Sehnsucht nach der Mama und schläft verspätet ein. Ein weiterer Entwicklungsschritt ist ihr hier gelungen. Sie benötigt keine Handlung mehr, um ihre Angst vor dem Alleinsein zu inszenieren, sondern sie kann ihr Erleben (Sehnsucht) spüren und ihm einen Raum geben (später einschlafen). Die Erlebensqualität ist sprachlich fassbar und wird integrierbar in die eigene seelische Wirklichkeit.

Mina trägt ein grünes Halstuch, das sie von ihrer Mutter zum Geburtstag geschenkt bekommen hat, und damit trocknet sie das durchnässte Wolfsjunge ab. Auch darin findet sich ein schönes Bild für eine transgenerationale Entwicklungshilfe. Das Halstuch dient Mina als Übergangsobjekt. Es ist nicht mehr die Mutter, es vergegenwärtigt und versinnlicht die abwesende Mutter, weil es ja von ihr stammt. Für kleine Kinder, die sich ein Übergangsobjekt gewählt haben (z. B. ein Hemd der Mutter), müsste man ergänzen, dass es noch »nach Mutter riecht« oder für die bedeutungsvollen Szenen mit ihr steht. In dieser Funktion verwendet nun Mina das mit ihr gereifte Übergangsobjekt, gewissermaßen in der dritten Generation. Minas dem Halstuch anhaftender Geruch hat wohl wesentlich dazu beigetragen, dass die Expeditionsteilnehmer nicht von der Wolfsmutter angefallen wurden.

Für die Entwicklung sind seelische »Basislager« unverzichtbar. Ohne einen grundlegenden Halt verläuft die seelische Entwicklung chaotisch und führt zu desorganisierten Formen, die sich immer wieder leidvoll als unlebbar erweisen. Hier fehlen die Übergänge von »vertraut« zu »fremd«, sind möglicherweise nicht einmal intrauterine Sicherheiten erfahren worden oder diese sind bald nach der Geburt schockartig in existenzielle Gefahren umgeschlagen. In Minas Familie lassen sich solche schweren Beeinträchtigungen glücklicherweise nicht finden, und sie macht hier die grundlegenden Erfahrungen für die anstehende Loslösung aus dem familiären Gefüge. Beim Prozess der Selbstwerdung spielen familienanaloge »Basislager« eine wichtige Rolle. Das Ausgangslager findet Mina bereits im Wohnfeld des Großvaters und seiner emanzipierten Frau, von der sie eine Reihe lebenspraktischer Gestaltungsprinzipien übernimmt. Das Wichtigste besteht in deren Leitmotiv: »Frau kann«.

Zur Expedition gehört, dass der Stützpunkt der Weiterentwicklung ein weiteres Stück aus der vertrauten Umgebung hinaus verlagert wird und ein zweites Basislager am Fuße des Dreihöhlenberges errichtet wird. »Basislager« ist letztlich ein Symbol für die früh erfahrene Geborgenheit im Mutterleib und in den ersten Lebensjahren. Die Leckereien, die der Großvater mitgebracht und die seine Frau Gunilla liebevoll verpackt hat, erinnern an die intrauterine und frühe »orale« Versorgung. Basislager greifen gewissermaßen auf diese Grundstruktur zurück, stellen aber bereits eine Weiterentwicklung dieser Keimform dar. Sie bietet eine basale Sicherheit, hat aber den Spielraum der seelischen Wirklichkeit erweitert. Darüber ist es allerdings auch anfälliger geworden für Störungen.

Der Vergleich der Anfangsszene mit der Endszene bringt die Entwicklungsleistung von Mina zum Ausdruck. Anfänglich ist sie mit dem Vater in einer nächtlichen Episode verstrickt, doch zum Schluss des Romans sitzt Mina, relativ abgegrenzt von den Eltern, neben ihrem Großvater. Gemeinsam teilen sie eine aufregende emotionale Erfahrung, und sie denkt an ein drittes wichtiges Lebewesen, das Wolfsjunge. Die Situation neben dem verletzten Großvater strahlt eine wohlige Atmosphäre aus, die weit in ihre Zukunft weist. Mina stellt sich vor, dass das Wolfsjunge wahrscheinlich an seine Rettung durch sie und die Kinder denkt und sich dabei nach ihr sehnt. Was aus einer naturwissenschaftlichen Perspektive anzweifelbar sein könnte, ist jedoch für die seelische Wirklichkeit und seine Entwicklung hoch bedeutsam. Mina ist in ihrer Entwicklung »entscheidend« weitergekommen:

- Mina fühlt ihre seelische Kohäsion nicht mehr durch räumliche Trennung existenziell bedroht. In der Bindungsforschung spricht man hier davon, dass das Kind sicher gebunden ist.
- Ihre Phantasie von der Sehnsucht des Wolfsjungen nach ihr ist nur dadurch möglich, dass sie die psychische Entwicklungsstufe erreicht hat, sich im anderen repräsentiert zu fühlen, auch wenn der nicht anwesend ist.

- »Sehnsucht« ist eine Form des Bezogenseins, in der man zugleich fern und nah sein kann, die faktische Distanz also nicht mehr zu Angst und Krise wird. Ganz im Gegenteil: Mit »Sehnsucht« ist gerade ein inniges Gefühl der Verbundenheit gemeint, das durch das räumliche Fernsein das seelische Nahesein geradezu evoziert.
- Der Wirkungskreis des individuellen Bewegungsmusters hat sich *entscheidend* geweitet. Mina ist »schulreif« und auf einem guten Entwicklungsweg.

Gemessen an den expliziten Plänen, den Dreihöhlenberg zu besteigen, endet die Expedition gewissermaßen unvollendet. Minas Cousin Marcus erhascht noch schnell einen Blick »in die Höhle des Bären«. Damit bleibt die Erzählung offen und unvollkommen wie alle seelischen Produktionen. Der Autor deutet damit an, dass die Kinder und sicherlich auch die Eltern und die Alten, solange sie leben, noch oft in Situationen kommen, in denen sich die Sphären ihrer Wirklichkeit verändern, sie sich vor Herausforderungen wiederfinden werden, wo sich dunkle Höhlen ihrer Lebensbewegungen auftun, die mit den entsprechenden Ängsten auf Bewältigung drängen. Nach ihren bisherigen Erfahrungen wird Mina wohl bereit sein, mit dem Leben und seinen impliziten Strukturierungsschwierigkeiten mitzugehen und gelernt haben, dass es keine perfekten Lösungen gibt, was den Vorteil bietet, dass sich neben oder mit allen Schwierigkeiten immer wieder neue und überraschende Möglichkeiten auftun. Über ihre Traumarbeit und die vielen Zwischenschritte und Übergangserfahrungen hat Mina ein neues Zwischenlager erreicht. Es wird ein stabiler Stützpunkt für ihre weitere Entwicklung und die dabei notwendigen Umstrukturierungen sein. Selbst für die künftige Bewältigung der eigenen Phase des Altwerdens hat sie über die Erfahrungen mit ihrem Großvater und seiner Frau Gunilla Leitmotive des Werdens im Gepäck ihrer weiteren Lebensexpeditionen. Und eines, das sie offenbar jetzt schon verinnerlicht hat, gilt auch für die künftigen Herausforderungen ihres Lebens: »Frau kann!« Schließlich ist sie sogar in der Lage, ihrerseits ihren Großvater zu trösten, als er sich das Bein gebrochen hat. Sie kann sich in ihn einfühlen, merkt aber auch, dass sie etwas anderes fühlt als er. So ermutigt sie ihn, indem sie ihm mehr zutraut, als das ihm im Moment seiner Verletzung möglich ist. Das ist in der Tat eine reife Leistung, die sowohl ein Getrenntsein als auch ein Bezogensein verwirklicht und dabei für beide entwicklungsförderlich wirkt.

2.4 Das »Immergrüne« des Seelischen

Der Wandel ist im Seelischen etwas Unabdingbares. Nichts bleibt gleich. Alles ändert sich. Vertraute Muster passen nicht mehr zu den neuen Verhältnissen. Die Gefahr von Fehlentwicklungen ist groß, sich am Vertrauten festzuklammern und das Neue ersticken zu wollen. Bei brüchigen Vorstrukturen (ohne Basislager) droht dem Seelischen der Verlust jeglichen Haltes und der Sturz ins Bodenlose. Wenn vom Großvater als Entwicklungsobjekt, Selbstobjekt oder Entwicklungshelfer die Rede ist, wird seine Bedeutung für die Regulierung typischer Entwicklungsprobleme seiner Enkelkinder hervorgehoben. Weil das immer auch mit großen Werdenöten verbunden ist, von denen alle Schwellensituationen des Lebens zeugen, ist die Eigenwelt kindlicher Wirklichkeiten verhältnismäßig spät in der Geschichte entdeckt worden. Wir können dahinter wirkmächtige Motive vermuten, geht es doch hier um archaische Affekte wie Liebe, Hoffnung, Vertrauen oder auch Enttäuschung, Neid und Hass. Die transformative Bedeutung von Großeltern wird im Märchen »Großmütterchen Immergrün« thematisiert, das Riedel (2008) in einer Sammlung von Märchen nach den Gebrüdern Grimm gefunden hat:

> »Es war einmal eine kranke Mutter, die hatte Herzweh, nach Erdbeeren, und schickte deshalb ihre beiden Kinder in das Holz, dass sie ihr welche suchten. Als der Korb voll war, keines aber hatte eine gegessen, so lieb hatten sie die Mutter, da kam ein altes Mütterchen vorbei, das war ganz grün angezogen und sprach zu ihnen: ›Ich bin hungrig und kann mich nicht mehr bücken, so alt bin ich – schenkt mir ein paar Erdbeeren.‹ Und sie erbarmten sich der alten Frau und schütteten ihr das Körbchen in den Schoß. Als sie darauf forteilten, andere (Erdbeeren) zu pflücken, rief das Mütterchen Immergrün sie zurück, nahm sie bei der Hand und sagte: ›Nehmt die Erdbeeren nur wieder, ich finde schon noch welche. Aber weil ihr ein gutes Herz habt, schenke ich euch eine weiße und eine blaue Blume. Nehmt sie wohl in Acht, bringt ihnen alle Morgen frisches Wasser. Dann werden sie nie verwelken.‹ Sie dankten und eilten nach Hause. Als die Mutter die ersten Erdbeeren an die Lippen brachte, da war sie gesund. Das hatte Großmütterchen Immergrün getan« (Riedel, 2008, S. 91f.).

Das Märchen schildert die Wandlung vom kranken zum guten Herzen, die Gefühlsgeschichte vom Herzeleid zur Herzensfreude. Es umspannt damit die Grunddimensionen seelischen Existierens. Mit Ingrid Riedel könnte man hervorheben, dass das süße Aroma, die Würze des Waldbodens symbolisch für den lustvollen Geschmack am Leben steht, für all die Erfahrungen lebendigen Existierens, vor allem für Liebe und Eros. In dem Märchen durchleben wir als Leser durch die verschiedenen Figuren hindurch den Zauber seelischer Verwandlung. Das Seelische bleibt nicht stehen, sondern ist immer in Bewegung. Diesen gewissermaßen archaischen Tendenzen wohnt immer auch Hoffnung inne. Wenn wir uns damit trösten, dass das Leben immer weitergeht, spielen wir auf diese Erfahrung an. So verweist auch Riedel darauf, dass »Immergrün« symbolisch zu verstehen ist, für die nicht welkende Lebendigkeit und für die Farbe der Hoffnung. Dem Seelischen ist die »Hoffnung auf ein sich immer wieder erneuerndes Leben« (2008, S. 92f.) immanent.

Dass Seelisches aber konfliktträchtig und seelische Gesundheit nicht einfach zu haben ist, erfahren wir im Mittelteil des Märchens, in dem der Plan, Erdbeeren für die kranke Mutter zu suchen, durch das grüne Großmütterchen durchkreuzt zu werden droht. Die Kinder zerbrechen dabei aber nicht an dem Konflikt zwischen Festhalten und Loslassen, einem Grundkonflikt seelischer Entwicklung, sondern lassen sich auf die neue Situation ein, ohne die alten Pläne aufzugeben. Indem sie mit dem Leben gehen, d.h. ihrem Erleben folgen, ergibt sich und ereignet sich Lebendigkeit. Wenn man seine Lebendigkeit frisch hält, indem man immer wieder Wasser auf das neu keimende Seelische gießt, werden wir und bleiben wir seelisch gesund. Großmütterchen Immergrün ist keine Symptom-Behandlerin, sondern sie regt als Immergrüne die schöpferischen Tendenzen zur steten Lebenserneuerung an, »schenkt Blühendes, das nicht verblüht« (Riedel, 2008, S. 96).

Die vordergründige Moral in Märchengeschichten, die leicht zu verkürzten und dirigistischen Belehrungen führt, verdeckt tiefgründige Weisheiten über die Psychodynamik seelischer Entwicklungen. Märchenanalyse und Behandlungsanalyse können sich – worauf die auf Salber (1987) zurückgehende Märchenauffassung besonders hinweist – wechselseitig aufschlüsseln. Deswegen finde ich es auch zutreffend, wenn Ingrid Riedel so frei ist, im Anschluss an ihre Märcheninterpretation vom »Großmütterchen Immergrün« den symbolischen Gehalt des Märchens auch an ihrer eigenen Entwicklung zu erläutern (2008, S. 93). Hier sind die archetypischen Tendenzen der Großen Mutter wirksam, gewissermaßen »ewige« Tendenzen des Seelischen, sich auszubreiten, sich zu bilden und umzubilden, sich selbstschöpferisch zu gestalten und umzugestalten.

In Behandlungen erfahren Psychotherapeuten immer wieder von großelterlichen Entwicklungshilfen. Ein schönes Beispiel verdanke ich einem befreundeten Kollegen: Dieses stammt aus der Behandlung einer anfangs 17-jährigen Patientin, die seit mehreren Monaten unter einer Magersucht und den mit diesem Syndrom verbundenen Beschwerden litt.

Der Schock, dass eine Lehrerin sie auf ihr magersüchtiges Aussehen angesprochen hatte, sowie die Sorge, die daraus für die Patientin gesprochen hätte, brachte sie mit der Hilfe ihrer Mutter in Therapie. In der Formulierung des psychischen Befundes im Rahmen der Antragstellung geht der Therapeut bereits auf freudige Gefühle in seiner Gegenübertragung ein, wenn er schreibt: »Ich finde die Patientin sehr hübsch. Besonders wenn sie in den Gesprächen Kontakt zu irgendetwas bekommt, das sie verbal nicht ausdrücken kann. Sie scheint dann von einer Wärme durchflutet, die ihr für wenige Augenblicke ein strahlendes Lächeln auf das Gesicht bringt. Sie wirkt dann wie ein kleines Mädchen, das man einfach nur lieb haben kann. Meine Vermutung war, dass es in ihrem Leben auch Menschen gibt oder gegeben haben muss, mit denen sie andere Erfahrungen gemacht haben muss, als die, die sie jetzt gerade erlebt.«

Um die 20. Stunde herum ist die Patientin in der annehmenden Atmosphäre der Behandlung immer mutiger geworden, beginnt zu experimentieren, interessiert sich für das mit einer Schiebetür verbundene Spielzimmer und die darin befindlichen Spielsachen und beginnt während des Spielens von ihrem plötzlich an Krebs verstorbenen Großvater zu erzählen, der der einzige gewesen sei, bei dem sie sich angekuschelt habe, dem sie vertraut habe, dem sie ihre Gefühle habe mitteilen können, die seit seinem Tod wie eingesperrt seien. Beim Erzählen wechseln sich Tränen der Freude und der Trauer ab, was die Patientin als äußerst verwirrend erlebt. Besonders die Tränen irritieren sie, und sie schämt sich, vor ihrem Therapeuten zu weinen, erlebt sich aber dann durch seine Reaktion verblüfft und beglückt. Der freut sich nämlich über die Gefühlsäußerungen seiner Patientin. Als er ihr das mitteilt, lacht sie und sagt: »Sie sind genauso verrückt wie mein Opa, der hat sich immer über die unmöglichsten Dinge von mir gefreut, Dinge, die sonst alle bescheuert fanden.«

Dieses Beispiel zeigt – insofern ist es ein typisches Behandlungsbeispiel – dass die Wechselseitigkeit der Entwicklungsförderung in unseren Behandlungsbeispielen nur anklingt und vermutet werden kann. In diesem Sinne sprechen wir von den Großeltern als Helfern und Förderern. Der Nachteil dieser beiden Bezeichnungen liegt darin, dass dabei das Wechselseitige aus dem Blick gerät, dass meistens nur die Großeltern als Unterstützer des Kindes angesehen werden, aber nicht deutlich wird, inwiefern das Kind dann wiederum seine Großeltern in ihren Strukturierungsproblemen unterstützt. Deswegen ist es sinnvoller, von einem entwicklungsförderlichen Verhältnis oder Kontakt auszugehen. Aus diesem Grunde spreche ich auch häufig von einer Situation, in der sich Großeltern und Enkelkinder befinden, von einem Wirkungsfeld, in dem sich beide bewegen. Es enthält große Entwicklungspotenziale und Entwicklungsressourcen, die für beide Seiten genutzt werden können.

Darauf bezogen spricht man in der Ethnologie bereits von einer »Großmutterhypothese«. Nach Voland (2009) wurde sie 1957 von dem Evolutionsbiologen Williams als Antwort auf die Frage entwickelt, welchen evolutionären Vorteil die im Vergleich zur Lebensdauer lange Zeit der Unfruchtbarkeit von Frauen bringe. Williams sieht ihn in der funktionellen Anpassung an die Erfordernisse der Aufzucht. Die Biologin Hrdy (2010) differenziert diese Feststellungen dahingehend, dass die evolutionäre Bedeutung der langen Unfruchtbarkeit der Frau darin liegt, dass sie über ihre produktive Zuarbeit bei der Erziehung der Enkelkinder die Fruchtbarkeit der Töchter erhöhe und die Sterblichkeit der Enkel verringere. Sie beschreibt in ihrem Buch den menschlichen Säugling als ultrasozial.

> »Im Unterschied zu allen anderen Säugetierarten zeigt der menschliche Säugling nicht nur ein ausgeprägtes Kontaktverhalten der Mutter gegenüber – die er sofort nach der Geburt an ihrer Stimme und an ihrem Geruch erkennt – sondern auch gegenüber anderen Menschen – daher der Buchtitel *Mothers and others*! Väter, Geschwister, Onkeln, Tanten, Großmütter, Großväter – besonders Blutsverwandte also – erwiesen sich, so Hrdy, als Trumpf im Ärmel der menschlichen Evolution, in einer Zeit vor 120.000 bis 70.000 Jahren, als Homo sapiens sapiens beinahe ausgestorben wäre – ein Schicksal, das sein Verwandter, der Neanderthaler, vor ca. 30.000 Jahren tatsächlich erlitten hat« (Geißler & Heisterkamp, 2013, S. 44).

3. Wechselseitige Entwicklungsförderung

3.1 Entwicklungsanregungen durch die Enkelkinder

Die Wirkungszusammenhänge zwischen Großeltern und Enkelkindern werden häufig verkannt und nur auf einseitige Beeinflussungen reduziert. Ein bekanntes Beispiel ist der Film vom Kleinen Lord. Das im Jahr 1886 unter dem Titel »Little Lord Fauntleroy« erschienene Buch von Frances Hodgson Burnett ist ein Klassiker unter den Kinderbüchern geworden. Es wurde als Hörspiel und Musical produziert und vielfach verfilmt. Seit 30 Jahren wird der Film mit Alec Guinness als Earl of Dorincourt regelmäßig zur Weihnachtszeit gesendet.

> Er erzählt die Geschichte eines liebenswürdigen siebenjährigen Jungen, der als Letzter in der Erbfolge des Grafen von Dorincourt das kalte und harte Herz seines Großvaters allmählich aufweicht, sodass dieser immer zugänglicher und anteilnehmender wird. Die offene und herzerfrischende Art des kleinen Grafen führt schließlich dazu, dass die jahrelange Spaltung der Familie zwischen dem alten Grafen und seinem inzwischen verstorbenen Sohn, der gegen den Standesdünkel des Vaters eine bürgerliche Amerikanerin geheiratet hatte, wieder überwunden wird, und der Großvater schließlich stolz auf seinen Enkelsohn und seine Schwiegertochter ist.

So bewegend die Filmgeschichte auch von den Zuschauern erlebt wird und so kunstvoll sie auch inszeniert und gespielt wurde, melden sich bei mir, der ich viele Jahre familientherapeutisch gearbeitet habe, auch

Bedenken an. Diese richten sich nicht auf das Unwirkliche der Darstellung, sondern die darüber inszenierten unbewussten Phantasien. Der Film zeigt nämlich die für belastete Familien typische adultomorphe Verkennung der Kinder. Wenn man die vernünftigen Kommentare eines Siebenjährigen hört, gewinnt man den Eindruck, als würde hier ein reifer erwachsener Mensch sprechen. Das klingt alles sehr altklug und kann unmöglich der Ausdruck eines Kindes sein, das gerade in die Schule gekommen ist, um Lesen und Schreiben zu lernen. So wird das Wesen des Kindes übersehen, ermangelt es ihm doch an altersgemäßer Resonanz und Responsivität.

Die tiefe Rührung bei den Zuschauern, ob bei Eltern oder Kindern, entspringt den unbewussten Bedeutungen des Filmerlebens: Belastete Eltern und Großeltern sehnen sich nach einer Erlösung aus den Verwerfungen ihrer Lebensbewegungen. Kinder, die im Sinne der participation mystique (Jung, 1988) unbewusst am Leiden ihrer Eltern teilhaben, sehnen sich danach, ihre Eltern retten zu können. Die Größenvorstellungen der Kinder sind bereits Selbstschutzmaßnahmen, mit denen sie die eigenen Mangelerfahrungen zu kompensieren versuchen. Das sind auch weit verbreitete unbewusste Motive für die Wahl des Arzt- und Psychotherapeutenberufes. Diese Konstellation ist wie geschaffen für die filmische Erlebensgeschichte einer fiktiven Erlösung. Wenn das poetische Filmgeschehen nachträglich als kitschig und die Handlung als irreal abgetan werden, dient auch die Filmkritik noch der Rationalisierung und Verschiebung unbewusster Tendenzen. Eltern wie Kinder benötigen ihre Kollusion, um ihrer unbewussten Ziele und Phantasien nicht inne zu werden. Dieselbe Abwehr, in der Eltern ihre Kinder als kleine Erwachsene verkennen, kehrt in den ebenfalls sehr beliebten Kinderromanen Erich Kästners wieder. Immer werden die Kinder zu Rettern ihrer Eltern und werden so zu grandiosen Selbstverkennungen verführt. Hier liegt die unbewusste Quelle für die Beliebtheit dieser Bücher und Filme bei Kindern *und* Eltern.

In den Medien und insbesondere in Lebenshilfebüchern stehen demgegenüber Schilderungen im Vordergrund, wie Großeltern ihren Enkelkindern bei der Bewältigung ihrer Entwicklungsaufgaben behilflich sind oder sein können. Besonders augenfällig wird das in den Situationen, wo sie hilfreich oder notgedrungen den Eltern, also ihren Kindern bzw. Schwiegerkindern, in ihrer Erziehung beistehen. Wir finden in der Kunst auch etliche Beispiele, in denen Enkelkinder auf geradezu wunderbare Weise ihre Großeltern verändern. So stehen in dem bekannten Roman »Das etruskische Lächeln« von José Luis Sampedro (2004) die von einem Enkelkind im Kleinkindalter ausgehenden heilsamen Wirkungen auf seinen alten Großvater im Mittelpunkt. Über die zu seinem Enkel entfachte Liebe sowie die zu einer außergewöhnlichen Frau entdeckt der einst hartgesottene Widerstandskämpfer aus dem kalabrischen Süden Italiens an seinem Lebensabend die Schönheit des Lebens, nie geahnte Seiten an sich und den anderen Menschen.

Die Ausgangsszene entwirft schon in prototypischer Weise die Wandlungsgeschichte des Romanes. Er hat sich mit seinem Sohn »zufällig« im etruskischen Museum in Rom verabredet. Wegen seines Krebsleidens lässt er sich widerwillig von ihm für eine optimale medizinische Behandlung in Mailand abholen. Während seines Rundganges durch die Villa Giulia widerfährt ihm etwas Seltsames. Er wird von der Ausstrahlung eines Etruskerpaares auf einem Sarkophag in den Bann gezogen. Ein eigentümliches Lächeln spielt um die Lippen der Statuen, ein Lächeln, das ihn nicht mehr loslässt.
Er fühlt sich unbewusst in das strahlende Glück dieses jungen Paares einbezogen. Hierbei werden die kommenden Begegnungen, insbesondere mit seinem neugeborenen Enkel und auch mit einer authentischen Frau, vorweggenommen.

Etruskisches Paar

3.2 Wechselseitige Entwicklungsförderung

Das Bewusstsein für das intersubjektive Geschehen zwischenmenschlicher Wahrnehmung hat eine lange Geschichte. In der Renaissance begann der Mensch damit – nach dem verallgemeinernden Menschenbild des Mittelalters – das Individuelle zu entdecken. Indem er sich ein Bild von sich selbst zu machen versuchte, revolutionierte sich auch die Kunst. Den Übergang vom Mittelalter zur Renaissance bilden personencharakteristische Portraits sowie die Entdeckung der kindlichen Eigenwelt, wie das bekannte Gemälde »Kinderspiele« von Pieter Breughel dem Älteren zum Ausdruck bringt. Diese epochale Seelenrevolution wird in dem aus dem Jahre 1488 stammenden und im Pariser Louvre ausgestellten Bild von Domenico Ghirlandaio in ein kunstvolles Werk gebracht. Es stellt einen Großvater mit seinem Enkel auf dem Schoß dar, die sich gegenseitig anschauen.

Das Bild bezieht den Betrachter in eine innige Atmosphäre zwischen Großvater und Enkelkind ein, so wie der Maler selbst von diesem liebevollen Bezogensein eingenommen gewesen sein mag. Das Zentrum der Wahrnehmung liegt im Blick*kontakt*. Diese Begegnung ist so grandios gestaltet, dass der Betrachter fließend zwischen dem staunenden Blick des kleinen Kindes und dem liebevoll interessierten Blick des Großvaters hin und her gleitet. In der emporgreifenden und im Ansatz umarmenden Geste spiegelt sich die Offenheit des kleinen

Domenico Ghirlandaio: Großvater und Enkel

Kindes für die Beziehung zu seinem Großvater, für sein Bezogensein auf die Welt. Die leicht gekräuselten Lippen des Großvaters geben dem Interesse des Großvaters etwas Freudiges. Der Fensterblick weist in die Außenwelt, aus der sich der Großvater vermutlich weitgehend zurückgezogen hat – realiter ist das Bild erst nach dem Tod des Großvaters entstanden – und der Kopf des Kindes unter dem Fenster, das sich noch im Schonraum der Familie befindet, symbolisiert den Entwicklungsstand des Kindes. Es befindet sich noch im Übergangsraum vom getragenen und geschützten Ort der Kindheit. Der Blick aus dem Fenster verweist auf die Versprechungen und Gefährdungen des weiten und weiteren Lebens.

Wenn der Betrachter berührt der Blickgeschichte folgt, wie jeder den anderen wahrnimmt und vom anderen wahrgenommen wird, tritt die hässliche Entstellung im Gesicht des Großvaters weitgehend zurück. Er leidet nämlich medizinisch gesprochen unter einer Rosacea Rhinophym, die im Volksmund deftig als Knollen-, Blumenkohl- oder Kartoffelnase bezeichnet wird. Die Darstellung des Abstoßenden ist nicht nur ein Ausdruck einer rückhaltlosen Individualisierung in der Kunst. Durch den Fokus des Bildes, der auf den bewegenden Kontakt zwischen den beiden Personen gerichtet ist, gerät das Hässliche in den Hintergrund der Beachtung. Darüber werden die anderen Bedeutsamkeiten des Kindes noch einmal eigens betont. Was dem erwachsenen Betrachter anfangs vielleicht (noch) als abstoßend aufgefallen ist und bei der anfänglichen Betrachtung noch als störend erlebt wurde, scheint für die Offenheit und Zuneigung des Kindes überhaupt nicht bedeutsam. Die krasse Abweichung von einem Schönheitsideal tritt angesichts des kindlichen Interesses und der kindlichen Zuneigung zu seinem Großvater in den Wahrnehmungshintergrund. Den anderen so wahrzunehmen, wie er ist, und von ihm so wahrgenommen zu werden, wie man sich fühlt, ist wohl die originäre Entdeckung des Malers Domenico Ghirlandaio. Das zu erkennen und kunstvoll ins Bild zu bringen, zeugt von der Entdeckung eines triangulären Bewusstseins: wir, du und ich. Deswegen steht dieses Bild an der Schwelle der kulturellen Entwicklung der Renaissance.

Ein wesentliches Kennzeichen der Wirkungszusammenhänge zwischen Großeltern und Enkelkindern ist, dass sie sich *wechselseitig* fördern bzw. dass ihre Beziehung diese Entwicklungschance enthält. Auch Großeltern selber stehen immer wieder vor beängstigenden Entwicklungsaufgaben. Auch sie müssen mit zunehmendem Alter immer wieder einen vertrauten Halt aufgeben und neue Formen ihrer Wirklichkeit herstellen. Dabei erfahren sie auch wesentliche Hilfen und Anregungen durch ihre eigenen Enkel. Eltern und Großeltern fühlen sich beglückt, wenn sie sich von ihren Kindern wahrgenommen fühlen. Dem äußerlich entstellten Großvater wird die Begegnung mit seinem Enkelkind, in der seine Entstellung in den Hintergrund der Beachtung gerät, geradezu heilsam. Diese Wechselseitigkeit von transgenerationaler Ermutigung und Förderung klingt in der Erzählung von Per Olov Enquist nur an: wenn wir erfahren, dass Großvater selbst immer schon einmal auf den Dreihöhlenberg steigen wollte; oder bei den konkreten Unterstützungen wegen seines Beinbruchs sowie in dem Widerspruch Minas, als der Großvater annahm, dass er eine weitere Nacht in der Höhle nicht überlebt hätte.

Großmutter oder Großvater zu werden stellt eine Schwellensituation dar, die bei beiden spezifische ungelöste Probleme wachrufen und mehr oder weniger gesund bewältigt werden können. Die Teilhabe der Enkelkinder an diesen Bewältigungsformen ist entsprechend hinderlich oder förderlich für deren Entwicklung. Eine typische Schwierigkeit besteht darin, dass Großeltern in ihrer Elternverfassung gefangen bleiben und ihren Kindern und Schwiegerkindern nicht dabei helfen können, »eine Mutter« und/oder »ein Vater« zu werden. Rosenfeld berichtet von einer angehenden Großmutter, die sich verhält, als sei sie die Mutter des Kindes, und die Zukunft ihrer eigenen Tochter verplant, als wäre diese eine Leihmutter (Rosenfeld, 2010, S. 152).

Mir fällt ein Großvater ein, der sein Alter verleugnete und in seiner Angst vor dem Altwerden stecken geblieben war. Er war in dritter Ehe verheiratet, und seine jüngsten Kinder waren sogar jünger als seine ersten Enkel. Er hielt einen seiner Enkel, der den Opa suchte, an, ihn doch nicht mit »Opi« anzusprechen, sondern ihn »Juppi« zu nennen. Was von außen peinlich wirkt, drückt die Angst des Großvaters ebenso aus wie die frustrierte Sehnsucht eines kleinen Kindes nach einem liebevollen Opa.

Rosenfeld (2010, S. 154) erzählt in ihrem Beitrag zwei köstliche Großelternwitze, die genau die oft so schwer erträgliche Differenz zwischen den Generationen verleugnet und die ich dem Leser nicht vorenthalten möchte:

»Der 60-jährige Vater zweier erwachsener Söhne, der sehnsüchtig auf Enkelkinder wartet, sagt: ›Wenn meine Söhne nicht endlich in die Gänge kommen, mach ich mir die Enkelkinder selbst!‹« Oder: »Die Großmutter wollte keine Enkelkinder mehr, da ließ sie sich sterilisieren!«

Die Angst vor dem Wandel und die Neugier auf das, was kommt, bestimmt die Entwicklung der Großeltern ebenso wie die Entwicklung der Enkelkinder. So wie sich die Enkelkinder im Zusammensein mit ihren Großeltern oft als Quelle ihrer Freude erleben, so ist beziehungsanalytisch zu erwarten und zu beobachten, dass auch die Enkelkinder das Leben und die Entwicklung der Großeltern bereichern und erfüllen, dass die Freude an ihrer eigenen Existenz im letzten Lebensabschnitt gesteigert wird und dass sie ihre Enkelkinder als Geschenk des Schicksals erleben, für das sie sich tief dankbar fühlen. Enkelkinder können ihnen Trost sein und ihnen helfen, die Endlichkeit ihrer Existenz zu bewältigen. Das kann aber auch immer wieder fehlschlagen. In Psychotherapien und in der Lebenswirklichkeit selber sind manchmal Situationen zu beobachten, wie sich Kinder in Ermangelung zugewandter Großeltern eine liebe »Omi« oder einen lieben »Opi« aus der nahen Umgebung (z. B. bei Nachbarn, der Kinderfrau usw.) suchen. Eltern zeigen sich darüber oft irritiert, wenn ihr heranwachsendes Kind eine »fremde« Person als Omi oder Opi bezeichnet. In Verkennung der seelischen Lage ihrer Kinder versuchen sie dann meist vergeblich, auf den vermeintlich dummen genealogischen Irrtum zu verweisen.

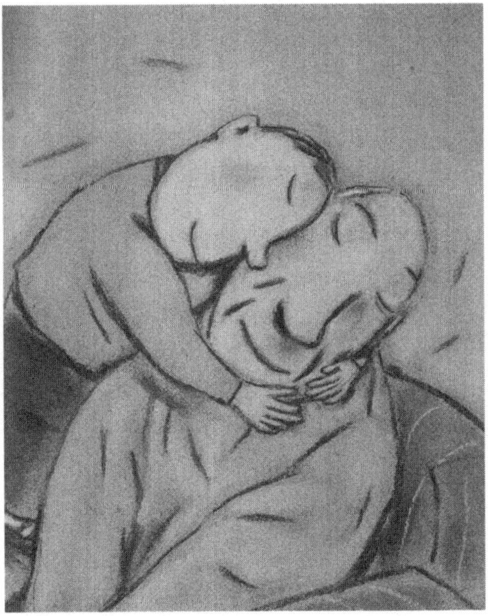

Großvater, Kleinvater I

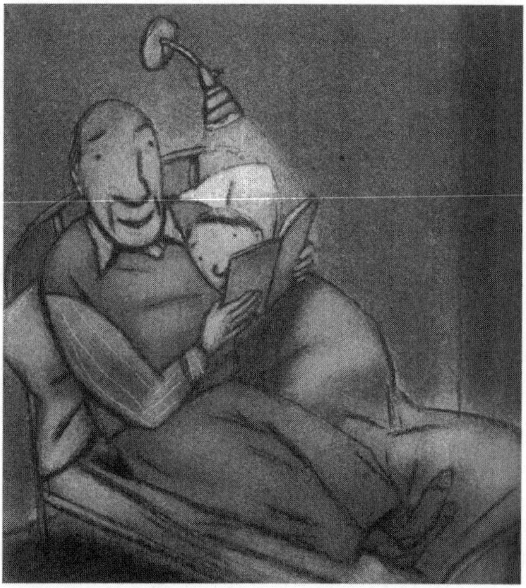

Großvater, Kleinvater II

Bereits im Titel des Bilderbuchs von Edward van de Vendel *Großvater, Kleinvater* (2007) klingt die Wechselseitigkeit der Ermutigung an. Mal spendet der Großvater Geborgenheit und Sicherheit, mal tröstet umgekehrt sein Enkel ihn liebevoll und innig, wenn er sehr traurig ist, weil seine geliebte Frau gestorben ist. In rührender Schlichtheit bringt Ingrid Godon die Wechselseitigkeit in die Illustrationen des Kinderbuches.

Der lebendigen Entwicklungen immanente Drang zu wachsen und zu werden ist stets wirksam, bei Enkelkindern ebenso wie bei Großeltern. Wie sich dabei immer wieder Konstellationen ergeben, in denen sich beide wechselseitig in ihrer Selbstwerdung fördern können, ist das Thema dieses Buches. Die sich dabei ebenso abzeichnenden Gefahren klingen nur als Hintergrund oder Schattenseite der Entwicklung an.

Auch in der folgenden Skulptur vom Großvater und seinem Enkel kommen die transgenerativen Wirkungszusammenhänge differenziert zum Ausdruck und werden beim Anblick unmittelbar spürbar. Diese Skulptur vom Großvater und seinem Enkelkind verdichtet den Sinn des vorliegenden Buches und hebt die wechselseitige transgenerationale Ermutigung von Großvater und Enkelkind in prototypischer Klarheit hervor.

Der alte, schon etwas gebeugte und auf einem Hocker sitzende Großvater bringt sein Ohr dem Kopf des zu ihm aufschauenden Enkelkindes näher und legt stabilisierend seine rechte Hand in den Rücken des Kindes, während er ihm die linke Hand geöffnet hinhält. Dieses vielleicht gerade ein Jahr alte Kind schaut zu seinem Großvater auf, lehnt dabei seinen ganzen Körper an Großvaters Unterschenkel an, den dieser dem Kind mit leichter Bewegung als Halt angeboten zu haben scheint, hält sich mit der Rechten am Knie des Großvaters fest und legt seine linke Hand in die offene Handfläche des Großvaters. Wir sehen, wie beide an dem anderen interessiert sind. Der Großvater versucht sich in die Wirklichkeit seines kleinen Enkels hineinzuversetzen, und dieser schaut zu ihm auf, vielleicht strahlt er ihn sogar an. Im mitfühlenden Bewusstsein seiner eigenen Hinfälligkeit schwingt der Großvater mit den Schwierigkeiten des Kindes, auf den Beinen zu bleiben, mit. Das vermittelt sich insbesondere atmosphärisch.

Der handlungsdialogische Austausch vollzieht sich unmittelbar über das kleine Händchen des Kindes in der großen Linken des Großvaters, über den Griff des Kindes an das Knie des Großvaters, über den ganzen kleinen Körper, den das Kind an den großen Unterschenkel anlehnt sowie über die große Hand des Großvaters, die das kleine Kind in seinem Rücken spürt. Insgesamt rücken diese Momente der Skulptur, die sprachlich nur sukzessiv vermittelt werden können, im unmittelbaren Geschehen oder beim simultanen Anblick der Skulptur das Wirkungsgeschehen einer basalen wechselseitigen Entwicklungsförderung ins Bild. Beide sind sich nahe, insofern beide in ihrer Beweglichkeit eingeschränkt sind. Darin liegt eine »kopathische« Gemeinsamkeit (Funke & Kühn, 2005), in der sich beide unmittelbar verstehen und in spezifischer Weise fördern können. Großeltern gestalten mit ihren Enkelkindern ein Konzert wechselseitiger Lebenssteigerung. Das ist hier in symbolischer Weise in dieser Skulptur eingefangen. Wenn man ihren Sinn näherungsweise in Worte zu fassen versucht, könnte man von einer wechselseitigen existenziellen Resonanz sprechen.

Susan Lordi: Willow Tree Grandfather

3.3 Entwicklungshilfe versus Benötigung

Wie in den bisherigen Ausführungen immer wieder hervorgehoben, befinden sich sowohl die Eltern als auch die Großeltern in einer sich ständig wandelnden Lebensbewegung mit ihren impliziten Strukturierungsnotwendigkeiten. Wenn sich Enkelkinder und Großeltern in ihren Verwandlungswirklichkeiten begegnen, befinden sich beide Generationen in einer gegensinnig gerichteten Bewegung. Die einen streben immer mehr in die Gesellschaft hinein, während die anderen besonders mit ihrem Rückzug aus ihren beruflichen und gesellschaftlichen Funktionen befasst sind. Pointiert formuliert, bewegen sich die Enkelkinder aus dem familiären Schonraum ihres Elternhauses heraus, während die Großeltern ihren Rückzug in den Schonraum des Alters zu bewerkstelligen versuchen. Das Paradox dieser Konstellation, wenn sich beide in ihren Wirklichkeiten treffen, besteht nun darin, dass diese Begegnung immer wieder entwicklungspsychologische Chancen wechselseitiger Ermutigung enthalten, in der jeder für jeden zum Entwicklungs- oder Wandlungsobjekt werden kann, wie es die bereits oben erwähnten, künstlerischen Ausdrucksformen hervorheben und wie es auch meine anschließenden biografischen Ausführungen veranschaulichen werden. Dazu trägt wesentlich die Generationenlücke zwischen den Großeltern und den Enkelkindern bei. Die anfänglich extreme Abhängigkeit des Kindes von seinen Eltern führt in den ersten Entwicklungsjahren des Kindes zu starken Abhängigkeitsgefühlen und entsprechenden Gegenbewegungen. Die Beziehung zu den Großeltern ist dagegen weitgehend frei von derartigen Ambivalenzgefühlen.

> Mir fällt hier bereits das eigene Beispiel einer Enkeltochter ein, die eines Tages, als ich mit einem ihrer Elternteile telefonieren wollte, das Telefonat angenommen hatte, und ich ihre traurig belegte Stimme wahrnahm. Als ich sie darauf ansprach, erzählte sie mir deprimiert von einer mangelhaften Zensur in einer Mathematikarbeit. Ich reagierte darauf völlig anders als früher als Vater. Ich blieb bei dieser Nachricht gelassen und fühlte mich in ihren Kummer ein. Darüber hinaus widersprach ich ihr aus tiefster Überzeugung, als sie sich selbst damit entwertete, für Mathematik einfach nicht befähigt zu sein. Ich machte sie schmunzelnd darauf aufmerksam, dass sie dieses Fach unter schwierigsten Entwicklungsbedingungen zu

> lernen hätte. Sie war natürlich sofort neugierig, was ich wohl damit meinen würde. Ich erläuterte ihr kurz, dass meine langjährige Erfahrung mich gelehrt habe, dass es sich um außerordentlich schwierige seelische Bedingungen handele, wenn sie sich in der turbulenten Phase der Pubertät mit exakten mathematischen Gleichungen zu befassen habe, wenn sie einen fünf Jahre älteren Bruder habe, der den Leistungskurs in Mathematik belegt hatte, wenn sie Eltern habe, die von Beruf Lehrer sind und wenn dann auch noch der eigene Vater Mathematik unterrichtet.

Diese Hinweise und einige wenige Erläuterungen zu den Rivalitäten von Geschwistern und zu den Abgrenzungsbemühungen von den Eltern schienen sie nachdenklich zu machen und zu beruhigen. Ich habe mich sehr gefreut, als mich diese Enkeltochter vierzehn Tage später von sich aus anrief und mir stolz mitteilte, entgegen ihren Befürchtungen in der nächsten Klassenarbeit »eine zwei minus in Mathe« geschrieben zu haben. Dieser Anruf war umso bedeutsamer, als wir sonst so gut wie nie über schulische Dinge gesprochen, geschweige denn deswegen telefoniert hätten. In dieser Situation stellte ich überrascht fest, dass ich mich als Großvater viel freier und reifer zu dieser Situation verhalten konnte, als ich mich damals als Vater in meiner narzisstischen Kollusion mit meinen Kindern dazu in der Lage gefühlt hatte. Im günstigen Falle wird also das Problem der Enkeltochter zu einer Anregung für den Großvater, seine früheren Begrenzungen und Verstrickungen als Vater zu erkennen und dabei seine Enkeltochter bei ihrer eigenen Entwicklung ermutigend zu unterstützen. Etwa vier Jahre später erfuhr diese Episode eine überraschende Fortsetzung.

> Meine Enkeltochter hatte gerade ihr letztes Zeugnis vor dem Abitur (nach acht Jahren) erhalten. Als sie ihre Note in Mathematik vor Augen hatte, fiel ihr nach ihren Worten spontan an unser obiges Telefonat ein und sie rief mich sofort an, um mich mit verhaltenem Stolz zu animieren, ihre letzte Zeugnisnote in Mathematik vor der Reifeprüfung zu erraten. Vorsichtig schätzte ich auf ein Befriedigend. Stolz korrigierte sie meine Einschätzung mit »Zwei plus«. Ich freute mich mit ihr. Sie hob dann hervor, dass sie bei dieser Note sofort an unser kurzes Gespräch gedacht habe. Das weckte meine Neugier, und

> ich fragte sie, an was sie sich denn konkret erinnere. Ihre Antwort verblüffte mich, insofern sie sich »nur« daran erinnerte, dass ich ihr damals gesagt habe, »dass sie Mathe doch könne«.

Diese Antwort hat mich verblüfft und als Psychotherapeut sehr nachdenklich gemacht. Als Psychoanalytiker überschätzen wir vermutlich immer noch kognitive Deutungen und sogenannte psychologische Einsichten in ihrer psychotherapeutischen Wirkung. Die Erinnerung meiner Enkeltochter stellt ein weiteres Beispiel für basale, subliminal wirksame Mit-Bewegungen und damit einhergehende Wandlungserfahrungen dar. Auch wenn ich mit meinen Vermutungen richtig gelegen haben sollte, so ist meine Enkelin vermutlich besonders von meinem authentischen Erleben berührt worden. Meine Kollusionen mit den eigenen Töchtern ergaben sich aus der Projektion meiner Insuffizienzgefühle mit den entsprechenden Irritationen für sie. Dagegen war mein Erleben gegenüber meiner Enkeltochter differenziert und eindeutig. So wie ich sie bisher erlebt hatte, konnte ich sie aus vollem Herzen und tiefer Überzeugung ermutigen. Das Echte meiner Antwort, das frei von jedweder eigenen Benötigung war, bereitete die Situation, dass sie sich von mir berühren ließ. Ich werde diesen »Now-Moment« (Stern, 1998, 2005) unserer Begegnung nie mehr vergessen und sie vielleicht auch nicht. Eine solche Entwicklung wäre natürlich nicht so einfach gewesen, wenn sie durch ihre bisherige Familiengeschichte chronisch verunsichert gewesen wäre. Doch bei einer hinlänglich gesunden Entwicklung geschehen so immer wieder entwicklungsförderliche Anregungen.

Darin liegt auch eine wunderbare zweite Chance für die Beziehungsgestaltung mit einer eigenen Tochter, wenn diese erstaunt feststellt, wie anders sich ihr Vater ihrem eigenen Kind gegenüber verhalten kann, verglichen mit der Zeit, als sie selbst im Alter ihrer Tochter gewesen ist. Das schafft eine affektiv geladene Szene, die bei hinlänglicher Gesundheit der Beteiligten dazu führen kann, diesen Unterschied festzustellen, zur Aussprache zu bringen, die impliziten Gefühle der Enttäuschung, des Ärgers und des Bedauerns zu artikulieren, sodass eine weitere intersubjektive Verständigung und Versöhnung möglich wird, über die sich beide näher kommen und miteinander freuen können. Das entwicklungsförderliche Wirkungsgefüge zwischen den beiden Generationen besteht in den Chancen, sich wechselseitig zu befreien, zu bereichern und zu ermutigen. Der Entwicklungsvorteil aufseiten der Großeltern zeigt sich auch darin, dass sie ihre Enkelkinder leichter in ihren Entwicklungsbedürfnissen wahrnehmen und verstehen können. Sie können dafür von ihren Enkelkindern mit bewegenden Anregungen für das eigene Werden beschenkt werden. In den missglückten Beziehungen, mit denen ich mich immer nur andeutungsweise befassen werde, haben wir projektive Formen wechselseitiger Be*nötigungen* vor uns. Hier werden die Enkelkinder zwischen Großeltern und Eltern als Ersatzfiguren, Substitute, Delegierte, Sündenböcke, Erlöser, Ersatzpartner usw. funktionalisiert. Dazu drängt der eine den anderen jeweils in eine Rolle, die zur eigenen Selbstsicherung dient bzw. lässt sich aus kompensatorischen Gründen in dieser Funktion verwenden.

Wenn in Rezensionen von Enquists Erzählung der Großvater als »herrlich verrückt« geschildert wird, an dem die großen und kleinen Leser ihre Freude haben würden, klingt unausdrücklich an, dass er die Übergangsprobleme seelischer Entwicklung verkörpert. Zunächst einmal ist er der Vertreter der erweiterten Familie, unter dem Gesichtspunkt familiärer Zugehörigkeit also sehr vertraut. Er ist der (Schwieger-)Vater der eigenen Eltern, und andererseits ist seine Stellung außerhalb der Kernfamilie bereits per se ein Anreiz und eine Anregung zur Loslösung aus kindlichen Bindungen an die Eltern. Das wird bei einem etwas verrückten und ungewöhnlichen Großvater und seinen absonderlichen Ideen bis hin zu seinem ungehörigen Benehmen noch einmal besonders betont. Er verkörpert in seiner Person und mit seiner familiären Position ein typisches Übergangsproblem seelischen Werdens und stellt – betont durch seine Verrücktheit – Möglichkeit, Modell und Anreiz der Loslösung aus den bisherigen Beziehungsmustern mit der Familie dar. Hierhin gehört auch Brechts Geschichte von der »unwürdigen Greisin« (1967, S. 315ff.), die ein Pfarrer nach dem Tod ihres Ehemannes als bemitleidenswerte alte Frau aus seelsorgerischen Gründen besucht. Diese Frau hatte sich jedoch nach dem Tod ihres Mannes von allen rollenspezifischen Zwängen befreit, und der Clou der Geschichte besteht darin, dass diese spät emanzipierte Frau den Pfarrer schließlich ins Kino einlädt. Das bekannte Kinderlied »Meine Oma fährt im Hühnerstall Motorrad« bringt in lustiger Weise zum Ausdruck, dass sich Enkelkinder und Großeltern häufig auf einer nonkonformistischen Ebene begegnen, auf der Großeltern sich nicht mehr an starre Regeln halten, sogar mit dem Ungehörigen spielen können, und ihre Enkelkinder, die noch kein strenges

Über-Ich entwickelt haben, ihnen hier gerne folgen (Ueberle-Pfaff, 1993). Auch in der Erzählung von Enquist haben wir es mit einem Großvater zu tun, der einige Eigenheiten aufweist, die die eigene Tochter stören. Sein exzentrisches Bedürfnis nach einer Expedition auf den Dreihöhlenberg, seine geheime Planung, seine Pups- und Kackgeschichten usw. regen aber gerade Mina zu einem wesentlichen Wandlungsschritt in ihrer Entwicklung an.

In den bisherigen Überlegungen herrscht der Wandlungsaspekt vor, in dem die Großeltern und die Enkelkinder sich dabei unterstützen, vom Vertrauten zum Fremden zu kommen und sich in ihrer eigenen Entwicklung weiterbringen. Dieser Wandlungsaspekt kann sich im Sinne verschiedener seelischer Grunddimensionen einfärben. In dem letzten Beispiel mit der verunglückten Mathematikarbeit meiner Enkelin steht zum Beispiel ein leistungsthematisches Entwicklungsproblem im Vordergrund, in dem es um die Spannung zwischen Können und Versagen geht. Hier prägt sich der Übergangsraum zwischen vertraut und fremd unter einem leistungsthematischen Komplex aus. Auch das tatsächliche oder vermeintliche Nichtkönnen hat seine seelische Funktion. Die beliebte Formel »Ich kann keine Mathematik« kann man wie die Schreianfälle von Mina verstehen. Bei einem Entgegenkommen der Eltern können daraus jahrelange Kollusionen bzw. Kollisionen zwischen Eltern und Kindern entstehen.

Wir kennen alle die Formulierung, dass Mutter und Vater von ihren Kindern zu Großeltern *gemacht* werden, ob sie wollen oder nicht. In dieser Formulierung deutet sich an, dass es um ein mächtiges Geschehen, um ein Bestimmen und Bestimmtwerden geht, dem man quasi ausgeliefert ist. Die Wirklichkeit der Tochter oder des Sohnes, die Mutter oder Vater geworden sind, und die der Eltern, die zu Großmutter und Großvater gemacht worden sind, verändert sich wesentlich. Wie jede Umstrukturierung im Seelischen ist diese mit Problemen verbunden, die man durchaus mit denen von Revolutionen vergleichen kann. Wenn Großeltern ihre Kinder bei ihren Elternaufgaben unterstützen, dann geht das nicht mehr aus einer Elternbeziehung heraus, sondern nur aus einer partnerschaftlichen, nämlich der von älteren Eltern zu jüngeren Eltern. Die zu bewältigende Wirklichkeit ist für beide neu.

Wenn die Loslösung aus den vorherigen Lebenswelten nicht vollzogen werden kann und es nicht zu einer wechselseitigen Anerkennung beidseitiger Elternschaft kommt, werden die nötigen Umstrukturierungen mit chaotischen Umstürzen vergleichbar sein.

Das erkennt man daran, wo dieser Prozess der Umstrukturierung vorzeitig abbricht, wenn also die Kinder oder Eltern noch nicht in der Lage sind, die lebensnotwendigen Umwandlungen zu vollziehen: z. B. wenn Kinder, die ihre eigenen Entwicklungsaufgaben noch nicht erledigt haben, Kinder bekommen oder wenn Eltern noch in einem frustranen Bemühen um Jugendlichkeit stecken geblieben sind, sodass die Erfahrung, Großeltern zu werden, zu schockartigen Verarbeitungsformen führt. Wenn wir bei einem solchen Anspruch noch darauf hinweisen, dass dies alles ungeachtet dessen geschieht, ob die Großeltern wollen oder nicht wollen, ob sie sich dazu in der Lage fühlen oder auch nicht, werden Strukturierungsnot und Strukturierungsdruck, unter dem sich die Beteiligten befinden, deutlich. Es ist unumgänglich, diese Realität wie auch immer zu bearbeiten. Neben den annehmenden Formen kann die Realität in vielfacher Weise verleugnet werden und schafft dann aber die typischen neurotischen Kompromissbildungen, die mit Störungen der Entwicklung auf beiden Seiten der beiden Generationen verbunden sind.

Wenn wir von familialen Wirkungszusammenhängen sprechen, schwingt immer der Machtaspekt mit. Unter dieser Dimension lässt sich auch die häufig hervorgehobene finanzielle Unterstützung der Kinder und Kindeskinder durch die Großeltern betrachten. Man schätzt den jährlichen finanziellen Transfer von Großeltern an ihre Kinder und Kindeskinder in Deutschland auf 21,5 Mrd. Euro (Lüscher, 2008, S. 44). Ob das nun zum Segen oder zum Fluch der Nachkommen gereicht, hängt von dem Familiengefüge, also vom Kontext ab, in dem dies geschieht: Geld vererben oder solches als mögliches Erbe in Aussicht zu stellen, kann im Rahmen eines liebevollen Geschenks oder einer anteilnehmenden Unterstützung geschehen, aber auch im Dienst von Manipulation, Kontrolle, von Bemächtigung, von Bestrafung und Belohnung, von Verwöhnung oder Vereinnahmung. Ich habe in meiner psychotherapeutischen Praxis »böswillige« oder »gemeine« Testamente kennengelernt, die mit subtiler Finesse die aktuellen Familienkonflikte in die folgende Generation fortgeschrieben haben. Bloße finanzielle Angaben mögen ökonomisch oder soziologisch sehr interessant sein, psychologisch betrachtet sind sie »bedeutungslos«, d. h. die Bedeutungen des jeweiligen Transfers bleiben aus deren Blickwinkeln unbeachtet. Eine entsprechende Statistik käme in der Psychologie einer Addition von Äpfeln und Birnen gleich.

3.4 Wiederholung oder Erneuerung

Die Lebensbewegungen unserer Kinder und Kindeskinder bringen uns unvermeidbar in die Krisen und Chancen, die mit jeder Lebensbewegung verbunden sind. Eltern und Großeltern werden von ihren Abkömmlingen in Lebenssituationen gebracht, zu deren Bewältigung sie auf die bisher erworbenen psychischen Bewegungsmuster zurückgreifen und dabei gegenüber Kindern und Kindeskindern in die schrecklichen, oft über Generationen tradierten Wiederholungszwänge verfallen können. Die unumgänglichen Schwellensituationen des Lebens und die impliziten Krisen enthalten aber auch jedes Mal wieder die Chance für Veränderungen, für die Herausbildung neuer Lösungen. Diese gewinnen dann vor dem Hintergrund der Tradition psychoneurotischer Familienmuster eine geradezu psychohistorische Dimension für die jeweilige Familie bzw. den entsprechenden Familienzweig.

Die beschriebenen Wirkungszusammenhänge laufen nicht in einer isolierten Zweierbeziehung zwischen Großeltern und Enkel ab, sondern in einem großfamiliären Wirkungsgefüge, d. h. die Eltern und die eventuellen Geschwister spielen dabei als teilnehmende Beobachter oder Akteure mit. Während unter der Perspektive der Geschwister gewöhnlich Rivalitäten auftauchen, in denen dem Großvater die Rolle zufällt, Modelle für kooperative Formen des Miteinanders bereitzustellen, eröffnet sich unter der Sicht der eigenen Töchter und Söhne, also der Eltern der Enkelkinder, eine zweite Chance für eine nachträgliche Umgestaltung der Beziehung zu den eigenen Eltern. Zuweilen gilt das auch für die Beziehung zwischen den Schwiegereltern und Schwiegerkindern, falls sie nicht für die projektive Abwehr benötigt werden, wie es in der abfälligen Bezeichnung von der »bösen Schwiegermutter« sprichwörtlich geworden ist. Im autobiografischen Teil des Buches befindet sich dazu eine Fülle von Beispielen aus meinem eigenen Leben. Sie belegen beglückende Möglichkeiten und Gelegenheiten für transformative Erfahrungen, die ich mir früher nicht hätte träumen lassen. Viele Großeltern, die »vieles für ihre Enkelkinder tun« und deren »Bestes wollen« und es »gut mit ihnen meinen«, stehen oft verständnislos vor der Erfahrung, dass sie ihre Enkelkinder nicht erreichen bzw. die Enkelkinder nicht an ihnen interessiert zu sein scheinen. Für die vielen Großeltern, die unter der Distanz zu den Familien ihrer Kinder leiden, sei darauf hingewiesen, dass auch ich meine Kinder von Beginn ihres

Lebens an geliebt und immer »ihr Bestes« gewollt habe. Dieses subjektive Erleben hindert allerdings viele Großeltern (auch Eltern) daran wahrzunehmen, wie begrenzt ihre Liebesfähigkeit ist oder war und was sie alles mit ihrem besten Wollen und Bemühen bei ihren Kindern angerichtet haben, wie sie selber immer wieder unausdrücklich an den beklagten Beziehungsschwierigkeiten mitwirken, wie sie – unter Beteiligung der eigenen Kinder und Kindeskinder – immer wieder in reorganisierende Teufelskreise wechselseitiger Enttäuschungen gelangen.

Auch am Beispiel der oben beschriebenen und analysierten Skulptur vom Großvater und seinem gerade Laufen lernenden Enkel leuchtet die Psychologie der zweiten Chance ein. Wenn der Beobachter, hier also der Leser, die Skulptur betrachtet, entspricht das der Situation, in der Eltern den Umgang ihrer Eltern mit ihren Kindern betrachten. Im Erleben der Skulptur als Beobachter – psychoanalytisch gesprochen in der Gegenübertragung – hat der Beobachter auch Teil an dem, was ich als zweite Chance benannt habe. Man stelle sich vor, das Kind sei das eigene Kind und der Großvater der eigene Vater. Die Szene hat so auch ihre Auswirkungen auf die beobachtend teilhabenden Eltern und berührt entsprechend die frühen Beziehungen des Beobachters oder der Beobachterin und weckt alte Erfahrungen. Oft sind es Mangelerfahrungen, die besprochen, betrauert und neu integriert werden können, deren Bewältigung angesichts dieser stellvertretend erlebten liebevollen Anteilnahme an der Entwicklung des eigenen Kindes viel leichter fällt und nicht selten zu einer reiferen und beglückenden Neugestaltung der Beziehung zu den eigenen Eltern bzw. Kindern führt. Eine besondere Form einer solchen Resonanz verdanke ich meiner Frau. Sie hat nämlich diese Skulptur spontan im Museumsshop eines alten Klosters gekauft und mir geschenkt. Sie spiegelte mir so in responsibler Weise meine Liebe zu meinen Enkelkindern. Das war für mich eine wunderbare Liebeserklärung, weil meine Enkelkinder nicht auch ihre sind und die Konstellation der »Stiefoma« bekanntlich oft problematisch ist.

Wenn die Weitergabe von Traumatisierungen an die nächste Generation unterbrochen oder wenigstens gemildert werden kann, haben wir ein psychologisch besonders relevantes Ereignis vor uns, das sowohl dem individuellen als auch dem familialen psychischen Weiterkommen und insgesamt dem gesellschaftlichen Fortschritt dienlich ist. Wenn es Menschen schaffen, wie in gelingenden psychotherapeutischen Behandlungen zu beobachten ist, ihre seelische Wirklichkeit gesünder und kooperativer zu gestalten, unterbrechen sie die Tradition traumatischer Erfahrungen und leisten einen geradezu historischen Beitrag für die Familiengeschichte im Besonderen und für die Gesellschaft im Allgemeinen.

Margarete Mitscherlich hebt hervor, dass die Hoffnung auf einen ewigen Frieden, selbst in der Familie, eine unerfüllbare Utopie ist; dennoch sei die Familie der Ort, in dem der Weg zum herrschaftsfreien Diskurs oder zu einem reversiblen Miteinander eingeübt werden könne. Die gewählten Begriffe verstellen aber leicht das Verständnis für diese Zusammenhänge. Das möchte ich an der These von Margarete Mitscherlich deutlich machen, dass die Aggression eine »lebenserhaltende Kraft«, eine »Grundmacht des Lebens« (Mitscherlich, 2011, S. 173) sei. Sie schließt daraus: »Wir Menschen werden geboren und sind eifersüchtig aufeinander« (ebd.). Diese Feststellung lässt sich noch vertiefen, indem ich vom Lebendigsein, den Lebensbewegungen oder dem lebendigen Verhalten und Erleben als einer primären, psychologisch nicht weiter rückführbaren Dynamik ausgehe, die sich mit aller zur Verfügung stehenden vitalen »Kraft« oder »Macht« am Leben halten und ihr Leben steigern »will«. Und wenn wir geboren werden oder uns Kinder oder Enkelkinder geboren werden, ist Rivalität zunächst noch gar nicht relevant, es sei denn, sie wird durch unreife Eltern geweckt, die sich quasi selbst »entthronen« (Vater) oder sich ein Substitut für den frühen Mangel an Zuwendung (Mutter) heranziehen. Bei hinlänglich gesunden Familien wird das neue Lebewesen mit seinem originären Lebenswillen in eine Wirkungseinheit primären Willkommengeheißenwerdens hineingeboren. Hier bereits von Aggression oder Rivalität zu sprechen ist m. E. adultomorph gedacht.

Rivalitäten zwischen den Geschwistern und Machtkämpfe der Eltern um ihre Kinder lassen sich sicherlich bereits prä-, peri- und postnatal beobachten. Die glücklicherweise überwiegenden Fälle bestehen jedoch darin, dass die Eltern sich über die Geburt des Kindes freuen und auch glücklich teilhaben können an der freudigen Beziehung des Kindes mit anderen. Mit dem Lebensdrang, mit der unumgänglichen Lebensmacht drängt sich das bisher nur rudimentär strukturierte Wesen zwischen die Eltern und Geschwister. Das führt dann zwangsläufig zu rivalisierenden und aggressiven Auseinandersetzungen. Seitens der Eltern können diese dann entweder entsprechend verfestigt oder aber kultiviert werden. Doch apriori von einer isolierten Triebfeder der Aggression auszugehen, verhindert den Blick auf die frühen Phänomene, wenn das Kleinkind mit seinem archaischen Lebensdrang in die familialen Wirkungszusammenhänge hineingeboren wird und mit lebendiger Macht in sie eindringt. In der selbstschöpferischen Mitgestaltung des Familiengefüges, in das es hineingeboren wird, erwirbt es seine notwendigen und notgeborenen Formen des Aggredi zwischen Hinwenden und Abwenden, Lieben und Hassen.

Hier können Eltern, wie sich wieder mit Margarete Mitscherlich hervorheben ließe, dazu beitragen, dass Familien zum Ort des Friedens werden, aber weniger dadurch, dass sie die egozentrischen und aggressiven Tendenzen der Kinder zu unterdrücken versuchen, sondern entwicklungsgemäß mit seinen archaischen Tendenzen umzugehen und sie zu begleiten imstande sind. Das beginnt mit dem Beziehungsverhältnis der Eltern und drückt sich aus in der Einfühlung in eifersüchtige Geschwister und in dem Bekenntnis der Zuneigung für den Neuankömmling. Aggressives Verhalten in seiner destruktiven Ausprägung ist in der Familie (wie in der Gesellschaft) in Hülle und Fülle zu beobachten als Ausdruck dessen, dass die Lebensimpulse frustriert, also nicht befriedigend organisiert werden konnten. Hierbei ist die Familie wirklich ein Ort der Friedenserziehung: »Die Rolle der Eltern ist dabei von besonderer Bedeutung. Eltern tragen unendlich viel zum Frieden bei« (ebd., S. 175). Die Rolle der Großeltern dabei wird erst allmählich entdeckt.

4. Eigene transgenerationale Wandlungserfahrungen

4.1 In grandioser Mission

Meine bisherigen biografischen Schilderungen werden in diesem Kapitel noch vertieft. Die Expeditionen auf den mütterlichen Entwicklungslinien ergaben transgenerative Aufschlüsselungen, die selbst in psychoanalytischen Behandlungen selten sind. Ich komme hier auf die allmähliche Entstehung und Entdeckung meiner geheimen Mission zu sprechen, unter der ich die ersten 30 oder 40 Jahre meines Lebens stand und die sich lange *vor* meiner Geburt entwickelt hat. Sie fällt nämlich in die Zeit der Kontakte meiner Mutter als junges Mädchen zu ihrer Großmutter, der Mutter ihres in ihrer Familie verteufelten Vaters. Ich schildere hier den Prozess, wie sich mir die unbewussten Erfahrungen meiner Mutter mehr unausdrücklich als ausdrücklich vermittelt haben.

Im Laufe meiner Kindheit erzählte mir meine Mutter zuweilen Geschichten aus ihrer Kindheit. Die folgende erscheint mir prototypisch für ihre weitere Entwicklung: wie sie nach Beendigung der Volksschule heimlich, weil die Eltern die Ausbildung eines Mädchens (in den 20er Jahren des vorigen Jahrhunderts) für unsinnig hielten, in die Innenstadt gefahren sei, um sich in einer bekannten Konditorei als Lehrmädchen vorzustellen, dann aber unmittelbar vor dem Eingang kehrt gemacht habe, weil sie sich ihrer Erscheinung so schrecklich schämte. Sie fühlte sich von einem solchen Schritt und bei ihrer lebensstiltypischen Einstellung überfordert. Sich zu emanzipieren bedeutete für sie, sich gegen den ausdrückli-

> chen Willen ihrer Eltern aus den familiären Fesseln ihrer Überzeugungen zu befreien und die ohnehin mangelhaften Erfahrungen, in ihrer Existenz wahrgenommen und bestätigt zu werden, aufzugeben. So blieb sie zeitlebens gefangen in einer übermäßigen Angst vor der eigenen Lebendigkeit.

Diese Angst, insbesondere vor dem gewalttätigen Vater und dem dominanten älteren Bruder, ist in ihr wohl auch wachgerufen worden, als sie ihren Sohn beobachtete, wie der mit kaum zwei Jahren heftig gegen Bälle treten wollte und konnte. Indem sie den Ball vor mir versteckte, nötigte sie mich in eine Situation, in der sie ihre Angst, sich selbst zu vertreten und ihren erlebten aggressiven Impulsen zu folgen, auf mich verlagerte und an mir defensiv abhandelte. Glücklicherweise bereitete aber ihre basale Zuneigung zu mir die Entwicklungsbedingungen, mich – wenn auch mit anfänglichen Schwierigkeiten – aus den elterlichen Abhängigkeiten und Gegenabhängigkeiten zu befreien. Besonders schwierig erweist sich dabei immer wieder – ich schreibe hier aus der doppelten Erfahrung als Patient und als Therapeut – dass es noch einmal ein wesentlicher und auch in Therapien häufig vermiedener Entwicklungsschritt ist, wahrzunehmen, wie ihre phobischen Ängste nicht nur ein Ausdruck ihrer Werdenöte sind, sondern auch unbewusst selbstschöpferische Arrangements sind, aus ihrer Not noch einen Gewinn zu ziehen. So versuchen sich bekanntlich viele Kinder mit den »ungehörigsten« Mitteln ein Mindestmaß an Aufmerksamkeit zu sichern und erhalten sich mit diesen die unerschütterliche – geheime – Hoffnung auf eine existenzielle Resonanz.

In ihrer belasteten Situation machte meine Mutter aus ihrer Not eine Tugend, indem sie sich der Macht der Familiendynamik unterwarf und in der Familie die wichtige Funktion »des kleinen Dummchens« oder »des dämlichen Schafes« übernahm. Damit kam ihr für eine Familie mit einer massiven Selbstwertproblematik eine tragende Entlastungsfunktion zu. Erst allmählich fiel mir dabei eine horizontale Spaltung auf: dass meine Mutter für die Verwaltung mehrerer Wohnhäuser verantwortlich war, reges literarisches Interesse während meiner Gymnasialzeit an meiner Schullektüre zeigte und sie mir lange bei meinen legasthenen Schwierigkeiten eine verlässliche Hilfe war. Bei der Berechnung der Mieten habe ich sie geradezu bewundert, wie geschickt sie dabei die Grundrechenarten kombinierte, um so die Mängel aus ihrem lückenhaften Schulbesuch, nämlich die formale schriftliche Multiplikation und Division größerer Zahlen bereits in der Schule zu erlernen, zu kompensieren. In dieser Situation tiefer und in der damaligen Zeit besonders geschlechtsspezifisch überformter Minderwertigkeitsgefühle wird sie kompensatorisch im Sinne des männlichen Protests nach Alfred Adler (1910) eine neurotische Fiktion von besonderer Überlegenheit entwickelt haben. Hier bot sich ein Sohn als eine besondere Form der Wunscherfüllung an, an den von Geburt an diese Funktion delegiert wurde.

Die transgenerative Linie psychischer Fehlentwicklungen lässt sich bis zu meiner Urgroßmutter zurückverfolgen, die längst, bevor ich geboren wurde, verstorben war. Ich finde es als Forscher beeindruckend, wie selbst eine Person, die ich nie gesehen und erlebt habe, in einem solchen Maße an meiner Entwicklung mit ihren impliziten Zielen beteiligt war. Nach vielen Analysen kann ich die Quintessenz hier kurz zusammenfassen und an einem kuriosen Beispiel die Anregungsbedingungen durch Groß- bzw. Urgroßeltern erläutern:

> Mein Großvater mütterlicherseits hatte eine Mutter, die wie er als abschreckendes Beispiel in meinem Familienclan hingestellt wurde. Auch meine Mutter wurde nicht müde, deren Ungehörigkeiten anzuprangern. Sie bezog sich dabei auch auf einzelne ihr aufgenötigte Besuche, die sie in notwendigen Familienangelegenheiten sozusagen als Unterhändlerin zwischen den feindlichen Familienlagern gemacht hatte. Im Laufe meiner Selbsterfahrungen wurde mir jedoch der ambivalente Unterton immer deutlicher, mit dem meine Mutter von dieser vermeintlich so schrecklichen Frau, also meiner Urgroßmutter, erzählte. Hinzu kam meine mit zunehmendem Alter wachsende Sympathie für diese Frau aus dem 19. Jahrhundert: Die so unverschämt war, dass sie auf der Straße eine Zigarette rauchte; dass sie lieber, als die Wohnung zu schrubben, einen Stuhl auf den Tisch stellte, um unter der Gaslampe Bücher zu lesen; dass sie doch tatsächlich alleine, also ohne Mann, ins Theater ging; usw. Meiner Mutter war bei einem Besuch auch aufgefallen, dass sie ein Porträt (»so einen älteren Kerl mit einem Rauschebart«) an der Wand hängen hatte. »Wer weiß«, das klang bei den Phantasien meiner Mutter an, »was sie mit dem wohl hatte«.

> Allmählich wurde mir neben der manifesten Entrüstung eine latente Bewunderung für diese früh emanzipierte Frau, ihre Großmutter, deutlich. Später konnte ich mich mit meiner Mutter ganz gut darüber unterhalten. Ihre Oma ist ihr offenbar ein heimliches, vor sich selbst verstecktes Vorbild gewesen. Aber die internalisierten Verbote erwiesen sich als stärker. Der seltsame, bärtige Mann auf dem Bild in der Wohnung der Oma brachte mich später auf den Gedanken, dass es sich um Karl Marx gehandelt haben könnte. Meine Mutter konnte zwar mit dem Namen kaum etwas anfangen, bestätigte aber höchst überrascht meine Vermutung, als ich ihr einmal ein Bild von dem berühmten Begründer einer das ganze 20. Jahrhundert beherrschenden Philosophie und Wirtschaftstheorie vorlegte. Bei ihrer Geburt (1907) war der berühmte, scharfsinnige Kritiker der ersten industriellen Revolution schon 24 Jahre tot. Sie wurde in die Zeit hinein geboren, in der sich mittels des neuen Mediums der Fotografie das politische Kultbild von Karl Marx zu entwickeln begann. Sein Freund und Förderer Friedrich Engels hat nach seinem Tod (1883) an über 1000 Redaktionen und Institutionen sein letztes Portraitfoto versandt und damit den bis heute nachwirkenden Bildkult ins Leben gerufen. Meine Mutter war geradezu erleichtert, als ich ihr dabei half, ihr Geheimnis zu lüften und ihr die Angst vor dem kleinen Schritt einer gewissen Verselbstständigung genommen habe. Danach »beichtete« sie mir, dass ihre Großmutter ihr oft den Rat gegeben habe, keinen Mann aus dem Milieu ihrer Herkunft zu wählen. So erfuhr ich von den Keimlingen meiner Delegierung, die bereits lange vor meiner Existenz im Erleben meiner Mutter angelegt waren.

In dieser Erinnerung wird deutlich, dass wir von unseren Eltern und früheren Bezugspersonen viel mehr übernehmen, als sie uns in konkreten Erziehungsakten vermitteln. Als Kind nehmen wir auch an dem Unbewussten der Eltern teil, ohne dass sie selbst es verstehen würden. In der Psychoanalyse werden solche Zusammenhänge als Formen der projektiven Identifizierung bezeichnet. Dieses intersubjektive Geschehen lässt sich als basaler Abstimmungsprozess bezeichnen, in dem sich zum Beispiel der Sohn in seinem unbewussten Bemühen, der Mutter nahe zu sein, ihren erspürten oder erahnten Tendenzen anpasst. C. G. Jung spricht in diesem Zusammenhang von einer mystischen Partizipation des Kindes am Unbewussten der Mutter. Kinder merken sehr feinfühlig die Tendenzen, die die Wirklichkeitsgestaltung ihrer Eltern unausdrücklich ausmachen.

> Für mich entstand eine schwierige Strukturierungsaufgabe, insofern ich einerseits die Delegation nach Höherem und Besserem verspürt habe und gleichzeitig an einem sowohl individuellen als auch schichtspezifischen Minderwertigkeitsgefühl litt. Dabei geriet ich in die basale Zerreißprobe, zum einen in der versorgenden und auch verwöhnenden Atmosphäre verweilen zu wollen und zum anderen mich gedrängt zu fühlen, mich den ängstigenden Erfahrungen einer für mich fremden Welt auszusetzen.

Wenn diese Identifizierung frühesten Formen der Selbstwerdung entspricht, wird auch verständlich, wie nachhaltig sie wirken – wie zäh sie sich psychoanalytischer Behandlung widersetzen. Sie verweigern sich oft oder lange einer psychoanalytischen Behandlung und bleiben jenseits der psychoanalytischen Deutung. Zur Bearbeitung bedarf es langjähriger Analysen, damit sich das Problem – wenn überhaupt – in der Unmittelbarkeit des Wirkungsgeschehens zwischen Patient und Therapeut, sofern der eine oder andere es zulassen kann – herausbildet. In Psychotherapien hat es sich als hilfreich erwiesen, dem Patienten interaktionelle Inszenierungen ermöglichen, in denen die vorsprachlichen Bewegungsmuster ins Bild rücken können, leibhaftig wahrnehmbar und operativ bearbeitbar werden (Heisterkamp, 2002; Geißler & Heisterkamp, 2013).

Die ausführliche Schilderung dieser seltsamen Entwicklung scheint mir wichtig, um zu veranschaulichen, wie sehr mein Weg aus der Selbstentfremdung hin zur Selbstfindung und einer verspäteten Selbstübernahme präformiert ist durch die transgenerativ vermittelten Wachstums- und Anregungsbedingungen der Herkunftsfamilie. So bin ich über die heimliche Identifikation meiner Mutter mit ihrer Großmutter, d. h. meiner nach außen abgelehnten, aber innerlich bewunderten Urgroßmutter familiär verbunden, die ich nie kennen gelernt habe, die aber mein Leben nachhaltig beeinflusst hat. Sie bot meinen Suchbewegungen, mich aus dem Sumpf einer präödipal fixierten Familie zu lösen, eine entwicklungsförderliche Anregung. Derartige Erfahrungen machen auf die Komplexität des Übertragungsgeschehens aufmerksam. Das Übertragungsverständnis, nach dem wir das unbewusste Beziehungsmuster zu einer Person der Kindheit auf eine Person der Gegenwart anwenden, muss differenziert werden, insofern die meisten unserer Patienten noch gar keine Subjekt-Objekt-Differenzierung bzw. besser gesagt Subjekt-Subjekt-Differenzierung herstellen können und wir uns bzw. der Therapeut sich häufig in Szenen wiederfindet, in denen die Übertragung des Patienten aus Kollusionen seiner frühen Bezugspersonen (z. B. einer Mutter-Tochter-Kollusion) besteht.

In meiner Beziehung zu meinem Großvater mütterlicherseits habe ich noch eine zusätzliche Entwicklungshemmung gespürt, die sich mit den Entwicklungsängsten aus der väterlichen Herkunft kumulierten. Obwohl der Großvater viel mit mir gespielt, gemalt, gewerkelt und mir Geschichten erzählt hatte, bleiben die Erinnerungen »kalt« und setzen einen schmerzlichen Mangel frei: Unsere Beziehung war emotionslos. Ich fühlte mich nicht von ihm wahrgenommen und habe früh gemerkt, wie sehr er in sich gefangen blieb. Ich selber könnte trotz all der für einen kleinen Jungen so interessanten Tätigkeiten, die ich mit ihm geteilt habe, überhaupt nicht sagen, dass ich mich von ihm willkommen geheißen fühlte oder dass ich ihn gern gehabt hätte. Wir hatten uns wie zwei verlorene Kinder in einer belasteten Familie gefunden und uns wechselseitig festgehalten. Es fehlte der Glanz in seinen Augen, von denen eines außerdem noch aus Glas war. Ich habe Zeit meines Lebens immer das Gefühl gehabt, dass ich meine kulturellen Interessen, die von diesem Großvater als einzigem keimhaft angelegt worden waren, nicht ausreichend gefördert und entwickelt habe. Vielleicht hängt meine Hemmung auch damit zusammen, dass gerade diese interessanten Bereiche aversiv besetzt sind mit einem narzisstisch strukturierten und darüber hinaus noch kriegstraumatisch behinderten Menschen, der in der kranken Großfamilie kompensatorisch als »l'idiot de la famille« fungierte. Wer gilt schon gerne als verrückt?

Unbewusste Größenvorstellungen sind eine Dimension archaischer Lebensentwürfe. Zu jeder Lebensbewegung gehören Tendenzen, die über die jeweilige Lage hinausgehen. In keinem Alter sind seelische Erlebensformen denkbar, die nicht immer auch einen Entwurf über die aktuellen Prozesse hinaus, also fiktive Aspekte enthalten. Und diese archaischen Formen der Wirklichkeitsgestaltung haben entsprechende urtümliche und unrealistische Ziele: ob nun ewig mit Mama zusammen zu sein oder der größte Fußballer aller Zeiten zu werden oder genial wie Karl Marx die Weltgeschichte zu bestimmen. Solche narzisstischen Tendenzen können bei fehlenden Entwicklungsförderungen unverarbeitet bestehen bleiben.

Die latente Identifizierung mit der Urgroßmutter sowie der Mutter mitsamt des mit der Mutter übernommenen Gegenbildes gegen ihre eigene Mutter und das sensible Gespür für die überkompensatorischen Tendenzen des geliebten Vaters hatten ihre psychologischen Schattenseiten für die selbstschöpferischen Tendenzen bei der Entwicklung meines Lebensstils. So entwickelte ich im Sinne meines primären Narzissmus und stimuliert durch die kontinuierliche unbewusste Delegation meiner Eltern eine sowohl trügerische als auch überzogene, aber mit allen meinen Bezugspersonen auch geteilte Erwartung, die dem Leben ureigenen Unsicherheiten durch überkompensatorische Anstrengungen abwehren zu können. Bei allen meinen frühen Not- und Konfliktlagen ist meine persönliche, selbstaktive Beteiligung an der Entwicklung der für mich bezeichnenden Wirklichkeitsgestaltung immer deutlicher geworden. In ein amüsantes Bild gebracht: Mein Vater hat mir, wenn ich ihm den Henkelmann gebracht hatte oder in den Ferien in »seiner« Fabrik gearbeitet habe und ein stolzer technischer Zeichner oder eine hübsche technische Zeichnerin mit wehendem weißen Kittel an uns vorbeischwebten, oft liebevoll mit auf den Weg gegeben: »Jong, trek nie ne Blaumann an!«. Er wäre sicherlich sehr stolz auf mich gewesen, wenn ich den Beruf des technischen Zeichners ergriffen hätte. Dass ich dann doch mehrere Berufe mit einem höheren Sozialprestige erwarb, ist nun wirklich meiner »selbstschöpferisch« ausgestalteten Neurose geschuldet. Bei deren therapeutischer Bearbeitung konnte ich mich dann aber auch auf viele Ressourcen meiner Familie stützen. Die Wahrnehmung und die analytischen Bearbeitungen brachten mich so an die Stelle meiner Selbsttätigkeit und Selbstbehandlung und machten meine Entwicklung wieder frei für eine nachträgliche Überwindung meines primären Narzissmus, wozu mir in meiner Kindheit die hilfreichen Anregungen gefehlt hatten.

Dennoch wurde ich mir bei diesen Bearbeitungen der von meinen Eltern mehr oder weniger hinlänglich bereitgestellten Ressourcen bewusst, oder anders ausgedrückt, ich konnte sie unter dem »Schutt« meiner Selbstsicherungen und Abwehrformen wieder entdecken. Von grundlegender Bedeutung waren hierbei für mich die Entdeckung meines Willkommenseins und ihre ursprüngliche Freude über meine Existenz. Nach der Bearbeitung der Spaltungen innerhalb meiner Familie, insbesondere zwischen meinen Eltern, lernte ich die Sonnen- und die Schattenseiten von beiden wahrzunehmen und konnte das liebevolle Bezogensein meiner Mutter, trotz ihrer Benötigung, wahrnehmen und zulassen. Als sehr wohltuend erinnere ich mich an die Gespräche mit meiner Mutter aus der Zeit, in der ich in der Lage war, sie nicht mehr für meine Lebenserfahrungen verantwortlich zu machen. Wir konnten uns ernsthaft und humorvoll über meine, über ihre und unsere Entwicklung austauschen.

Noch leichter fiel es mir, die Zuneigung meines Vaters zu erspüren, trotz meines Ärgers über seine Abwesenheit und meine Enttäuschung über seine oft fehlende Unterstützung. In realer und symbolischer Weise wurde mir während der Kriegszeit ein Ausnahmeglück zuteil, das ich meinem Schicksal verdanke. Das Glück bestand darin, dass mein Vater als Vorarbeiter einer Maschinenfabrik nicht als Soldat eingezogen wurde und sich die Selbstobjektfunktion zu ihm gerade durch seine Präsenz während des Krieges besonders festigte.

> Wenn die Sirenen ertönten und uns vor den Bomben oder dem Beschuss des Feindes warnten, kuschelte ich mich – etwa sechs Jahre alt – enger an meinen Vater, in dessen Bett ich meistens lag, und ließ mich von ihm in den Luftschutzkeller tragen. Während Bomben oder Granaten das Haus bis in seine Grundfesten erschütterten, hielt er mich fest in seinen Armen. Mein quasi absolutes kindliches Urvertrauen wäre in das Entsetzen eines Traumatisierten umgeschlagen, wenn bei diesen Angriffen einer meiner Eltern umgekommen wäre, ich mit ihnen im Luftschutzkeller verschüttet worden wäre u. dgl. Ich durfte meinem Vater auch dabei helfen, gewaltige Eisenplatten vor die Fenster oder vor den Eingang des Luftschutzkellers zu montieren. Ich stand neben ihm, wenn die Bewohner wieder einmal eine Menschenkette durch das Treppenhaus bildeten, um den brennenden Dachstuhl zu löschen und durfte kurz mit anfassen, wenn der Vater den mit Wasser gefüllten Eimer weiterreichte, wenn er mich – von seinen festen Armen gehalten – durch die Dachluke auf das Dach setzte und ich sehen konnte, wo Granaten oder Bomben eingeschlagen waren und wo die Hausbewohner/innen die Schäden notdürftig zu reparieren versuchten.
>
> Diese Erfahrungen bei Bombenalarm und bei der »Beteiligung« an der Löschkette haben sicherlich eine ermutigende und beruhi-

> gende Wirkung in dem Prozess meiner Selbstwerdung gehabt und mir das seinerzeit besonders seltene Glück väterlichen Halts ermöglicht. Das ging aber nur unter den Umständen, dass ich die verheerenden Kriegs- und Nachkriegsumstände, die mit fast 250 Bombenangriffen in der Zeit zwischen 1940–45 verbunden waren, so wie mit einem siebenwöchigen Dauerbeschuss von der anderen Seite des Rheins, der in Düsseldorf die Frontlinie bildete, und dem martialischen Gejagtwerden von Tieffliegern, der elenden Nachkriegszeit ausgeblendet habe. Wie das Sabine Bode (2013) von ihren Interviews mit Kriegskindern berichtet, ist das Gefühl für die extremen Lebensumstände, für die verheerenden Geschehnisse der Kriegs- und Nachkriegszeit (Luftkrieg, Bombenangriffe, Beschuss, Tiefflieger, Hunger, Hamstern, Wohnungsnot, Leben in Trümmern usw.) in den Hintergrund getreten. Dazu könnte ich sicherlich auch noch schreckliche eigene Erfahrungen beisteuern. Ich kann hier mit Elke Horn festhalten, dass meine eigene Leiderfahrung nur zu leicht unter den Generalverdacht geriet, die Täterschaft meiner Eltern, auch wenn sie »nur« Mitläufer waren, zu leugnen oder gar die Verhältnisse umkehren zu wollen (Horn, 2014, S. 6).

Die Verarbeitung des Traumas hängt immer von der jeweiligen Vorstruktur ab. Ohne meine ausreichend guten Beziehungserfahrungen zu meinen Eltern hätten meine Erfahrungen als Kind während des Krieges meine Selbststruktur soweit destabilisieren können, dass fragile Selbstsicherungen ihnen nicht standgehalten hätten. Basale Selbststörungen wären wachgerufen worden, die dann als »traumatisch« hätten klassifiziert werden können. Der Wortlogik »Trauma« liegt jedoch ein objektivistisches Verständnis inne, das leicht zu kausalen Kurzschlüssen verführt. Ich könnte meine Überlegungen auch an den schrecklichen Erfahrungen und den Nachwirkungen eines Schlaganfalls veranschaulichen, die ich im fortgeschrittenen Alter mit einem durch zahlreiche Lebens- und Analyseerfahrungen relativ stabilen Selbst erlebt hatte. Diese durchaus als traumatisch zu bezeichnenden Widerfahrnisse heben die Wichtigkeit der von Tenbrink (2003) vorgeschlagenen Differenzierung hervor, der nämlich zwischen einem Schock, den ich dabei erlitten habe, und einem Trauma, das der Schlaganfall bei einem labilen Selbst hätte auslösen können, unterscheidet.

Wenn die sogenannten Entwicklungstraumata mit bedacht werden, verliert der Begriff des Traumas seine Trennschärfe, weil sich dann die berechtigte Frage ergibt, ob unter psychoanalytischen Gesichtspunkten Entwicklung überhaupt ohne »Traumatisierungen« gedacht werden kann. Das würde auch meiner langjährigen Erfahrung als Lehr- und Kontrollanalytiker entsprechen, in der ich keinem Lehranalysanden begegnet bin, in dessen Analyse sich keine »traumatischen« Erfahrungen offenbart hätten. Man denke an kumulative Traumata chronischen Empathiemangels, an Geburtstraumata, an Individuationstraumata, Verlusttraumata, an universelle Traumen (z. B. Geburt eines Geschwisters) sowie an Traumatisierungen aufgrund sexueller und körperlicher Misshandlung (Mertens, 1993, S. 221). Hier drängt sich die Feststellung auf, dass wir letztlich alle »traumatisiert« sind. Damit wird der Begriff aber identisch mit dem der Störung überhaupt. Mit dem Begriff des Traumas bewegen sich viele Autoren im Banne des Wortes und des zugehörigen naturwissenschaftlichen Weltbildes. Ein physisches Verletzungstrauma sowie seine medizinische Behandlung sind etwas kategorial anderes als ein psychisches Verletzungstrauma und die Methoden seiner psychotherapeutischen Behandlung.

4.2 Vorahnungen

Eine weitere Entstehungsbedingung des vorliegenden Buches liegt in den vielen unausdrücklichen Entwicklungsanregungen meiner Kinder. Die ersten Ahnungen deuten sich in der Anlage eines Tagebuches für die ersten Entwicklungsjahre meiner drei Töchter an. Wenn ich heute mit über 75 Jahren darin lese, was und wie ich vor rund 50 Jahren geschrieben habe, spüre ich einen Anflug peinlicher Diskrepanz zwischen meinen damaligen steifen Formulierungen und meinem heutigen Erleben. Diese Diskrepanz ist nicht nur durch eine natürliche Reifung bedingt, sondern auch noch durch diverse zwischenzeitliche Selbsterfahrungen gesteigert. Sie erleichtern mich heute, insofern durch die ungelenken und gefühlsarmen Formulierungen des jungen Vaters aus dem sprachlich eingeschränkten Milieu noch die Freude über die Geburt seiner Kinder schimmert. Heute ist mir bewusst, dass es sich hierbei um das behinderte Willkommenheißen meiner geliebten Töchter handelt.

Aus vielen »aktiven« und »passiven« Psychotherapien weiß ich heute um den wesentlichen Zwischenschritt einer psychotherapeutischen Behandlung, wenn die Patienten nach dem Beklagen und Betrauern ihrer familialen Erfahrungen allmählich zu unterscheiden vermögen zwischen dem, was ihre Eltern ihnen bereitstellen *wollten*, und dem, was sie ihnen bereitstellen *konnten* und wie sie als Kinder beides für die Gestaltung ihrer Wirklichkeit und die Bildung ihrer Erfahrung herangezogen haben. Die Grenzen der Eltern zu akzeptieren enthält dabei etwas sehr Tröstliches für die Patienten, insbesondere wenn sie selbst Eltern sind oder werden. Es erleichtert ihnen nämlich, von den üblichen pädagogischen Fiktionen hinsichtlich der Erziehung der eigenen Kinder Abstand zu nehmen. So ist es für mich heute eine tröstliche und eine glückliche Erfahrung zu erleben, dass meine drei Töchter weitgehend ihren Frieden mit mir gefunden haben, insbesondere mit den Grenzen meiner damaligen, aber auch denen meiner heutigen Haltung, und dass sie sich, dass wir uns an dem, was aus unseren Beziehungen im Laufe der Jahre geworden ist, erfreuen können.

Eine noch ziemlich kognitive Ausdrucksform meiner Beziehung zu meinen Zwillingen drückt sich in meiner ersten wissenschaftlichen Untersuchung und Publikation aus, die dem Thema der Zwillingssituation gewidmet ist. Es war geradezu unvermeidbar, dass ich meine Kinder in meine eigene Form der Wirklichkeitsgestaltung hineinnahm. Später dämmerte mir, dass es sich schon in meiner ersten wissenschaftlichen Veröffentlichung zur Psychologie der Zwillingssituation ausgedrückt hat. In den 60er Jahren nahm ich an einer für NRW repräsentativen und von der Landesregierung finanzierten empirisch-statistischen Untersuchung zur Legasthenie teil, die von dem damaligen Leiter der Düsseldorfer Schulpsychologischen Beratungsstelle (Prof. Dr. Willi Ferdinand) durchgeführt wurde. Da ich in dieser Zeit eine Nebentätigkeit an dieser Institution hatte, ergab sich für mich die mir freundlicherweise gewährte Gelegenheit, aus dieser Untersuchung die Schulreifetestergebnisse zwischen Einzelgeborenen und Zwillingskindern zu vergleichen. Das wesentliche Ergebnis bestand darin, dass einzelgeborene Kinder signifikant bessere Schulreifetestergebnisse als Zwillingskinder erzielten. Ich erklärte das u. a. mit den wachstumsfördernden Impulsen des Entwicklungsgefälles zwischen den Kindern und ihren älteren Bezugspersonen (z. B. zu den Eltern oder zu älteren Geschwistern) und mit der Kokonsituation von Zwillingen, die sich immer wieder in ihrem unausdrücklichen Bezogensein aufeinander selbst genügen. Ich erläuterte das durch folgende Beobachtung:

»Die zweieinhalbjährigen Zwillinge Sabine und Susanne spielen mit dem Dreirad. Während die erstere sich auf den Sattel setzt, stellt sich die andere auf die Achse des Hinterrades und lässt sich von der Zwillingsschwester, an der sie sich festhält, über den Hof fahren. Nach kurzer Zeit richtet sich Susanne auf und ruft ›Juju‹, was der gemeinsame Name ist, mit dem sie sich in dieser Entwicklungsphase anreden. Dieses Wort genügt, um einen Positionswechsel vorzunehmen und das Spiel mit vertauschten Rollen fortzusetzen. Es dauert nicht lange, da ertönt von Sabine mit ›Juju‹ das Signal zum erneuten Platztausch. Das Spielchen wiederholt sich mehrere Male.«

Meine damalige Interpretation lautete: »Dieses Beispiel scheint uns exemplarisch für die Zwillingssituation: Wir haben ein ziemlich geschlossenes System von Wiederbelebungen, das weitgehend in sich ruht und keine Entwicklungs- und Umbildungsmotive entfaltet. Man stelle sich vor, welche reichhaltigen Interaktionsformen abgelaufen wären, wenn ein Erwachsener oder ein älteres Geschwister einer der Partner gewesen wäre und in welchem Maße seine Anregungen das Erleben des Kindes, das an diesem Spiel ebenfalls teilhaben möchte, differenziert hätten. Es kommt daher nicht von ungefähr, dass Zwillinge häufig eine Eigensprache entwickeln oder dass ihre Sprachentwicklung hinter der von Einzelkindern zurückbleibt.

Der ›Bremseffekt‹, der sich aus der Zwillingssituation herleitet, ließ sich bei Sabine und Susanne auch in den Anfängen der Sprachentwicklung ablesen. Ihr Wortschatz erweiterte sich im Verhältnis zu dem von gleichaltrigen Einzelkindern, die teilweise sogar später zu sprechen begonnen hatten, viel langsamer, wobei noch die aufschlussreiche Beobachtung gemacht werden konnte, dass es kaum einmal länger als eine Woche dauerte, bis eine neue sprachliche Errungenschaft auch von dem Partner erworben worden war. Wenn man bedenkt, dass das Sprechen eine Kommunikationsform ist, in der sich Verhalten und Erleben verdichten, können wir für die Entwicklungsprozesse von Zwillingen annehmen, dass sie durch starke Festlegung und geringe Umbildungsmöglichkeiten charakterisiert sind« (Heisterkamp, 1972, S. 355f.).

Unausdrücklich war meine Untersuchung von meiner überehrgeizigen Sorge geprägt, dass die sprachliche Entwicklung von beiden nicht den Fortschritt aufwies, wie sie bei anderen Familien mit einzelnen, insbesondere mit Einzelkindern und ganz besonders bei Einzelkindern mit besonders sprachintensiven Müttern und/oder Vätern, beobachtet werden konnte. Damals hatte ich natürlich noch überhaupt keine Ahnung von narzisstischen Kollusionen zwischen Eltern und ihren Kindern. Jedenfalls traf für mich zu, dass ich meine eigenen Kinder – obwohl ich sie sehr liebte, aber eben in der mir seinerzeit möglichen begrenzten Art und Weise – noch für die Stabilisierung meines latent unsicheren Selbstgefühls benötigte.

Das wurde, wie es typisch ist, beim Schuleintritt der Zwillinge besonders deutlich. Ich nahm ihre Leistungen und Fehlleistungen persönlich, weil ich mittelmäßige und insbesondere geringe Schulleistungen kaum ertragen konnte. Weil ich selber sehr darunter gelitten hatte, keine Hilfe bei den eigenen Hausaufgaben erhalten zu haben, sollten sie »es besser haben« als ich. Ich tappte in die typische Falle von Eltern, die bei ihrer Erziehung aus der eigenen unverarbeiteten Erfahrung heraus in die zu ihren Eltern komplementäre Beziehungsstörung mit ihren eignen Kindern geraten. Und das taten wir, und gerieten darüber in einen Teufelskreis, in dem ich die vermeintliche Unfähigkeit meiner Töchter erzeugte und meine Ängste vor dem Versagen auf sie verschob und an ihnen bearbeitete. So ergeben sich die für narzisstische Kollusionen so typischen Hausarbeitsdramen. Es tut mir heute sehr leid, aber so war es. Ich und wohl auch meine damalige Frau fanden lange Zeit keinen Ausweg aus diesem Dilemma.

Viele Familien mit narzisstischen Eltern, die ihre Kinder wegen ihrer eigenen Selbstunsicherheit zur Kompensation ihrer latenten Minderwertigkeitsgefühle benötigen, kennen die belastenden Auseinandersetzungen, die in dem Bild der »Hausarbeitsdramen« traurige Berühmtheit erlangt haben. Letztlich sind die Eltern wegen des fragilen Selbsterlebens in ihrer Entwicklung stecken geblieben, und es ist ihnen nicht möglich geworden, sich zu individuieren und den Kindern aus dieser Position heraus ebenfalls die Möglichkeit einzuräumen, sich allmählich von den Eltern zu lösen. Das ist natürlich umso schwieriger, je mehr sich die mangelnde Abgegrenztheit auch in heftigen Auseinandersetzungen der Eltern untereinander inszeniert. Als berühmtes Beispiel lässt sich hier eine Anmerkung Levin Tolstois dem Buch *Die Wahrheit über meinen Vater* entnehmen, in dem diese narzisstische Verstrickung evident wird:

> »Mein Vater gab uns gerne selbst Mathematikstunden, denn das war seine Lieblingswissenschaft. Er gab uns Aufgaben, und wehe dem von uns, der sie nicht lösen konnte. Bei solchen Gelegenheiten wurde er wütend, weinte und bekam Anfälle von Verzweiflung. Sein Zorn bewirkte, dass wir ganz durcheinandergerieten und überhaupt nicht mehr schreiben konnten« (Levin Tolstoi, zit. nach Wellershoff, 2004, S. 135).

Dieses bis in meine ersten Analyseerfahrungen andauernde Muster der Be*nötigung* zog sich bis weit in die Schulzeit meiner Kinder hinein und lag wie ein Schatten über ihrer Entwicklung. Es spricht für die Kreativität meiner Töchter und den basalen Halt, den sie dennoch von ihren Eltern erfuhren, dass keine leistungsmäßig dekompensiert ist und dass sie heute alle akademische Berufe haben und ausüben, was mich sehr glücklich macht. Für meinen Narzissmus hätte ich wahrscheinlich lauter Überflieger gebraucht. Den Gefallen haben sie mir zur eigenen Selbstbehauptung nicht getan. Gott sei Dank.

4.3 Ernüchterungen

Es gibt einige typische Familienerinnerungen, die die Störungen zwischen mir und meinen Kindern verdeutlichen. Sie sind gleichzeitig eindrückliche Beispiele dafür, was Eltern durch die Rückmeldungen ihrer Kinder für die eigene Selbstwerdung erhalten, wenn sie es denn »wahrnehmen« können und nicht pädagogisch verbrämt zurückweisen. Als meine ältesten Töchter die Grundschule besuchten, kam die Lehrerin eines Tages im Kunstunterricht auf die Idee, die Kinder anzuregen, einmal ihr Wohnzimmer zu malen. Ich glaube nicht einmal, dass sie um den tiefen psychologischen Sinn von Familienbildern wusste. Diese Anregung reichte aber einer meiner Töchter, das folgende Kunstwerk zu schaffen. Der Betrachter kann vermutlich sofort nachvollziehen, wo ich auf diesem Bild zu finden bin, und er wird meine Bestürzung über die frustrierte Vatersehnsucht meiner Tochter (bzw. meiner Töchter), die aus diesem Bild spricht, unmittelbar verstehen können.

Es ist unverkennbar, dass ich derjenige bin, der abgewandt und von Möbelstücken abgekapselt in der öden Ecke aus Wand und Schrankseite sitzt und in einem Buch liest. Ich bereite mich auf das Hauptdiplom in Psychologie vor. Während ich nach dem Abitur sehr nach außen orientiert war und erst vorhatte, Mathematik und Sportwissenschaft zu studieren, hat meine sensible Tochter hier die Umorientierung auf das Seelische festgehalten, aber noch in der Form der für viele Psychologen oder Psychiater typischen Ersatz- oder Notlösung: nämlich das Seelische weiter in den Texten über Psychologie, Psychotherapie oder Psychiatrie zu suchen, doch dabei das eigene Erleben und die eigene Erlebenswirklichkeit zu verfehlen. Eine makabre Spiegelung für einen im Examen befindlichen angehenden Diplom-Psychologen!

Meine jüngste Tochter war aufgrund der besonderen Lebensanforderungen, die ich gerade während ihrer frühesten Entwicklung zu meistern hatte, besonders für meine Abwesenheit sensibilisiert. Sie war noch sehr klein und konnte das »tr« noch nicht sprechen. Eines Tages, etwa um die Zeit meiner

Familienbild von S., neun Jahre

Hauptdiplomprüfung, saß ich wohl am Frühstückstisch und sann über meine Projekte nach, war wieder einmal mit irgendeinem theoretischen Problem beschäftigt, sei es für das Diplom oder die Promotion. Jedenfalls wurde ich aus meinen Träumen geweckt, als sie mich plötzlich anschaute und sagte: »Papa täumt«. Hierbei handelt es sich um eine dieser scheinbar lustigen Familienanekdoten, in denen sich aber sehr viel Leid tradiert.

Gegen Ende meines Psychologiestudiums oder in den anschließenden Jahren bis zu meiner Promotion waren meine Zwillinge – höchstens zehn Jahre alt – einmal in Kontakt mit den Darstellungen eines unveröffentlichten Schulbildertests gekommen und fragten mich dazu aus. Ich konnte der Versuchung nicht widerstehen, sie aufzufordern, sich einmal eines der Bilder auszusuchen und etwas dazu zu erzählen. Dieser Vorschlag stieß auf wenig Gegenliebe. Schließlich wählte eine Tochter dann doch eines aus und erzählte dazu die in der Abbildung »Spaziergang mit dem Vater« wiedergegebene Geschichte.

Ich hielt nach der Geschichte den Atem an. Mir wurde unmittelbar deutlich, wie treffend sie meine lebensstiltypische Überforderungssitua-

Spaziergang mit dem Vater

Es ist Sonntag morgen. Der Vater hat gestern Abend nach dem Fußballspiel zu viel Bier getrunken. Er geht deswegen mit seiner Tochter spazieren.

Er braucht frische Luft, weil er einen Katzenjammer hat?

Ja.

Was hätte er gemacht, wenn er gestern nicht zu viel getrunken hätte?

Weiter an seiner Doktorarbeit gearbeitet.

tion und auch ihr Leid damit zumindest unbewusst erfasst hatte. Meine Tochter hatte mir etwas vor Augen geführt, was ich nie mehr vergessen habe. Ich hatte selber unter meinem meistens abwesenden Vater, der von Arbeit und Alkohol abhängig war, gelitten. Die Bildgeschichte brachte unser beider Leid auf den Punkt.

Auch die folgenden Situationen beziehen sich auf das Leid meiner Kinder über den abwesenden Vater. Das galt besonders für die Zeit, in der ich mich auf den Abschluss meines Diplomstudiums vorbereitete und bereits die empirischen Untersuchungen für die anschließende Doktorarbeit durchführte. Zusätzlich hatte ich noch mehrere Jobs, die den Unterhalt der fünfköpfigen Familie sicherten, sowie Fußballspiele in der höchsten Amateurklasse, was zwei- bis dreimal Training pro Woche und ein Spiel am Wochenende mit langen An- und Rückreisen bedeutete. Ich erinnere mich an eine Situation, in der meine jüngste, mittlerweile erwachsene Tochter den Schleier von einer verklärten Familien-anekdote riss:

> Ich schilderte früher gerne die scheinbar amüsante Familienszene, wenn sie sich, etwa zweijährig, durch die Falttür zwängte, wenn ihr leuchtender Haarschopf und ihr niedliches Gesicht in der untersten Ecke des Türrahmens erschien, wo sie trotz des Verschlusses genügend Spielraum fand, um ins »Wohnzimmer« zu gelangen, wo ich am Schreibtisch über meiner Doktorarbeit »brütete«. Meine Version war lange so, dass ich mich freute, wie sie dem Bemühen ihrer Mutter, mich ungestört arbeiten zu lassen, entwichen war und wie aktiv sie sich den Weg zu mir bahnte. Ich werde sie wohl freudig begrüßt, dann aber bald wieder zu motivieren versucht haben, für sich zu spielen. Bewundernd pflegte ich weiterhin davon zu berichten, wie verblüfft ich war, wenn dieses clevere kleine Wesen die zerrissenen Blätter aus meinem Papierkorb fischte und dann die Papierschnipsel wieder zusammenzufügen versuchte oder wenn sie mit großem Geschick alle meine Kugelschreiber in ihre Bestandteile zerlegte.

Erst die wütenden Reaktionen meiner Tochter auf diese Erinnerung machten mir deutlich, wie sehr ich hier selber dabei war, eine dieser mir aus Einzel-, Gruppen- und Familientherapien geläufigen Familienanekdoten zu schaffen, die in lustiger Verbrämung oft unsagbares Leid tradieren. Sie machte mich nämlich ärgerlich auf meinen eigenen blinden Fleck aufmerksam und richtete meinen Blick auf ihre frustrierte Sehnsucht nach einem responsiven Vater, der die Handlungsbotschaft seiner Tochter vernehmen sollte, endlich mit dem besessenen Schreiben aufzuhören und sich früher mit seinem Werk zufriedenzugeben, um sich mehr um sie zu kümmern. In dieser Zeit stieß sie mich des Öfteren unsanft auf den unerledigten Komplex unserer Beziehung bzw. ich ließ mich auch von ihr darauf stoßen:

> Ich hatte ein Buch zur leibfundierten analytischen Psychotherapie (Heisterkamp, 1993) geschrieben, in dem ich diese Behandlungsweise mit vielen ausführlichen Behandlungsbeispielen erläuterte. Als ich sie eines Tages, nachdem sie es gelesen hatte, nach ihrer Einschätzung fragte, antwortete sie mit einer Gegenfrage: »Willst du das wirklich wissen?« Diese Reaktion riss mich aus meiner illusionären Verkennung. Ich hatte unbewusst wohl auch geahnt, was sie mir sagen würde und war mir vor dem Hintergrund meiner vielfältigen Selbsterfahrungen bewusst, worauf sie mich hinweisen würde und antwortete ihr: »Bei der Lektüre bist du wütend und traurig geworden.« »Stimmt«, antwortete sie, »wenn du dich doch einmal so empathisch um mich bzw. um deine Kinder gekümmert hättest wie um deine Patienten!«

Man kann meine obigen Erinnerungen im Sinne von Stern als Now-Moments (1998, 2005) unserer Begegnung bezeichnen. Mit Witte (2010) und Eife (2000, 2004) gehe ich noch einen Schritt darüber hinaus und hebe hervor, dass wir in diesen Gegenwartsmomenten unmittelbar von einer neuen Erfahrung ergriffen werden. Diese Ereignisse sind so wenig planbar und letztlich so wenig verstehbar wie das Leben selbst. Hier ist der kostbare Schatz mich verwandelnder Erfahrungen in konkreten Erinnerungen festgehalten. Ich verstehe diese nicht wie einmalige, physikalisch wirkende Faktoren, sondern als Augenblickserfahrungen, als Zwischen- und Wandlungsschritte meiner Lebensbewegung, die Anstoß und Anhalt in meinen geliebten Kindern haben.

4.4 Ermutigungen

Als eine meiner Töchter – selber schon 40 Jahre alt – ihren Blick anerkennend über den einladend gedeckten Geburtstagstisch mit vielen von mir selbst gebackenen Kuchen schweifen ließ, schaute sie mich, den Kopf hin-

und herwiegend, an und sagte, während sie ihren Arm um meine Hüfte legte: »Wenn mir das jemand vor 20 Jahren erzählt hätte, den hätte ich für verrückt erklärt. Ich hätte nie geglaubt, dass das einmal aus dir würde.« Genau umgekehrt könnte ich sagen, dass ich es früher nie für möglich gehalten hätte, einmal so stolz und so glücklich über meine Töchter und ihre Familien sein zu können. Soulé vermutet (1979) in Anlehnung an Bowen (1969), dass es zum Psychotischwerden dreier Generationen bedarf. Ich würde nach meinen Expeditionen durch die Generationen Entsprechendes auch für den Prozess der Gesundung bestätigen. Hierzu bedarf es ebenfalls mehr als zwei Generationen.

In Familien, die eine transgenerationale Tradierung seelischer Störungen durchbrechen, lassen sich auch immer Ermutigungen in umgekehrter generativer Richtung feststellen, d. h. die selbstschöpferischen Kräfte der Kinder regen die der Eltern an und erzeugen ein neues Wachstumspotenzial in der Familie. Sie fördern die familiale Wirkungseinheit in der Weise, dass sie neue Entwicklungschancen in das gemeinsame Leben einbringen. So gibt es auch viele Situationen, in denen die schöpferischen Kräfte meiner Kinder das Familienleben bereichert haben. Dabei denke ich z. B. an die Bereicherungen, die meine Zwillingstöchter mit dem Hobby des Reitens in das Familienleben eingeführt haben. Ich machte damals meine ersten Reiterfahrungen.

> Ich erinnere mich noch gut daran, als mir meine älteste Tochter die ersten Longestunden gab, um mir das Reiten beizubringen, in dem sie es schon zu einer ziemlichen Perfektion gebracht hatte. Ich weiß noch genau, wie unsicher ich auf das Pferd stieg, erstmalig die ungeheure Kraft unter mir spürte und diese sozusagen mithilfe meiner Tochter zu lenken lernte. Ich weiß und habe nie vergessen, dass ich im Nachhinein schmunzelnd zu ihr gesagt habe: »Ich habe mich bei deinen Anleitungen sehr wohl und sehr sicher gefühlt. Ich kann ja nicht alles bei der Erziehung verkehrt gemacht haben.« Lachend nickte sie mir zu.

Von dieser Tochter stammt auch eine beruhigende Antwort, als ich sie eines Tages bedauernd auf unsere früheren Hausarbeitsdramen angesprochen hatte. Nachdem sie wohl ihrerseits diesen Komplex ausgiebig bearbeitet hatte, stellte sie trocken fest, es sei für sie aber auch eine Lust gewesen, diesen »Elefanten« (so hatte sie mich in einem Familienbild aus Tieren gemalt) aufs Kreuz zu legen. Ich erinnere mich noch genau, wie mich diese Antwort in meinen Schuldgefühlen erleichterte und wie ich erst dabei sehen konnte, dass auch sie ihren Teil zu unseren damaligen Schwierigkeiten beigetragen hatte. Was mir psychologisch längst bewusst war, erlebte ich hier mit einer leibhaftigen Gewissheit: Wie sehr an solchen Machtkämpfen immer zwei beteiligt sind. Durch die Reaktion meiner Tochter wurde mir die Verweigerung als besondere Ich-Leistung deutlich und meine Schuldgefühle wurden spürbar geringer.

Eine ähnlich wohltuende Rückmeldung habe ich als Erwachsener von einer anderen Tochter in einer scheinbar belanglosen Situation erhalten, die für mich – ohne dass sie es vermutlich damals wahrnahm – sehr bedeutsam wurde. Ich hatte am Sonntagmorgen aus einem etwa 500 km entfernten Ort, an dem ich an einer Weiterbildungsveranstaltung teilgenommen hatte, bei ihr angerufen und mit ihr vereinbart, sie am Nachmittag nach meiner Rückkehr gegen sechzehn Uhr zum Kaffee zu besuchen. Als ich nun bei ihr eintraf und wir uns freudig begrüßt hatten, stellte ich überrascht fest, dass der Kaffee schon weitgehend durch die Maschine gelaufen war. Auf meine erstaunte Frage, dass der Kaffee ja schon fast fertig sei – im Bewusstsein meiner langen und von Staus beeinträchtigten Rückfahrt – schaute sie mich verwundert an und sagte: »Du hast doch gesagt, dass du gegen vier Uhr zum Kaffee kommst!« – Ihr tiefes Vertrauen in meine Zuverlässigkeit hat mich so sehr berührt, dass ich diese scheinbar belanglose Szene bis heute erinnere.

5. Ein Glück zu leben

5.1 Geburt als Glückserfahrung

Die Rede von der Freude über die glückliche Geburt eines Kindes oder Enkelkindes ist ein geflügeltes Wort und findet sich in zahllosen Geburtsanzeigen. Allerdings meint diese Redewendung zumeist ein punktuelles Geschehen. Das Geborenwerden stellt nicht nur eine datierte Schwelle der Entwicklung, sondern einen Zwischenschritt einer grundlegenden Übergangserfahrung dar. Der Komplex, den Winnicott als das Erleben von primärer Mütterlichkeit benennt, ist eigentlich ein Wirkungsgeschehen, das für fast alle zur Familie gehörigen Bezugspersonen gilt, insbesondere für den werdenden Vater und eventuelle Geschwister, aber auch für die werdenden Großeltern, Tanten und Onkel. Sie sind alle mit dem psychosozialen Nestbau beschäftigt. Es entsteht eine familiäre Adventssituation, die sich lange vor dem Ereignis etwas angst-, aber überwiegend hoffnungsvoll auf die Geburt einstimmt. Der Tenor für diesen Einstieg ist bei den meisten Kindergeburtstagsfeiern zu hören: »Wie schön, dass du geboren bist, wir hätten dich sonst sehr vermisst.« Das Willkommmengeheißenwerden, die Freude über die Geburt des Kindes, ist die Grundlage einer gesunden Entwicklung. Man kann einem Kind nichts Besseres wünschen als zufriedene und glückliche Eltern, gleichgültig welcher Erziehungs- und Entwicklungstheorie sie anhängen. In dieser Stimmungslage sehe ich auch ein Urphänomen der psychotherapeutischen Atmosphäre (Heisterkamp, 2004, 2007a). So hatte auch die Geburt meines ersten Enkels eine längere Vorlaufzeit, in der sich meine freudige Erwartung entwickelte.

Eine meiner Zwillingstöchter arbeitete in dieser Zeit als Studentin in meinem Praxisbüro. Wir hatten immer schon ein inniges Verhältnis zueinander, und die Zusammenarbeit klappte recht gut. Eines Morgens erschien sie im Büro und fiel mir um den Hals. Es sprudelte nur so aus ihr heraus: »Ich habe auf einem Volleyball-Camp einen tollen Mann kennen gelernt.« Sie drückte mich noch fester: »Ich bin ja so glücklich.« Ich erwiderte ihre Umarmung und freute mich herzlich mit ihr. Während sie sich allmählich von mir löste, schauten wir uns wieder freudig an. Ich blickte in zwei strahlende Augen und freute mich weiter über ihr Glück. Danach lief ihr Herz noch über vor beglückenden Einzelheiten, und ich genoss das Vertrauen, das sie mir schenkte. Noch bevor ich meinen künftigen Schwiegersohn, wie ich vermutete, gesehen hatte, war ich froh darüber, wie glücklich er meine Tochter machen konnte und war mir ziemlich sicher, dass es, was ich damals meiner Frau angedeutet hatte, nicht mehr lange dauern würde, bis ich Großvater werden würde. Meine Ahnung trog mich nicht. Etwa ein Jahr später heiratete sie diesen Mann, und ein Jahr darauf war es dann soweit: Sie bekamen einen Sohn, und ich wurde zum ersten Mal Großvater. Mein erster Enkel war geboren.

Ich werde die Situation nie vergessen, wie ich nach dem begeisterten Anruf der überglücklichen Mutter auf dem Anrufbeantworter meiner Praxis ins Krankenhaus gefahren bin und sie mir unmittelbar nach unserer freudigen Begegnung stolz ihren Erstgeborenen in den Arm legte. Ich tauchte mit ihr und ihrem Mann in eine wunderbare Glücksatmosphäre ein, die ich später dann noch zünftig mit meinem Schwiegersohn in einem Brauhaus gefeiert habe. Von den vielen Erinnerungen an die Zeit danach erschienen mir einige besonders bedeutsam zu sein. Die folgende Szene habe ich in glücklicher Erinnerung, glaube sie aber erst heute richtig verstanden zu haben. Die scheinbare Alltäglichkeit kontrastiert mit der Tiefe meines Erlebens.

Mein Enkel war etwa ein halbes Jahr alt, als ich zum ersten Mal allein mit ihm durch die Felder am Niederrhein ging. Ich weiß noch, wie meine Tochter den Kinderwagen liebevoll präparierte, mir noch einige Hinweise mit auf den Weg gab und ich mit ihm bei strahlendem Frühlingswetter durch die Auen spazierte. Während wir anfangs noch miteinander »erzählten«, also einen dieser wunderschönen gestischen und mimischen

Dialoge führten, die allen Beteiligten so einen Spaß machen, schlief er selig ein. Dadurch gewann mein eigenes Erleben noch mehr Raum, und ich war beseelt von einem tiefen Gefühl der Freude, des Glücks und der Dankbarkeit über dieses Geschenk der Schöpfung. Ich weiß, wie ich emotional ergriffen durch die Landschaft ging, mir Tränen des Glücks in die Augen traten und ich diesen meditativen Zustand lange behielt, bis mich die Realität des Spaziergangs allmählich wieder einholte.

Bei den folgenden Geburten wurde dieses Erleben immer wieder belebt. Die Intensität meines Erlebens um die Geburt meines ersten Enkels hatte etwas Fundamentales, so wie ich es leider in dieser Tiefe bei der Geburt meiner eigenen Kinder nicht wiederfinden konnte. Retrospektiv vertiefte es jedoch die Erinnerungen daran. Das Erlebnis der Geburt meines ersten Enkelkindes färbte die Geburten meiner eigenen Kinder neu ein und ließ sie nachträglich noch viel bedeutsamer erscheinen, als zu erleben ich damals in der Lage war. Ich vermute, dass sich das Glücksgefühl von Großeltern deutlicher ausprägt als bei der Geburt der eigenen Kinder, die von mehr oder weniger starken Ambivalenzen begleitet ist. Selbst unter hinlänglich gesunden Umständen waren Großeltern zum Zeitpunkt der Geburt der eigenen Kinder viel stärker mit existenziellen Sorgen und Unsicherheiten hinsichtlich der Entwicklung ihres Kindes befasst, als wenn sie später frei von den Belastungen elterlicher Verantwortung Großeltern werden.

Während des natürlichen Reifungsprozesses werden die meisten Menschen mit zunehmendem Alter wohl auch liebesfähiger, als es ihnen in jungen Jahren bei der Geburt ihrer eigenen Kinder möglich war. In meinem Falle war ich 24 Jahre alt war, als ich Vater von Zwillingen wurde, und 53 Jahre, also mehr als doppelt so alt, als mein erster Enkel geboren wurde. Bei mir selbst ist der Unterschied noch einmal besonders ausgeprägt, da zwischen den beiden Altersstufen und auch noch danach eigene Analysen stattgefunden hatten, in denen ich unerledigte Entwicklungsschritte nachholen und die aktuellen fundiert bearbeiten konnte. Ich lernte mich und andere besser wahrzunehmen, was dann natürlich besonders meinen Enkelkindern zugute kam. Indem ich deutlicher zu mir bzw. zu meinem Erleben gefunden hatte, war ich fähiger geworden, tiefere Beziehungen zu anderen aufzunehmen. Die Freude über die Geburt eines Kindes stellt eine Form wechselseitiger existenzieller Resonanz dar.

In der Zeit, in der ich an diesem Kapitel schrieb, erlebte ich dieses Glück erneut mit meinem jüngsten Enkelsohn. Seine Mutter hatte mich um Babysitterdienste gebeten. Da er erst ein Jahr und vier Monate alt war, bat sie mich, ihn auch kurz vorher noch einmal zu besuchen, damit er sich eingewöhnen könne, längere Zeit mit mir allein zu sein. Während dieses Telefonats zeigte er plötzlich ein Bedürfnis, auch mit mir sprechen zu wollen. Ich weiß, dass ich dann versucht habe – unter »Übersetzungshilfe« seiner Mutter – mit ihm zu telefonieren. Zum Schluss fragte ich ihn etwas, wozu er offenbar keine Hilfe brauchte und worauf er auch spontan antworten konnte. Ich fragte nämlich: »Soll Opa dich besuchen kommen?« und mir tönte durch den Hörer sofort ein ganz klares »Ja« entgegen. Das sind wunderschöne Erfahrungen. Ich glaube, hier begrüßt das Leben das Leben. Es tut einfach gut zu spüren, wie ich von meinem geliebten Enkel freudig begrüßt werde. Und dieses antwortet im Grunde darauf so, wie es selber begrüßt worden ist. Mit dem liebevollen Umgang zwischen Eltern und Kind oder Großeltern und Enkelkind ist eigentlich immer wieder die existenzielle Botschaft verbunden, »Ich freue mich, dass du da bist« und man erhält die implizite Antwort »Und ich freue mich, dass *du* da bist«. Gleichzeitig entsteht intersubjektiv in dieser Begegnung die Wir-Erfahrung, »Wie schön, dass wir zusammen sind«, »Wie gut, dass wir diese augenblickliche, wohltuende Erfahrung machen« bzw. »Wie beglückend ist es, auf diese Weise miteinander zu sein«.

Der bekannte Ausspruch vom Glanz im Auge der Mutter, womit Kohut die frühkindliche Spiegelung erläutert (1976, S. 141), wird leicht als eine Einwegkommunikation verstanden, in der die Mutter als Selbstobjekt resonant auf die Lebensbewegungen ihres Kindes antwortet. Diese Sicht vereinseitigt das Wirkungsgeschehens *zwischen* beiden, weil sie den Glanz im Auge des Kindes und die Faszination der wechselseitigen Resonanz, wie sie von beiden Seiten immer wieder belebt wird, nicht hinlänglich erfasst. Ganz abgesehen davon gilt das auch für die meisten nahen Bezugspersonen, nicht zuletzt für die Großeltern. In den lebhaften Handlungsdialogen mit seinen Bezugspersonen erfährt das Kind, wie wirkmächtig und bedeutsam es für seine Kontaktpersonen ist. In diesem intersubjektiven Wechselspiel entzündet sich die Liebe im Kind und in den Bezugspersonen. Hier ist es geradezu natürlich, worauf Karl Heinz Witte (2002) in Anlehnung an Alfred Adler (1935) oder Melanie Klein

(1964) aufmerksam macht, dass durch die fürsorgliche und liebevolle Zuwendung im Kind Dankbarkeit und Liebe entfacht werden.

Meine tiefe Rührung hängt lebensphänomenologisch gesprochen damit zusammen, dass sich mit der für mich wunderbaren Geburt meines Enkels auch mir mein Leben und meine Lebendigkeit erneut offenbarten. Mit der Geburt meiner Enkelkinder vernahm ich vertiefter als je zuvor den Nachhall meiner Geburt im Leben und spürte mein eigenes Lebendigsein neu. Ich fühlte mich von der »Ankünftigkeit des absoluten Lebens selbst« (Kühn, 2005, S. 185) ergriffen. Ich bin mit der originären Lebendigkeit meines Enkels – unabhängig, ob er schlief oder wir miteinander spielten – auf das Glück des Lebens, wie es sich selbst offenbart, gestoßen. Da es nahe liegt, Gott nicht anders als das Leben selbst zu verstehen, liegt hier auch die religiöse Ergriffenheit so nahe.

Hierbei naturwissenschaftliche Erklärungen heranzuziehen, auf die wir nur spekulativ zurückgreifen können, kommt einer Verschiebung und Verleugnung unseres Erlebens gleich. Alle Versuche, diese »Lebensaffektion« (Kühn, 2007) dennoch zu erklären (z.B. durch Biochemie, Biologie oder Physiologie) kommen einer Verleugnung dieser präsentischen Erfahrung, unmittelbar zu leben und zu erleben, gleich. Bezogen auf die psychologische Annäherung an das Phänomen der Lebensaffektion, verschieben sie das erkenntnisleitende Interesse vom psychologischen Verstehen dieser Vorgänge zur naturwissenschaftlichen Reduktion auf elementenhafte Kausalitäten oder Substrate.

Die geradezu unfassbare Mächtigkeit großelterlichen Glücks ist mir nirgendwo so deutlich geworden wie bei Ruth Elias (1993), wenn dieses Gefühl es sogar mit den ungeheuerlichen und höllischen Auswirkungen von Konzentrationslagern aufnehmen kann:

> »Die Zeit läuft mit ganz großen Schritten voran. Immer schau' ich nach vorne, denn die Jahre haben mich gelehrt, nicht zurückzublicken. Wenn ich das doch tue, dann ist mein erstes Gefühl – Konzentrationslager. Es verfolgt mich, es hat seine tiefen Spuren hinterlassen. Ich kann es nicht loswerden, auch wenn ich mein ganzes Leben bestrebt war, es wegzuschieben. Es kommt immer wieder zurück, und so bin ich eben dazu verurteilt, damit zu leben. Ich kann dieses Gefühl niemandem, welcher nicht selbst durch diese Hölle gegangen ist, schildern, denn niemand kann dieses Unverständliche verstehen.

Ja, es ist meinen Verfolgern gelungen, mich auch weiter zu verfolgen, und um dieses Gefühl wenigstens teilweise loszuwerden, laufe ich eben voran. Mein ganzes Leben seitdem war ein Voran, ein Laufen, ohne viel nachzudenken. Laufen. Ich bin überzeugt, dass mir dadurch viel Schönes verloren gegangen ist, denn so konnte ich mich mit Dingen, welche ich gerne hätte tun wollen, nie intensiver beschäftigen. Diese Unruhe. Wie wird man sie nur los? Die einzigen Mußestunden, welche ich finden kann, sind die mit meinen Enkelkindern. Wenn ich sie sehe, möchte ich am liebsten weinen. Es kommt mir manchmal wie ein Traum vor, daß mir diese Freude vergönnt ist, das zu erleben, von dem ich dachte, daß es mir nie vergönnt sein wird. Meine Enkelkinder sind mein Sieg über meine Verfolger, und ich bin glücklich, daß es mir gelungen ist, eine neue Familie zu gründen, mit den Wurzeln in meiner Heimat, in Israel« (S. 106).

Meine Glückserfahrungen mit meinen Enkeln haben sich auf allen Altersebenen und in verschiedensten Formen wiederholt. Ich kann nur hoffen, dass viele von ihnen auch zu glücklichen Kindheitserinnerungen aufseiten meiner Enkelkinder geführt haben:

Mein ältester Enkel, noch im Vorschulalter, war mit mir auf dem Weg zum Bolzplatz. Er trug den Fußball unterm Arm. Nach einer Weile des Schweigens sagte er plötzlich: »Es ist schade, dass man nicht zwei Väter haben kann.« Ich fühlte mich beglückt von dieser kindgemäßen Liebeserklärung, und das umso mehr, als ich um die gute Beziehung dieses Enkels zu seinem Vater und um die vielen sportlichen Unternehmungen von beiden weiß.

Meine jüngste Enkeltochter war im dritten Lebensjahr. Sie lief mittlerweile immer zur Tür, um den Gästen, die geschellt hatten, die Haus- und die Korridortür durch Druck auf den Knopf zu öffnen. So stand auch ich eines Tages davor. Als sie mir die Tür geöffnet hatte und mich sah, strahlte sie mich an und rief entzückt: »Opa, da bist du ja, ich habe so eine Sehnsucht nach dir gehabt!« Dabei sprang sie mir in die Arme und wir herzten uns glücklich. Ich war sehr gerührt von dieser Liebeserklärung. Sie sprach mir damit ebenso voll aus dem Herzen.

Über seine Eltern habe ich von einer berührenden Liebeserklärung meines zweitjüngsten Enkels erfahren. Wir waren auf einer Familienfeier und ich hatte ich mit dem damals anderthalbjährigen Enkel gespielt: auf der Schaukel, im Sandkasten, mit dem Ball usw. Wir hatten unseren Spaß dabei. Als ich mich zwischenzeitlich auf die Gartenterrasse zurückgezogen hatte und er mit seinem Vater weitergespielt hatte, führte er diesen wieder zu mir hin. Mit der Vermittlungshilfe meiner Tochter, seiner Mutter, verstand ich, dass er mich zum gemeinsamen Spiel hinzuholen wollte. Bei dieser Feier verteilte ich auch eine Einladung zu meinen 65. Geburtstag, auf der ein Foto von mir abgebildet war. Am nächsten Morgen nun, als er mit seinen Eltern am Frühstückstisch saß und diese offenbar über meinen Geburtstag sprachen, da merkte er, von wem die Rede war, kletterte aus seinem Hochstuhl, lief zur Pinnwand, an die die Einladung geheftet war, und küsste mein Bild. Ich glaube, dass sich seine Eltern ebenso über die innige Beziehung ihres Sohnes zu seinem Opa freuten, wie sie stolz auf seinen schöpferischen Einfall waren.

Die Mutter meines jüngsten Enkels erzählte mir kurz vor seinem zweiten Geburtstag folgende Anekdote: Mittlerweile hatte er gelernt, den Tisch zu decken und erntet dafür auch viel Lob von seinen Eltern. Eines Tages stellte seine Mutter fest, dass er statt der üblichen vier *fünf* Frühstücksgedecke aufgelegt hatte. Seine Mutter machte ihn darauf aufmerksam und erfuhr die überraschende Antwort: »*Opa*«. Er betonte das in einer Weise, dass sofort klar war, dass er den Tisch für mich mit gedeckt hatte und sich wünschte, dass ich sie wieder einmal besuchen käme. Ich war von dieser Geschichte und insbesondere von der immanenten liebevollen Anhänglichkeit meines jüngsten Enkels sehr berührt.

So könnte ich hier noch viele freudige Erfahrungen von und mit meinen Enkeln berichten: Oft haben mir ihre Eltern erzählt, wie sie sich auf den Besuch ihres Opas (und oft auch seiner Frau) gefreut haben oder wie gern sie beide besuchten. Eine besondere Attraktion übte mein großer Praxisraum mit den vielen beweglichen Matten und Kissen auf sie aus. Sie sprachen gerne von einem »Toberaum« oder einer »Turnhalle«. In den Praxisraum meiner Frau zogen sich meistens meine Enkeltöchter zurück, um sich hier zu beschäftigen und sich z. B. dann mit lieben kleinen Briefchen für die Intimität des Raumes bei ihr zu bedanken. Oft habe ich mich über spontane Anrufe und Bilder gefreut. Besonders glücklich war ich, wenn sie von sich aus bei uns angerufen haben, um uns zu bitten, wieder einmal etwas miteinander zu unternehmen: z. B. in den Zoo, ins Theater oder ins Kino zu gehen, schwimmen zu gehen, Fußball zu spielen, Obst zu pflücken oder bei uns zu übernachten usw. Die Kinderfrau eines Enkels hat mir mehrmals erzählt, wie er ihr gegenüber von unseren Begegnungen geschwärmt habe. Derselbe hat mich auch zuweilen in seiner charmanten Art nach einem Telefonat mit mir mit den Worten »Hier ist dein süßer Papi« an seine Mutter weitergereicht.

Besonders berührt haben mich auch ihre spontanen Dankesbezeugungen. Diese waren umso beglückender, als ich sicher sein konnte, dass es sich nie um erzieherische Dressate, sondern um originäre Ausdrucks- und Entwicklungsbewegungen ihrer jungen Seele handelte.

Die offene und spontane Zuneigung der Enkelkinder zu erleben tut spürbar gut. Es führt mir jedes Mal wieder unser eigenes Bedürfnis nach Resonanz vor Augen, selbst wenn wir schon hoch erwachsen oder ziemlich alt geworden sind. Hier lässt es mich schaudern, wenn ich mir vorstelle, in welchem Ausmaß selbst kleinste Kinder für die Kompensation elterlicher Insuffizienzgefühle be*nötigt* werden können. Eltern und andere Bezugspersonen nutzen dabei das liebevolle Entgegenkommen der Kinder, indem sie diese in ihrer eigenen Existenz übersehen, die Wechselseitigkeit der Resonanz auf eine einseitige Befriedigung der eigenen Bedürfnisse reduzieren und die Kinder in die für seelische Störungen typischen Formen der Be*nötigung* einbinden. Das Kind bringt mit seiner angeborenen Ausstattung eine soziale Kompetenz mit auf die Welt. Diese nüchterne Feststellung verdeckt aber noch, dass wir unsererseits – hinlänglich gesunde Geburts- und Lebenserfahrungen vorausgesetzt – die archaische Bezogenheit auf uns als liebe- und hoffnungsvolle Hinwendung erleben. Das gelingt umso mehr, wenn eigene Erfahrungen zärtlicher Zuwendungen gemacht wurden. Unter weniger günstigen Umständen müssen sie erst durch Lebens- oder Behandlungserfahrungen von Abwehr- und Sicherungsformen befreit werden. Im schwierigsten Falle, wenn nicht einmal rudimentäre Formen frühkindlicher emotionaler Versorgung erlebt wurden, bedarf es aufwendiger Nachbehandlungen.

5.2 Erweiterungen des Bezogenseins

Wenn ich eine räumliche Metapher aufgreife, »vertieften« sich die Qualitäten liebevollen Bezogenseins nicht nur, sondern »breiteten« sich auch »aus«, was heißt, dass mehr als zwei Personen in sie einbezogen waren.

Das zeigt sich musterhaft an Patchworkfamilien. Für meine Enkelkinder und ihre Eltern ergab sich insofern eine schwierige Situation, als sie sich alle in eine Situation hineinfinden mussten, dass sich nämlich ihre biologischen Eltern bzw. Großeltern getrennt hatten und ich zum zweiten Mal geheiratet hatte. Meine Töchter hatten neben ihrer Mutter also noch eine »Stiefmutter« und die Enkelkinder eine »Stiefoma«. Alle sechs Enkelkinder sind während der Zeit meiner zweiten Ehe geboren worden. Das zu regulieren stellte für alle Beteiligte eine zusätzliche unumgängliche Lebensaufgabe dar. So ergaben sich auch bewegende Dreiecks- und Mehreckssituationen zwischen meinen Enkelkindern, meiner Frau und mir.

> Ich spielte mit einem Enkel, während ich auf der recht niedrigen Couch seiner Eltern saß. Einige Male lief er auch hinter die Couch, stellte allerlei mit mir von hinten an. Einmal blieb er stehen und entdeckte meine dicht und aufrecht auf meinem »Stiftekopf« stehenden Haare. Staunend und zart streichelte er mir dann über den Kopf. Ich genoss seine Zärtlichkeit und war zu Tränen gerührt. Während ich das beschreibe, spüre ich noch heute diese Innigkeit, als er wohl die Zartheit der Berührung entdeckt hatte, seine Wangen auf meinen Mecki legte und sich leicht bewegte. In diese Situation war auch meine Frau involviert, die diese Szene bewegt verfolgte und mein Glück teilnehmend beobachtete. Nicht nur traumatisierte Menschen brauchen einen Zeugen, z. B. einen Therapeuten oder andere Bezugspersonen, damit ihre Widerfahrnisse wahrnehmbar und bearbeitbar werden, auch Glück, Freude und Liebe blühen mit dieser Bestätigung auf.

Umgekehrt gibt es auch entsprechende Szenen, in denen mich tief bewegt hat, wie liebevoll und kreativ meine Frau z. B. mit meinem jüngsten Enkel auf einem Spazierweg, an einem Bach in der Nähe oder bei uns im Haus spielte. Besonders berührt hat mich, dass sie das ausgebreitete Spielzeug am Boden (Autos, Figuren, Bälle, Kreisel u. dgl. mehr) ausdrücklich ein paar Tage liegen ließ, weil sie meinen bzw. »unseren« jüngsten Enkel so sehr in ihr Herz geschlossen hatte. Ich fühlte mich ihr dabei sehr nahe und war sehr dankbar. Darüber hinaus bewunderte ich ihre Souveränität, da wir leider keine eigenen Kinder mehr bekommen haben und dieser Mangel für sie viel schwieriger zu verwinden war als für mich, der ich bereits mit drei prächtigen Töchtern und mittlerweile sechs wundervollen Enkeln gesegnet bin.

Kurze Zeit später waren wir in seiner Familie zu Besuch und er (4;4) malte ein Bild von »Opa und Petra«. Mich malte er klein auf die rechte Seite und Petra auf die linke Seite des Blattes. »Die Petra male ich ganz groß.«

Nachdem das Bild fertiggestellt war, reagierte er auf die kritische Bemerkung des Freundes seines großen Bruders, dass die Petra ja so dünn sei und keinen Bauch habe, indem er nachträglich eine dicke ballonartige Rundung über den Mittelteil des Kopffüßlers malte.

Während einer Familienfeier in unserem Haus zog es die drei jüngsten Enkel in meinen großen Praxisraum. Sie hatten sehr viel Vergnügen daran, die beweglichen Polster phantasievoll umzugestalten, um sie als Kulisse vielfältiger Spiele zu nutzen. Ab dem elften oder zwölften Jahr suchten die beiden Enkeltöchter den kleineren, in südländischem Flair gehaltenen Therapieraum meiner Frau auf, um darin mit ihren umfänglichen Figuren- und Tiersammlungen die detaillierte Welt eines Reiterhofes aufzubauen. Um ihre Abgeschiedenheit zu genießen und sich insbesondere vor den Störungen des jüngeren Bruders bzw. ihrer Cousins zu sichern,

Opa und Petra

schlossen sie sich auch öfters ein. Das Spiel bereitete ihnen viel Vergnügen. Wir bestaunten des Öfteren ihre kreativen Einfälle, die sie uns stolz präsentierten. Als sie sich nach einer der Familienfeiern von uns verabschiedeten, raunten sie meiner Frau, gewissermaßen ihrer »Stiefoma«, zu, sie möge doch, bevor sie ins Bett gehe, noch einmal in ihr Behandlungszimmer gehen. Dort fand sie eine Botschaft der Mädchen vor.

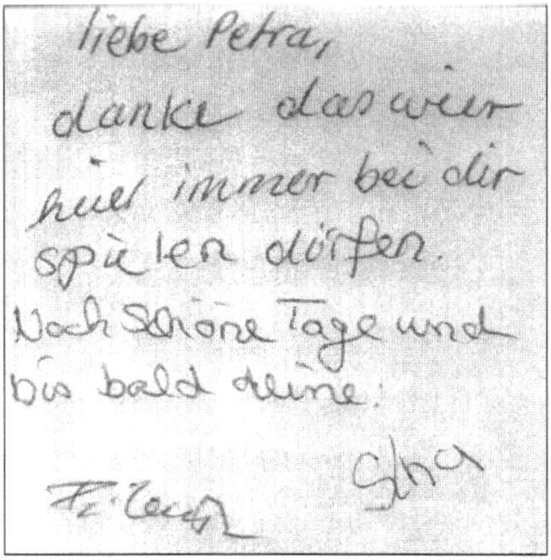
liebe Petra,
danke das wier
hier immer bei dir
spielen dürfen.
Noch schöne Tage und
bis bald deine!

Danke

Meine Frau und mich hat diese Geste angerührt. Jeder, der das Leben in solchen Konstellationen kennt, weiß, dass es nicht leicht für alle Beteiligten ist, in einem gewachsenen Familiengefüge eine Position zu finden bzw. die Kinder und Kindeskinder, die ursprünglich Fremden, zu integrieren. Das fördert die Entwicklungsaufgabe für diese Familien, sich für andere, quasi für Übergangspersonen, für das Fremde zu öffnen. Umgekehrt gilt das auch für die »Stiefmutter« bzw. »Stiefoma«, die sich vor die schwierige Konstellation gestellt sieht, einen Bezug zu den Kindern ihres Mannes herzustellen. Dabei ist es weder möglich, eine Mutter- oder Großmutterrolle zu übernehmen, noch sind die Bedingungen gegeben, mit den Kindern des Ehemannes die Beziehung von Freundinnen zu entwickeln. Für die Gestaltung dieser Konstellation bedarf es auf allen Seiten einer hohen Kreativität und Offenheit. Angesichts dieser Schwierigkeiten ist ein solches von Herzen kommendes Dankeschön der Stiefenkelkinder besonders erfreulich für die »Stiefoma« und auch für den Großvater, der um die Schwierigkeiten und Unterschiede weiß und seinen Enkelkindern ein liebender Großvater und seiner Frau gegenüber ein liebender Partner sein möchte. Dass es sich hierbei um gewachsene und implizit verankerte Strukturen handelt, vereinfachte die Strukturierungsbemühungen meiner Frau nicht, z. B. wenn sie in der wie selbstverständlichen Rede vom Opa unterzugehen drohte.

5.3 Analytische Vertiefungen

Ich habe in früheren Veröffentlichungen (Heisterkamp, 2002, 2003) auf eine späte Analyseerinnerung hingewiesen, in der ich die annehmende Stimme meines ersten Analytikers sowie seine freundliche Begrüßung und Verabschiedung wohltuend und latent wirksam erlebt habe. In dieser anfänglich subliminalen Erfahrung ist wohl auch mein Buch zum basalen Verstehen (2002) begründet, in dem ich mich der Bedeutung des unmittelbaren Wirkungsgeschehens zwischen Patient und Therapeut widme. Was mir damals nicht bewusst oder zugänglich war, wurde mir erst nach weiteren Analysen deutlich: wie heilsam ich diese einladenden und willkommen heißenden Gesten erlebt habe. Auch wenn ich meine Erfahrungen seinerzeit noch gar nicht ansprechen konnte und sie auch von meinem unmittelbar in der Freudschen Nachfolge stehenden Analytiker, nämlich seinem Enkel Ernest Freud, nicht thematisiert wurden, haben sie dennoch nachhaltig gewirkt. Diese atmosphärisch gewonnenen und eindrücklichen Erfahrungen bildeten die Grundlage für das Auftauchen und Durcharbeiten entsprechender Kindheitserinnerungen, über die ich Zugang zu Ressourcen meiner Selbstwerdung fand.

Dieser wohligen Erfahrung fehlt allerdings der spezifische situative Fokus, der punktuelle Bezug. Dieses Fehlen lässt vermuten, dass es sich um *eine unterschwellig wirkende, sphärische Erfahrung* handelt, die erst ex post durch die Konkretisierung in der Begrüßung und Verabschiedung fassbar wurde. Die Tiefe bzw. die Grundstruktur dieser atmosphärischen Wirkung lässt sich noch weiter veranschaulichen, wenn wir bedenken, dass ich hier in eine nur operativ oder prozedural vermittelte Sphäre, meinem Analytiker willkommen zu sein, hineingenommen oder -gelassen wurde. Seine atmosphärische Ausstrahlung machte es mir möglich, eine heilsame Urerfahrung meiner eigenen Existenz zu fassen, die einen kostbaren Schutz gegen mögliche Störungen während meiner Kindheit dargestellt haben mag. Ich fand Zugang zu der primären Liebe meiner Eltern und konnte nachspüren, dass sie mich wirklich gewollt hatten, wenn auch nach meiner Geburt leidvolle Beeinträchtigungen einsetzten. Diese Urerfahrung des Geliebtseins wurde in der Analyse mit Ernest Freud implizit wiederbelebt. Sie wurde evoziert durch eine Atmosphäre des Willkommensseins, in die ich mich hineinfand.

Da sie keiner von uns beiden angesprochen hatte, war sie seinerzeit vermutlich keinem von uns zugänglich. Ich habe jedenfalls noch viele Analysestunden machen müssen, bis mir diese latenten Erfahrungen bewusst werden konnten. Eine Ahnung darum drückte sich wohl auch schon darin aus, dass ich Ernest Freud Jahre später noch einmal aufsuchte, nur um ihn noch einmal zu sehen, ihm noch einmal zu danken und ihm zu erzählen, was mittlerweile aus mir geworden war. Er war dabei seinerseits sehr berührt und schenkte mir zu meiner Freude ganz gegen seine sonstigen Gepflogenheiten der Abstinenz ein Exemplar einer eigenen Veröffentlichung. Dem entspricht auch, dass mich erst meine Frau und Kollegin, als sie die Biografie von Katja Behling über Martha Freud (2002) las, auf ein mögliches atmosphärisches Zusammenwirken von Ernest Freud und mir aufmerksam machte.

Jener scheint bis zu seinem sechsten Lebensjahr (danach starb seine Mutter an einer europaweiten Grippeepidemie) in einem glücklichen Familienklima aufgewachsen zu sein. Seine außerordentlich gut aussehende Mutter galt als Lieblingstochter Freuds und Sonnenschein ihrer Mutter. Als Zwanzigjährige heiratete sie den Hamburger Fotografen Max Halberstadt, von dem auch viele Portraits Freuds stammen. Sie führten bis zu besagtem Schicksalsschlag eine glückliche Ehe und bekamen zwei Kinder: Ernest 1914 und Heinz Rudolf 1918. Ernest Freud hatte offenbar bis zu seinem sechsten Lebensjahr mehr als nur hinreichend gute familiäre Bedingungen für ein gesundes Wachstum. Mit den schweren Belastungen, die durch den Tod der Mutter (1920) und den Tod des Bruders sowie wohl auch durch die Wiederheirat und Emigration des Vaters eintraten, brauche ich mich hier nicht zu befassen. Ich gehe davon aus, dass er eine Urerfahrung des Willkommenseins gemacht hatte, die ihn sphärisch umgab und die wohl auch in die Behandlung seiner Analysanden ausstrahlte: ein Kind von glücklichen Eltern zu sein, die sich über seine Geburt gefreut haben. Die Freude über seine Existenz herrschte wohl auch bei seinen Großeltern Sigmund und Martha Freud vor; denn Ernest berichtet über die folgende schöne Kindheitserinnerung mit seinem Großvater aus dem zweiten oder dritten Lebensjahr: »Ich hatte Geburtstag, und er [sein Großvater Sigmund Freud, G. H.] rief mich vom Badezimmer aus. Man sagte mir, ich solle doch zu ihm gehen, was ich auch tat. Er saß in der Badewanne

> und hielt eine Blechtrommel in der Hand, auf die er mit den Trommelschlegeln schlug. Das war sein Geburtstagsgeschenk für mich« (W. Ernest Freud, 2003, S. 63; Behling, 2002, S. 174f.).

Ich habe sicherlich einen Beitrag zum Aufblühen dieser einladenden Atmosphäre geleistet (s. u.), indem mir der Weg nicht zu lang und die Umstände nicht zu lästig waren, Ernest Freud auch in London aufzusuchen. Seine Geste und seine Stimme hießen mich willkommen, luden mich ein und nannten mich beim Namen. Der liebevolle Umgang mit mir impliziert auch den Jubel seiner Eltern und Großeltern über seine Existenz. Im Nachhinein berührt es mich, wie er die Trommelsalve seines berühmten Großvaters über seine Existenz in therapeutisch transformierter Weise an mich und sicherlich auch an andere Analysanden unausdrücklich weitergegeben hat. Vielleicht behinderten ihn zurzeit meiner Behandlung noch eigene Abwehr- und Sicherungsformen in der Wahrnehmung seines frühen Glücks.

Der Rückblick auf meine familiäre und gesellschaftliche Herkunft hat sich im Verlaufe der letzten 40 Jahre mit meinen Therapie- und Lebenserfahrungen dauernd gewandelt. Bei einer punktuellen Feststellung aus heutiger Sicht kann ich hervorheben, dass ich meinen Eltern ein Grundgefühl des Willkommens verdanke. Das ist jedoch nur ein Teil meiner eigenen Wahrheit, weil darin mein Entwicklungsprozess und meine Strukturierungsbemühungen übersehen würden. Die bestanden und bestehen darin, dass ich nicht in meinen abhängigen und aggressiven Gefühlen gegenüber meinen präödipal fixierten Eltern stecken geblieben bin, sondern mich – kompetent begleitet – psychoanalytisch, psychodramatisch sowie körper- und bewegungstherapeutisch durch diese Komplexe hindurchgearbeitet habe. Erst über diesen tiefen psychologischen Weg der Analyse meines eigenen notgeborenen Bewegungsmusters und seiner Umstrukturierungen konnte ich allmählich wahrnehmen und entdecken, wie ihre Liebe zu mir die meinige entfacht hat und wie ich ihnen dabei in kreatürlicher Weise entgegengekommen bin. Dankbar denke ich dabei auch an (beispielsweise) eine analytische Situation zurück, in der ich das Quälwerk der Verwöhnung und der immanenten Delegation durchgearbeitet hatte. Ich habe das Mitgefühl meines damaligen Analytikers für das Martyrium der Verwöhnung, das im Rheinland durch ein drastisches Folterbild (»den Zucker in den Arsch blasen«) symbolisiert wird, gebraucht. Er begleitete mich auch durch die Wucht der Trauer, nicht hinreichend von meinen gebundenen Eltern in meiner eigenen Existenz wahrgenommen worden zu sein. Besonders dankbar bin ich für die therapeutischen Hilfestellungen dabei, die Liebe der Eltern – wenn auch in ihren behinderten Formen der Zuwendung – wahrzunehmen und neu zu entdecken, insbesondere dass meine Eltern mich »wirklich« gewollt und sich »riesig« über meine Geburt gefreut hatten. Mein Unbewusstes bestätigte mir die neue Lebenserfahrung in einer glücklichen Kindheitserinnerung:

> Ich bin etwa zwei, drei Jahre alt, meine Mutter wickelt mich nach dem warmen Bad in ein Badetuch und legt mich meinem Vater auf die Schulter. Er hält mich sicher auf und in seinen Armen und tanzt mit mir Walzer, wobei er singt »Schön ist die Liebe im Hafen«. Ich erinnere mich besonders daran, dass es mir große Freude bereitete, uns während des Tanzens auch noch im spiegelnden Glas des Küchenschrankes immer wieder neu betrachten zu können. Zwischendurch fällt auch immer mal wieder mein Blick auf meine Mutter, die uns lachend zuschaut. Ich fühle mich rundherum glücklich.

Hier handelt es sich um eine Glückserfahrung in mehrfacher freudiger Spiegelung. Darin liegt wohl die entwicklungspsychologische Grundlage für mein Interesse an der Bedeutung der Lebensfreude und der Freude in der Psychotherapie. Damit wurden auch die Grundlagen für die nachträgliche Bewältigung der ödipalen Situation gelegt. Die klassische Urszene erfuhr später – diesmal unterstützt von einer Analytikerin – sogar eine humorvolle Wendung:

> Ich war etwa vier Jahre alt und mein Kinderbett stand noch im Schlafzimmer meiner Eltern. Eines Nachts wurde ich von intensiven Geräuschen im Bett meiner Mutter wach und sah meinen Vater auf meiner Mutter hocken. Sie bemerkten, dass ich wach geworden war, unterbrachen ihr ominöses Miteinander, und mein Vater wandte sich in ruhigem und liebevollem Tonfall an mich: »Mama und Papa machen Hoppe-hoppe-Reiter.«

Nachdem ich in früheren Behandlungen der Entrüstung darüber, in diesem Alter noch bei den Eltern im Schlafzimmer schlafen zu sollen sowie dem Ärger über den vermeintlichen Verrat der Mutter und die vermeintliche

»Verarschung« durch den Vater Luft gemacht hatte und diese Affekte verraucht waren, wurde ich frei für die entwicklungsförderliche Wahrnehmung, wie kreativ das entwicklungsgemäße Bild meines Vaters für einen kleinen Jungen wie mich war und wie anregend für meine geweckte »sexuelle« Neugier. Das Hilfreiche des vom Vater angebotenen Bildes erscheint mir vor den psychotherapeutischen Erfahrungen besonders eindrücklich, erfahren wir doch in unseren Behandlungen immer wieder grausame und gewaltsame Umgangsformen von Eltern, die von einem ihrer Kinder beim Koitus überrascht werden.

Diese Veränderungen wurden von den glücklichen Erfahrungen um die Geburt meiner Enkel wesentlich mit geformt. Sie verhalfen mir auf der Grundlage meiner neuen Selbsterfahrungen dazu, mein originäres Lebendigsein tiefer und anders zu erleben. Pointiert formuliert: Meine Glückserfahrungen mit den Enkeln veränderten auch noch einmal die Wahrnehmung meines eigenen Ankommens in der Welt. So (wieder)belebten meine Analyse- und meine Lebenserfahrungen atmosphärisch wohlige und interaktionell freudige Bilder meiner Existenz. Vor diese schönen Erfahrungen hatte aber meine persönliche Entwicklung die Mühen des Durchleidens und Durcharbeitens gesetzt. Erst danach fand auch die kluge und vernünftige Kognition, dass es nie zu spät ist für eine glückliche Kindheit (Furman, 1999), ihren tiefen psychologischen Sinn. Gleichzeitig macht dieser Leitsatz aber auch deutlich, dass eine vom Erleben abstrahierte Erkenntnis oder Lebensweisheit zu einer normativen Setzung führen kann, die denjenigen, der diese Weisheit nur intellektuell umzusetzen versucht, tief entmutigt.

5.4 Familiäre Entwicklungsbedingungen

Typische Formulierungen von Geburtsanzeigen lauten, dass die Eltern »dankbar und glücklich« über die Geburt ihrer Tochter oder ihres Sohnes sind. Zuweilen findet man auch schon liebevolle Versprechen an das Neugeborene: »Da werden Hände sein, die dich tragen, und Arme, in denen du sicher bist, und Menschen, die dir ohne Fragen zeigen, dass du auf dieser Welt willkommen bist«. Diese beruhigenden Worte sind imaginär an das Kind gerichtet und es wird sich in einer dieser Haltung entsprechenden Stimmung oder Atmosphäre aufgehoben fühlen. Aus derartigen Formulierungen spricht die elterliche Intuition für das, was Neugeborene brauchen und worauf diese in kreatürlicher Weise gerichtet sind. Entsprechend vermitteln sich Neugeborenen auch Misstöne eines vermeintlichen Willkommenseins bis hin zu den vielfältigen Formen des Abgelehntseins. Im Falle günstiger Umstände und reifer Bezugspersonen ergeben sich jedoch glückliche Spiralen wechselseitigen Erfreuens. Unter welchen Bedingungen können Kleinkinder originäre Lebensbewegungen ausformen, die sich halten und entfalten können?

> Adler hat bereits 1908 (1973) mit dem Begriff des Zärtlichkeitsbedürfnisses auf die entwicklungsförderliche Beziehungsform in der frühen Entwicklung hingewiesen. Das Zärtlichkeitsbedürfnis, »das Begehren auf liebevolle Beziehung« (ebd., S. 64), ist eine Ausdrucksform seiner sozialen Bezogenheit. »Die Schwäche und Unsicherheit seiner ersten Jahre fordert geradezu eine ununterbrochene warmherzige Hilfeleistung der Eltern heraus« (Adler, 1930, 1980, S. 177). Er warnt ausdrücklich vor den Folgen einer Erziehung, die »das Kind mit seiner Sehnsucht nach Zärtlichkeit allein läßt« (1908, 1973, S. 65). Die daraus resultierenden, von ihm beschriebenen Fehlentwicklungen wie die Selbstbezogenheit, die Isolation, die Destruktion, das Minderwertigkeitsgefühl, das mangelnde Gemeinschaftsgefühl, die Dissoziation usw. zeigen, dass Adler bereits zur damaligen Zeit die frühen, präödipalen Störungen zum Gegenstand seines Forschens gemacht hatte.

Zärtlichkeit lässt sich als Inbegriff eines liebevollen und leibfundierten Bezogenseins zwischen Kleinkind und Bezugspersonen betrachten. Die Forschungsergebnisse von Hans und Mechthild Papoušek hinsichtlich der »intuitiven elterlichen Fürsorge« erfordern eine Modifikation der tiefenpsychologischen Auffassung. Sie haben entdeckt, »daß in allen intuitiven Verhaltensanpassungen an die Bedürfnisse des Säuglings bis in den mikrostrukturellen Bereich hinein Mutter und Vater praktisch nicht zu unterscheiden sind. (...) Daraus folgt, daß wir es am Anfang des Lebens nicht mit einer ausschließlichen Mutter-Kind-Beziehung zu tun haben, sondern gewöhnlich und im einfachsten Falle mit einer Triade, innerhalb derer das Baby zu beiden Eltern gleichzeitig vergleichbar intensive und innige Beziehungen entwickeln kann« (M. Papoušek, 1989, S. 120). Diese intuitive Fürsorge, die nicht einmal auf

Erwachsene zu beschränken ist, legt nahe, die Beziehung des Neugeborenen spätestens von der Geburt an, eigentlich schon vom Beziehungsbeginn seiner Eltern an, unter familiendynamischen Gesichtspunkten zu betrachten.

Bei der Beobachtung eines zärtlichen Kontaktes zwischen Kleinkind und Betreuungsperson wird spürbar, dass in diesem Austausch aus Berühren und Berührtwerden (und zwar im ganzheitlichen Sinne!) die Keimformen für das spätere Erleben von Freude und Glück liegen. Sie basieren auf den elterlichen Beziehungsangeboten, die mit den originären Lebensbewegungen des Kindes mitschwingen. Die analytischen Entwicklungstheorien waren bisher fast ausschließlich mit den pathologischen Formen der Entwicklung befasst. Deswegen seien hier die erfüllten und freudigen Momente seelischen Seins und Werdens ausdrücklich bedacht. Dazu möchte ich auf die »Mitschwingung« mit den originären Lebensbewegungen des Kleinkindes als prototypisches Beziehungsmuster früher Eltern-Kind-Interaktionen eingehen. In ihm kultivieren sich die Keimlinge frühkindlicher Selbstbewegungen. Der liebevolle Austausch zwischen Kleinkind und Bezugsperson bildet die leibhaftige Urform der Mitschwingung. Dieser Begriff soll sowohl die holding und die containing function umfassen, die in der Linie Freud, Adler, Balint, Winnicott (1984) und Bion (1992) entwickelt wurden, als auch die Spiegel- bzw. Resonanzfunktion der Bezugspersonen enthalten, die den Kern von Kohuts Konzept der Selbstpsychologie bilden. Des Weiteren soll er die von Künkel (1929) und Spitz (1976) herausgearbeiteten dialogischen Wirkungszusammenhänge benennen, die neuerdings von Papousek und Papousek mit dem Begriff der Kontingenz belegt werden. Ich spreche in diesem Zusammenhang gerne davon, dass Eltern mit den Lebensbewegungen ihrer Kinder mitschwingen. »Mitschwingung« soll die entwicklungsnotwendige, stellvertretende Unterstützung der frühen Selbstbewegungen durch die Eltern begrifflich fassen. Sie erfüllt mehrere idealtypische Funktionen:

- die *annehmende* Funktion: Die Bezugspersonen nehmen die Selbstbewegungen des Kindes wahr und freuen sich darüber. Es darf existieren. Es erfährt sich als liebens- und lebenswert.
- die *haltende* Funktion: Indem die Betreuungspersonen kontinuierlich mit den zarten und fragilen Lebensbewegungen des Kindes mitschwingen, werden diese verbunden, geformt und konturiert. Das Kind erfährt sich in diesem Beziehungskontext getragen und geborgen.

- die *antwortende* Funktion: Die Bezugspersonen bieten den spontanen Lebensbewegungen eine Resonanz. Das Kind spürt, wie es »die Welt« bewegt und wie es von ihr bewegt sowie begrenzt wird. Es erfährt sich als wirkungs- und hingebungsvoll.
- die *ordnende* Funktion: Indem das Kind im Handlungsdialog mit seinen Eltern gemeinsame Bewegungsmuster (Choreografien, Rhythmen, Spiele, Pflegehandlungen usw.) herausbildet, die in endlosen Variationen transformiert werden, ordnet es seine Lebenswirklichkeit in begreifbarer Weise. Es erlebt sich sicher in einer fassbaren Welt, und es fühlt sich offen für überraschende Wendungen.
- die *bestätigende* Funktion: In der Mit-Schwingung werden alle beobachtbaren und erahnbaren Kompetenzen des Kindes nicht nur freudig begrüßt, sondern auch in nicht enden wollenden Wiederholungsspielen und Funktionsspielen eingeübt und ausgebildet.
- die *vorsorgende* Funktion: Die Resonanz der Bezugspersonen ist getragen von einem intuitiven Entwicklungsverständnis. Sie verstehen die noch sehr fragilen und diffusen Selbstbewegungen als Keimlinge der Individuation und unterstützen sie als Entwicklungsentwürfe eines Prozesses der Selbst- und Wirfindung. Das Kind erfährt sich in der vorsorgenden Mitschwingung seiner Eltern als zuversichtlich, erwartungs- und hoffnungsvoll.

In entsprechenden Handlungsdialogen sind Wohlbehagen, Vergnügen, Begeisterung und Freude die vorherrschenden emotionalen Ausdrucksformen. In ihnen wird das Individuum seines eigenen Seins, Werdens, Wirkens, Regulierens, Könnens und Wollens inne. Hier bedarf es responsibler Eltern, die das Kind in seinen selbstschöpferischen Lebensbewegungen halten, spiegeln und ermutigen. Die Freude spielt bei der Entwicklung eines kohäsiven Selbst nach Kohut eine besondere Rolle: die Freude des Kindes über seine Entwicklungsschritte und die freudige Anteilnahme seiner Selbstobjekte daran.

Die von den Eltern präformierte Familienatmosphäre stellt nicht nur einen Möglichkeitsraum, sondern auch einen Spiel- und Anregungsraum dar, in dem basale Formen wohliger Präsenz und freundlicher Resonanz, aber auch fehlender Akzeptanz, kühler Distanzierung, schwüler Vereinnahmung, kalter Ablehnung oder neidvollen Hasses unmittelbar wirksam werden können. Eine entsprechende prototypische Situation im Sinne Adlers (1929a) oder eine Modellszene im Sinne Lichtenbergs (1998) möchte ich von meinem jüngsten Enkel berichten. Ich hatte an diesem Nachmittag seine Betreuung übernommen.

> Ausgangspunkt war, dass wir uns im Verlauf unserer Spiele über das ganze Haus ausgebreitet hatten und schließlich im elterlichen Wohnzimmer angekommen waren, wo mein Enkel die alte Gitarre seines Vaters, die mittlerweile zu seinem Spielzeug geworden war, ergriff. Nun winkelte er sein rechtes Bein etwas an und versuchte den relativ wuchtigen Klangkörper des Instrumentes auf seine kleinen Oberschenkel aufzulegen. Es war ein »goldiger Anblick«, diesen Kleinen von dreieinhalb Jahren der großen, auf seinem angewinkelten Bein gestützten Gitarre Töne entlocken zu sehen.
>
> Wie »von selbst« übersetzte ich die von ihm angeschlagenen Töne in eigene Tanzbewegungen und Lautmalereien. So ergab sich durch meine Antwort ein wunderschönes, gemeinsames Tanzspiel. Mein Enkel griff meine Ausdrucksbewegungen gleich wieder auf und hatte sofort erfasst, dass er mit der unterschiedlichen Form der Intonation auch bei mir unterschiedliche Bewegungen und Laute bewirken konnte. So formte ich seine mal leisen und mal lauteren, seine mal schnelleren und mal verzögerten Anschläge in entsprechende Tanzbewegungen um. Er jauchzte vor Vergnügen, und auch ich hatte meinen großen Spaß daran. Bald war ihm das Stehen zu unbequem, und er hockte sich auf den Boden, legte die Gitarre vor sich hin und konnte nun sein Spiel noch intensiver und vielfältiger variieren. Er zeigte ein Riesenvergnügen, mich in den verschiedensten Varianten und Weisen tanzen zu lassen. Immer wieder lachte er laut und begeistert mit. Schon ziemlich erschöpft – ich war es jedenfalls – sagte er schließlich: »Das ist lustig!«

Ich glaube, ich habe mit ihm einen glücklichen Augenblick (Blothner, 2003b) erlebt, in dem wir uns am eigenen und an dem Lebendigsein des anderen gefreut haben. Das Beglückende dieser Erfahrung liegt sicherlich – psychoanalytisch gesprochen – in der gemeinsamen Aufführung eines tiefen psychologischen Sinnes, der sich uns in präsentischer Weise erschlossen hat. Wir haben uns wechselseitig eine freudige existentielle Resonanz beschert (Heisterkamp, 2003, 2007a, 2010).

Bei diesen und vielen anderen Momenterfahrungen mit meinen Enkelkindern könnte der Leser, wenn er nicht gerade selbst eine glückliche Großmutter oder ein glücklicher Großvater ist, den Eindruck gewinnen, dass ich die Entwicklung und Erziehung von Kindern verklären würde und offenbar vergessen hätte, wie anstrengend und zermürbend das sein kann. Bei diesen Wahrnehmungen sind aber die elterliche und die großelterliche Perspektive zu unterscheiden. Als Großeltern bekommen wir, wie der Volksmund weiß, zumeist nur die »Schokoladenseite« der Kinder mit. Die Belastungen und Sorgen, die Kinder ihren Eltern bereiten, erleben wir nur am Rande. Diese Erfahrungen sind noch durch die Distanz der Generation bestimmt und in die »Morgenröte« des Alters getaucht. Durch die andere Perspektive ist diese Wahrnehmung aber nicht weniger wirklich als die der Eltern. Die folgende Geschichte drückt das aus:

> Eine meiner Töchter hatte mich um Unterstützung in einer Belastungssituation gebeten. Sie war sehr erleichtert, dass ich zusagen konnte, denn es ging ihr gesundheitlich sehr schlecht. Sie war über das Wochenende an einer heftigen Darmgrippe erkrankt und war froh, dass ich ihr an dem Tag etwas Erleichterung bringen würde, insofern sie sich von ihrem fünfjährigen und ganz besonders von ihrem halbjährigen Sohn ziemlich gefordert fühlte. Ich besuchte sie am frühen Nachmittag und musste feststellen, dass sie noch ziemlich von ihrer Krankheit geschwächt war und auch von dem ungenügenden Schlaf während der Nacht sehr mitgenommen aussah. Zu allem Unglück war mein Schwiegersohn ebenfalls erkrankt. In einem Haushalt wie dem ihrigen brach natürlich die gesamte Logistik zusammen und so mussten tageweise Kindermädchen, Großmutter und Großvater, der wegen seiner anderweitigen beruflichen Beschäftigungen eigentlich seltener gefragt wird, einspringen. Mit meiner Tochter unterhielt ich mich auch über diese argen Belastungen, und wir haben uns beide gewundert, was hinlänglich gesunde Eltern trotz dieser enormen Anforderungen alles bewerkstelligen. Meine Tochter konnte deutlich artikulieren, dass sie zuweilen auch Wut und Ärger den Kindern gegenüber verspüren würde und es einer ziemlichen Reife bedürfe, um nicht aggressiv oder gar destruktiv zu reagieren. Die überwiegende Freude an der Existenz ihrer Söhne ist dabei ein hilfreiches emotionales Gegengewicht. So

hob meine Tochter hervor: Ein Lächeln oder eine andere liebevolle Geste am nächsten Morgen lasse eine kaum überstandene schlimme Nacht mit dem Kind schnell wieder vergessen.

Ich wurde selber daran erinnert, wie sehr ich mich früher von dieser Tochter gereizt gefühlt hatte und ich mich eines Tages auch bei ihr für meinen Wutanfall entschuldigt hatte. Obwohl ich mich als Großvater sehr gut in die Belastungen meiner Tochter und meines Schwiegersohnes einfühlen konnte, blieb auch hier die Gewissheit, dass ich von derartigen Anforderungen der Kindererziehung befreit bin. Ganz im Gegenteil: Aus den sicherlich anstrengenden Beschäftigungen an diesem Nachmittag wurde für mich eine anregende, lebensförderliche Herausforderung. Mit meinem älteren Enkelsohn spielte ich Fußball, Basketball, Nachlaufen und im Sandkasten. Zwischendurch beschäftigte ich mich aber auch mit meinem halbjährigen Enkel, der mir von meiner Tochter zur Entlastung auf den Arm gereicht wurde. Mit ihm ging ich über den Hof spazieren, schaute mir Pferde an, die vorbeikamen, bestaunte einen Lieferwagen, ließ ihn auf meinem Schoß hüpfen und schaukelte mit ihm. Allein das Tragen dieses ziemlich gut genährten Kleinkindes war nicht wenig anstrengend, wie ich im Nachhinein feststellte. Während ich in Aktion war, hatte ich mein Vergnügen an unseren gemeinsamen Spielen. Abends merkte ich, dass mir die Augen vor Erschöpfung immer wieder zufielen und ich so müde war, dass ich noch vor zehn Uhr erschöpft einschlief und – entgegen meinem sonstigen Schlafverhalten – fast neun Stunden schlief. Ich wachte mit freudigen Erinnerungsbildern von meinen Enkelkindern ausgeruht und frisch auf. Ich musste danach an meine Tochter und meinen Schwiegersohn denken, dass sie teilweise nicht einmal die Zeit zur Erholung hatten und in der nächsten Nacht oder am nächsten Morgen wieder intensiv gefordert waren. Da ist es für die beteiligten Eltern sehr hilfreich, wenn sie die anstrengende Erziehungsarbeit zeitweise auf andere Schultern verteilen können: Tagesmutter, Erzieherinnen im Kindergarten oder Großeltern.

Demgegenüber herrschen in manchen Familien äußerst belastende Atmosphären. Patienten, die an einer Borderline-Krankheit leiden, leb(t)en in ständiger Angst, existentiell bedroht zu sein. Nach Reinert herrscht in diesen Familien die Tendenz: »Wenn Du nicht so bist, wie

> ich Dich haben will, so sollst Du am besten gar nicht mehr da sein« (2004, S. 115). Reinert betrachtet insbesondere die Borderline-Pathologie als Ausdruck einer atmosphärischen Traumatisierung in der Kindheit. Bei narzisstisch gestörten Patienten lässt sich die durchgängige Reaktion der Eltern in folgendem Kernsatz verdichten: »Wenn Du nicht so bist, wie ich Dich haben will, so bist Du nicht richtig und ich verlasse Dich, mag dich nicht mehr, verlache dich, beschimpfe dich, mache dich klein« (Reinert, 2001, S. 103).

Zusammenfassend lässt sich sagen, dass die für die Entwicklung günstigste Erfahrung, die das Neugeborene machen kann, die des Willkommenseins ist. Hier spielt natürlich die prä- und perinatale Verbundenheit mit der Mutter und deren partnerschaftliche und soziale Einbettung eine basale Rolle. Das Gefühl zärtlichen Bezogenseins und freudigen Willkommenseins, welches das Kind intersubjektiv entwickelt, wird in der tiefenpsychologischen Tradition allerdings zu sehr auf die Person der Mutter bezogen. Da man in der Psychoanalyse wie selbstverständlich von »dem« Objekt spricht, enthält diese eindimensionale Sicht die derzeit häufig beklagte Überbelastung der Mütter und impliziert die latente Überbewertung dieser Rolle. Wenn das freudige und liebevolle Bezogensein aber strukturell, das heißt als Hinweis für eine spezifische Form der Wirklichkeit, angesehen wird, leuchtet ein, wie bedeutsam nach und neben der Mutter Vater, Großeltern, Geschwister, Angehörige sein können, wie selbst unter den belastenden Umständen eines frühen Verlustes der leiblichen Mutter die anderen »mütterliche« Funktionen übernehmen können.

Die freudige Wirklichkeitsgestaltung, ihre hoffnungsvolle Ausformung wird bereits vor jeder biologischen Konzeption von dem in der jeweiligen Gesellschaft vorherrschenden Bild des Kindes vorgezeichnet. Ganz konkret und unmittelbar wirkt sich dies bei der medizinischen und pflegerischen Betreuung der Mutter und der Eltern während der Schwangerschaft aus, wie z. B. die betreuenden Ärzte und Hebammen die Geburtshilfe gestalten, in welche Bilder von Wirklichkeit sie die Schwangere und ihren Mann und die Angehörigen hineinnehmen.

> So habe ich schmerzliche Mangelerfahrungen bei den Geburten meiner Kinder gemacht. Der medizinisch verbrämte Ausschluss aus diesen Vorgängen war auch ein Ausdruck meines eigenen Entwick-

lungsstandes. Es kam mir seinerzeit überhaupt noch nicht in den Sinn, als Laie in dieses medizinische Hoheitsgebiet eindringen zu wollen. Ich erinnere mich nur später an die eigene Trauer, als es immer selbstverständlicher wurde, dass Väter an der Geburt ihrer Kinder teilnahmen, d.h. teil hatten an dem Geburtsgeschehen ihrer Frau. Auch die leidgetränkten Berichte meiner Mutter von meiner Geburt liefen alle darauf hinaus, dass ich ihr nach einer schwierigen Geburt mittels Kaiserschnitt sofort »weggenommen« und in einem anderen Raum untergebracht worden sei.

Der traditionelle christliche Ritus der Taufe ist direkt auf diese Ankunftssituation bezogen und kennzeichnet sehr gut auch die gesellschaftliche Bedeutung des Willkommenseins. Wenn der Ritus seinen tiefen psychologischen Sinn bei den Beteiligten beleben kann, geht es hier darum, dass das Kind bei seinem Namen gerufen wird und in die Gemeinschaft der Gemeinde bzw. der Gesellschaft aufgenommen wird. Wo der tiefe Sinn dieses Rituals in erlebensleeren Zwängen erstickt ist, gehen die rituellen Möglichkeiten für eine Urerfahrung des Willkommenseins und des Geborgenseins verloren.

6. Spannungsvolles Werden

6.1 Halten und Lassen

Leben heißt sich entwickeln. Es impliziert einen Drang, die Wirklichkeit zu steigern und zu vervollkommnen. Jedes Individuum formt eine Lebensbewegung aus, die immanent daraufhin drängt, eine eigene Wirklichkeit zu entfalten. Als Wandlungsprozess birgt sie eine strukturelle Entwicklungsspannung, nämlich zum einen bewährte Formen des Halts zu erhalten, und zum anderen sich auf verlockendere Formen der Wirklichkeitsgestaltung einzulassen. Der Normalfall seelischen Werdens zeigt uns, dass das Kind trotz aller immer wieder auftauchender Ängste und Konflikte in den Schwellensituationen der Entwicklung überwiegend nach vorne strebt, wachsen und sich entfalten will. Belastete Lebensbewegungen führen in Sackgassen, in denen Seelisches erstarrt oder überdreht und dabei in immer neuen Variationen quälender Wiederholungen stecken bleibt. Sie fallen durch extreme Vereinseitigungen auf, in denen ein reversibles Zusammenspiel von Halten und Lassen misslungen ist. Gesunde Lebensläufe erkennt man daran, dass sie sich entwickeln können, beweglich und progressiv bleiben. Kleinkinder zeigen uns neben allen Beharrungstendenzen immer wieder einen beeindruckenden Entwicklungs- und Lebenshunger (Mertens, 1990, 115). Es muss eine Lust und eine Freude am Werden und Wachsen geben, die die Angst davor, bestimmte Formen der Sicherheit und des Halts aufzugeben bzw. sich auf Neues und Unbekanntes einzulassen, überwiegt.

Ein schönes Beispiel mit meinem erstgeborenen Enkel: Ich bemerkte, wie er den Stillvorgang des Öfteren unterbrach, um seine Welt und

> insbesondere den neu angekommenen Großvater neugierig zu beobachten. Er nahm sich auch immer wieder Zeit, um zur Brust seiner Mutter zurückzukehren. Meine Tochter stellte lächelnd fest, was wohl auch einer latenten Sehnsucht in ihr entsprach: »Es ist gar nicht so leicht festzustellen, wie er zunehmend das Interesse an der Mutterbrust, das heißt an mir, verliert. Vorher war ich so unbedingt wichtig für ihn und jetzt interessiert er sich für vieles andere mehr.« Mit gespielter Entrüstung fügte sie hinzu: »Was habe ich nicht alles für dich getan!« Ich selber nahm das schmunzelnd auf und zeigte ungeniert, wie ich mich darüber freute, dass dem Jungen weitere Zwischenschritte gelangen, sich zu lösen und die Mutter keine Arrangements brauchte, um ihn festzuhalten. Ich freute mich auch darüber, dass meine Tochter einen humorvollen Abstand zu den anstehenden Verselbstständigungstendenzen ihres Sohnes einnehmen konnte. Im Gespräch danach, als mein Enkel sein »Bäuerchen« gemacht hatte und selig an meiner Brust und auf meiner Schulter eingeschlafen war, unterhielten wir uns kurz über die beziehungsanalytische und transgenerationale Bedeutung der Szene. Wir freuten uns schließlich beide über die emanzipatorischen Momente unseres Gespräches und die beiderseitige Entwicklungshilfe für den kleinen Erdenbürger.

Ich fühlte mich trotz der vordergründigen Störung der innigen Szene durch mich von beiden willkommen geheißen. Meine Tochter freute sich über meinen Besuch, und mein Enkel war neugierig auf mich. Uns umgab eine wohlige Atmosphäre des achtsamen Miteinanders. Ich erfreute mich an der humorvollen, psychologisch tiefgründigen Bemerkung meiner Tochter, die mit ihren im Stadium der primären Mütterlichkeit aktualisierten Tendenzen spielen und einen Freiraum für die Entwicklung des Enkels, speziell die Hinwendung auf seinen Großvater, öffnen konnte. Ich war mir bewusst, wie mein Erleben hier bereits auf den Erfahrungen der frühen Triangulierung in dieser jungen Familie gründete. Darüber hinaus entdeckte ich in dieser Szene ein transgenerationales Weiterkommen gegenüber meinen eigenen Säuglingserfahrungen. Ich war froh, dass es ihr als Mutter und mir als Vater und Großvater offenbar gelungen war, einer Wiederholung meiner eigenen Erfahrung vorzubeugen, in der nämlich die lustvolle Zeit an der Mutterbrust durch das Bedürfnis meiner

Mutter, mich dem Zugriff der eigenen Mutter, also meiner Großmutter, vorzuenthalten, überformt wurde.

Die Stillszene evozierte in mir eine bedeutsame Kindheitserinnerung, die ich heute als eine schockartige Form eines abrupten, verspäteten Abgestilltwerdens verstehen würde und die in entsprechendem Zusammenhang mit Trennungsängsten und Heimwehzuständen steht. Das hat sich natürlich viel komplizierter gestaltet, als es sich liest. Ich verdanke diese Einsicht sowohl dem regredienten Tiefgang meiner leibfundierten Analysen als auch der wohltuenden Bereitschaft meiner Mutter, mit mir über diese Erfahrungen in der ihr angemessenen Form zu reden. Als ich durch meine Analyseerfahrungen das Stadium erreicht hatte, meine Eltern nicht mehr verantwortlich für meine Störungen zu machen, konnte ich mit meiner Mutter relativ entspannt über die frühe Zeit meiner Entwicklung sprechen.

> Dabei erfuhr ich von ihr, wie sehr sie sich bei meiner Pflege und Erziehung von ihrer eigenen Mutter, die neben uns wohnte und die unmittelbar, nachdem mein Vater sich auf den Weg in die Fabrik gemacht hatte, mit eigenem Schlüssel in unsere Wohnung eindrang, immer wieder bevormundet und beiseite geschoben fühlte. In ihrer Ohnmacht, diese Belastungssituation zu verändern, hatte meine Mutter Zuflucht zu den Stillsituationen genommen: »Da hatte ich dich für mich allein.« Entsprechend fühlte ich mich natürlich be*nötigt* und wurde auch immer abhängiger. Vor dem Hintergrund meines analytischen Wissens vermutete ich ihr gegenüber auch, dass ihr das kräftige Saugen eines zehnmonatigen Jungen wohl auch Lust bereitet hätte. Sie stellte etwas beschämt fest, dass das stimme und hielt mich fast für einen Hellseher, da sie diese Erfahrung »nicht einmal dem Papa« erzählt hätte. Als sie aber von ihrer pietistischen Mutter und einer schizoid strukturierten Schwägerin – vermutlich mit affektiver moralischer Entrüstung – darauf hingewiesen wurde, dass sie den großen Jungen doch nicht so lange stillen könne, fühlte sie sich vermutlich ertappt, und ihr eigenes Erschrecken und ihre eigene Verlustangst werden mich wohl projektiv infiziert haben. Meine Mutter erlebte die Vorhaltungen ihrer Mutter und ihrer Schwägerin als besonders schlimm, da sie selber – wie sie meiner Schwester gegenüber angedeutet hatte – eigene Missbrauchserfahrungen durch ihren Vater zu verarbeiten hatte.

Meine Glücksgefühle bei der Stillszene zwischen meiner Tochter und meinem Enkel bringen also nicht nur die Freude zum Ausdruck, dass ich beide auf einem guten Entwicklungsweg sehe, sondern ich erlebe in der Szene auch noch ein befreites Weiterkommen in der Familientradition. Diesen geradezu historischen Wandlungsprozess zu erkennen macht mich froh und stolz. Wenn man bedenkt, dass sich diese über fünf Generationen bzw. über 100 Jahre hingezogen haben, klingt meine Rede von geradezu epochalen Wandlungserfahrungen nicht mehr vermessen. Ich fühle mich dankbar verbunden mit allen Beteiligten, die diesen transgenerationalen Prozess mit organisiert haben.

Mit einem anderen Enkelsohn verbindet mich meine Erfahrung, die in ihrem regredienten oder strukturellen Tiefgang meine Selbsterfahrung wesentlich vertiefte. Er hat mich von Beginn seines Lebens an mit seinem liebenswürdigen und später geradezu charmanten Wesen beeindruckt. Schon in den ersten Jahren, wenn ich ihn in seinem Buggy durch den Wald oder in den Reitstall spazieren führte, hatte ich meine Freude an seiner sonnigen Ausstrahlung und an seiner heiteren Verfassung. So saß er oft in dem Wägelchen und sang aus vollem Halse, sodass Passanten ihm und mir ein freundliches Lächeln schenkten. Zuweilen half er noch nach, indem er von sich aus Passanten und erst recht Bekannte mit einem freundlichen Hallo begrüßte, das diese lächelnd erwiderten. Ich erlebte ihn wie ein typisches willkommenes Kind, das auch um sich herum eine entsprechende Atmosphäre zu verbreiten vermochte.

> Besonders vor Augen habe ich noch einen Ausflug mit ihm durch den Düsseldorfer Vorort, in dem ich geboren wurde, und er etliche Fremde, die ihm begegneten, herzlich begrüßte. Dieses »Hallo« war kein Erziehungsdressat, sondern der sprachliche Ausdruck seiner prototypischen Lebenserfahrung. Er ist ein von seinen Eltern und dem weiteren Kreis der Familienangehörigen, wenn ich einmal von seiner »entthronten« Schwester absehe, willkommen geheißenes Kind. Seine Eltern, Tanten, Großeltern und die übrigen Bezugspersonen der Großfamilie freuten sich mit den Eltern über seine Geburt, nannten ihn bei seinem Namen, nahmen ihn in den Familienkreis auf. Alle riefen ihm gewissermaßen »Hallo« zu, »schön dass du da bist«. Die implizite und explizite Teilhabe an dieser Willkommensszenerie ermöglichte ihm schon bald nach dem ersten Spracherwerb, diese lustvolle Erlebniseinheit des freu-

> digen Begrüßtseins selber aktiv zu übernehmen. Bei verhaltenen fremden Personen wurde es zu seinem verständlichen Anliegen, den Kreis seiner Bewunderer zu erweitern. Nach seinen Erfahrungen konnte das ja nicht so schwierig sein, so könnte er gedacht haben. Jedenfalls stellte sich die Situation, stets als willkommen begrüßt zu werden, als eine erstrebenswerte dar, die es für ihn lustvoll zu wiederholen galt. In späteren Zeiten war er dann herausgefordert, allmählich von dieser frühkindlichen Situation der Beachtung zu lassen.

Ich fand seine Freundlichkeit und Offenheit wohl besonders beeindruckend vor dem Hintergrund meiner eigenen frühkindlichen Anhänglichkeit und Ängstlichkeit, von denen jene Fotos von mir in seinem Alter zeugen. Interessanterweise spielt die obige Erinnerung in unmittelbarer Nähe des Gebäudes, wo ein Fotograf über 60 Jahre vor der Geburt meines Enkels Bilder von meiner Mutter und mir aufgenommen hatte, auf denen ich mich dicht an die Mutter schmiege und ängstlich in die Kamera schaue, hinter der sich der Fotograf unter einem dunklen Tuch versteckt hatte. Wie schon gesagt, bin ich mir auch sicher, dass ich von meinen Eltern willkommen geheißen wurde. Allerdings blieb ich an die Ängste meiner Mutter angepasst, von denen ich mich später durch eine kontraphobische Reaktionsbildung zu lösen versuchte. Meiner Schwester blieb dann nach einer schwierigen Hospitalisation infolge einer Infektion bei der Geburt unmittelbar nach Kriegsende nur der Ausweg in die identifikatorische Position mit meiner Mutter. Das wurde später zum Stoff unserer Wiederannäherung und der Überwindung der familiendynamischen Spaltung. Jedenfalls freute ich mich über die Offenheit meines drittjüngsten Enkels. Im Laufe seiner Entwicklung war ich immer wieder beeindruckt, wie gut er später in der Kindergarten- und Schulgruppe integriert war, und zwar trotz zeitweiser sprachlicher Probleme.

Bei den jüngsten Enkeln erinnere ich mich besonders gut daran, wie sie mich an wesentlichen Entwicklungsschritten beteiligten und meine mitschwingende Teilhabe mich mit tiefen psychologischen Einsichten und Erfahrungen bereicherte, die mir selbst als Fachmann bisher nicht in dieser Weise zugänglich waren. So partizipierte ich in dem folgenden Beispiel an der spielerischen Entwicklung der Objektkonstanz, wie man in der Psychoanalyse formulieren würde:

> Eines Nachmittags hatte ich mich im Reitstall mit meiner Tochter verabredet und die Betreuung meines zweitjüngsten, etwa zweijährigen Enkels übernommen. Nachdem wir vor dem Stall gespielt hatten, und seine Mutter das Pferd geputzt und gesattelt hatte, machten wir uns – seine Mutter im Sattel und er im Buggy – auf den Weg in den Wald. Der Reitweg verläuft dort zunächst parallel zum Fußweg. Anfangs wollte er mit aufs Pferd und durfte – von seiner Mutter vor sich im Sattel gehalten – ein Stück des Weges reiten und wurde dabei von mir bewundert. Nach einer Weile suchte er Abwechselung bei mir. Wir waren sehr erfinderisch, Spiele zu entwickeln, in die seine Mutter auf dem Pferd immer mit einbezogen war. Besonderen Spaß machte ihm, wenn ich ein Pferd imitierte und wir ein Wettrennen mit dem Pferd bzw. seiner Mutter auf dem Pferd veranstalteten. Schließlich kamen wir an eine Stelle, wo sich Reitweg und Wanderweg gabelten und eine Trennung erforderten. Er fühlte sich offenbar schon so sicher gebunden und so vertraut mit mir, dass sich die Trennung von ihr bei wechselseitigem Winken problemlos gestaltete. Indem der Trennungsvorgang zerdehnt wurde, verringerte sich vermutlich auch der Trennungsschmerz. Als die winkende Mama mit ihrem Pferd im Wald verschwand, holte ich meinen Enkel bei seiner leichten Irritation ab und versuchte ihm die beiden Wege und den Punkt des Wiederzusammenkommens gestenreich in einer Kreisbewegung auszumalen und ihm das Wiederauftauchen seiner Mama in Aussicht zu stellen.

An diesem Trennungspunkt wird eine grundlegende Entwicklungsaufgabe und Entwicklungsleistung wahrnehmbar, insofern diese Kinder die Fähigkeit zur sogenannten Objektkonstanz entwickeln, d. h. ein dauerhaftes Bild von ihren primären Bezugspersonen, insbesondere der Mutter, mit dem sie ihre Abwesenheit und die damit verbundene Spannung überstehen können, ohne in Auflösungsängste zu geraten. Es ist unmittelbar nachvollziehbar, wie wenig das Kindern von unempathischen Eltern gelingen kann, die ihre Kinder aus eigenen narzisstischen Defiziten nicht in deren eigener Existenz wahrnehmen können und sie nur zur eigenen Selbstsicherung be*nötigen*.

> Ich war im Nachhinein tief beeindruckt, miterlebt und dabei geholfen zu haben, bei meinem Enkel eine Objektkonstanz und eine Objektrepräsentanz zu entwickeln, indem er und ich gestisch und

> wortreich immer wieder im Austausch den vorgestellten Rundweg der Mutter und insbesondere das freudige Entgegenkommen und Wiedersehen antizipierten. Wir waren bei diesem Spiel sehr einfallsreich und hatten auch einen großen Spaß, der sicherlich auch dabei geholfen haben mag, eine aufkeimende Angst in die Freude des bevorstehenden Wiedersehens umzuformen. Zwischendurch zeigte er immer wieder in die mutmaßliche Richtung, wo jetzt die Mama mit dem Pferd unterwegs sein könnte. Ich beschrieb ihm einen Punkt, wo wir die Mama wieder treffen würden. Wer würde wohl zuerst die Mama entdecken, wenn sie uns entgegenkommt? Soll ich mit dem Buggy laufen, damit wir die Mama schneller wieder sehen? Dieses Rahmengeschehen wurde unterbrochen von einigen Überraschungen am Wegesrand: Steine, Stöckchen, Tiere, ein Bach usw.

Diese Zwischenschritte eines werdenden Selbst sind so berührend und bewegend, dass es von meinem psychoanalytischen Verständnis her nahe liegt zu vermuten, dass es sich bei meinen Gefühlen um Formen der mit meinem jeweiligen Enkel co-agierten Übertragung handelt und die Vermutung gerechtfertigt erscheint, dass sie auch für den Enkel ein Dreh- und Wendepunkt oder ein Anhalts- und Anregungspunkt für seine Entwicklung ist, obwohl er noch weit davon entfernt ist, das artikulieren zu können. Die Wahrnehmung meiner bemühten Versuche, ihm die Trennung und das Wiederfinden verständlich zu machen, ihm Überbrückungshilfen zu bieten und seine Teilhabe und Mitgestaltung an diesem Prozess des Entfernens und Wiederfindens zu ermöglichen, lassen mich fast sicher sein, dass ich hier implizit auch für ihn und mit ihm an einer äußerst wichtigen und lebensnotwendigen Entwicklungsaufgabe gearbeitet habe, die sehr schwierig ist und deren Teil- und Fortschrittserfahrungen besondere Freude bereiten. Dieses beglückende Gefühl des Weiterkommens impliziert eine große Ermutigung für die nächsten anstehenden Entwicklungsschritte.

In dieser Situation geht es nach Winnicott darum, dass mein Enkel die fortwährende Existenz der Mutter begreift und er es allmählich besser verkraftet, auf die reale Anwesenheit der Eltern oder Bezugspersonen zu verzichten. Die unmittelbare und konkrete Teilhabe an der Stabilisierung seiner Objektkonstanz und an der Entwicklung seines kognitiven Bezogenseins hat aber auch bei mir zu einer Vertiefung des eigenen Verstehens geführt, und zwar in mehrfacher Hinsicht:

- Mir wurde erst an diesem Beispiel trotz all meines psychoanalytischen Vorwissens richtig deutlich, welche unzähligen Entwicklungshilfen responsive Eltern ihren Kindern täglich und anfangs auch häufig nächtlich bieten, damit diese mit ihren komplizierten Entwicklungsaufgaben fertig werden können. Machen wir uns das genügend klar, wenn abstrakt formuliert wird, es handele sich hierbei um eine »Raum und Zeit übergreifende kognitive Struktur konstanter libidinöser Wechselseitigkeit« (Fischer, 2008, S. 527)?
- Vor dem Hintergrund tausendfacher Ermutigungen wird erst nachvollziehbar, wie unglaublich gravierend die Entwicklungsdefizite bei Patienten sein müssen, die bei unempathischen Eltern oder Bezugspersonen aufwuchsen und von diesen aus eigenen narzisstischen Defiziten heraus zur eigenen Selbstsicherung be*nötigt*, d. h. vereinnahmt, überfordert oder misshandelt wurden und eventuell immer noch werden.
- Darüber hinaus wurde ich auf die operative Basis allen intelligenten Einsehens und Begreifens im Sinne von Piaget (1946) aufmerksam. Das warnt vor adultomorphen Behandlungsweisen von Patienten, die eines regredienten oder strukturellen Tiefgangs der Behandlung bedürfen. Ohne die Entwicklung von Erlebnis- und Handlungseinheiten, aus denen sich die kognitiven Strukturen erst bilden, fehlt den Veränderungsbemühungen des Therapeuten die leibliche oder operative Basis und führt in einen intellektuellen Leerlauf (Heisterkamp, 2002).
- Schließlich ist auch der Begriff der »Objektkonstanz« zu problematisieren (Fischer, 2008, S. 527). Damit ist keine dem Objekt inhärente Eigenschaft gemeint, sondern, und jetzt folge ich einer morphologischen Sichtweise, dass der sich ständig wandelnde Erlebensprozess des Kindes von der durchgängigen Gestalt eines sicheren Bezogenseins strukturiert wird. Mit »Objektkonstanz« ist unscharf das Ziel artikuliert, dem Kind dabei zu helfen, durchgängige Verlaufsgestalten des Bezogenseins zu entwickeln, die sich halten und entwickeln lassen.

Meine vertieften Erfahrungen belegen auch an dieser Stelle noch einmal den von mir bereits des Öfteren hervorgehobenen wechselseitigen Gewinn, den Enkelkinder und Großeltern aus ihrem Kontakt ziehen können, und zwar sogar auf Gebieten, in denen sich die Erwachsenen spezialisiert haben.

Etwa zwei Jahre später nahm mich der mittlerweile 4;2 Jahre alte Enkel mit auf einen überraschenden »Osterspaziergang«. Kurz vor den Feiertagen besuchte ich meinen seinerzeit noch jüngsten Enkel und seine Eltern. Ich freute mich, meine Tochter und meinen Schwiegersohn wieder einmal zu besuchen und meine Tochter, die im vierten Monat schwanger war, noch anzutreffen, da sie wegen einer Absage erst später in ihre psychotherapeutische Praxis fuhr. Ich hatte mich vorher angemeldet, kam zur Kaffeezeit und hatte sowohl Kuchen als auch einen kleinen Plastikeimer mit Tennisbällen, zwei große Luftballons und ein Spielzeugauto mitgebracht.

> Als ich meinen Enkel begrüßen will, ist er bei seinem Vater auf dem Arm und scheint keine Notiz von mir zu nehmen. Ich darf ihm aber zärtlich über den Rücken streicheln. Als er erfährt, dass ich Kuchen und Spielzeug für ihn mitgebracht habe, welches noch im Kofferraum des Autos liegt, lässt er sich schnell verführen und greift nach meinem Autoschlüssel. Er weiß genau, welchen Knopf er drücken muss, um den Kofferraum aufspringen zu lassen und triumphiert: »Ich habe Deinen Kofferraum aufgemacht.« Noch auf dem Arm des Vaters und von diesem angeregt, fragt er mich, ob wir nicht zusammen zum Auto gehen sollten. Dann hält ihn nichts mehr auf dem Arm. Sofort holt er sein Eimerchen und sein Spielzeugauto aus dem Kofferraum und zeigt die Schätze erfreut seinem Vater und seiner Mutter, die seine Begeisterung teilen. Er möchte direkt mit den Luftballons und Autos spielen.
>
> Sein Bedürfnis, wie gewohnt mit mir zu spielen, sorgt dafür, dass die Kaffeezeit alsbald von allerlei Spielen abgelöst wird. Nachdem sich seine Mutter zur Arbeit von ihm verabschiedet hat, äußert er den Wunsch, draußen zu spielen. Als wir auf dem Hof sind, animiert er mich sogleich mit dem Ruf: »Fang mich doch!« hinter ihm herzulaufen. Als er mich mehrmals um das Haus herumgelockt hat, ohne dass ich diesen wieselflinken und schnellen Knirps von vier Jahren einholen kann, lockt er mich aus dem kleinen Gehöft. An der Einmündung zum Hof fordert er mich auf, an einer Strauch- und

Baumgruppe hinter ihm herzulaufen. An einem großen Strauchbaum bleibt er stehen, erklärt das Fangen für beendet und klettert den kleinen Baum hoch. Wie zu meiner Beruhigung sagt er mir, »Ich darf das«. Ich weiß aus früheren Ausflügen in den Wald, wie geübt er sich durch das Gestrüpp hindurch windet und wie geschickt er auf Bäume klettern kann. Anfangs erhalte ich von ihm deutliche Hinweise, dass er auf Hilfe meinerseits verzichten kann, und ich mache bewundernd die Erfahrung, wie sicher sich dieses »Bauernkind« im Geäst großer Bäume bewegt. So ersteigt er auch den kleinen Baum so hoch er kann. Wenn er einmal etwas abrutscht, tastet er sich so vorsichtig vor und hat sich dabei immer so sicher im Griff, dass ich keine Angst dabei bekomme, sondern ihn ob seines Mutes und seiner Geschicklichkeit bewundere.

Das animiert ihn offenbar zu weiteren Heldentaten. Er spurtet ca. fünfzig Meter den Fußweg hoch, um mich auf große Steinbrocken aufmerksam zu machen, die er allein aus dem Boden freikratzt, hochhebt und wegstößt. Nachher helfe ich ihm dabei, die Steine wieder in die Furchen zu legen, weil sie, wie ich vermute und was ich ihm auch sage, wohl zur Egalisierung des Feldweges dort hineingelegt worden sind. Dann läuft er den Feldweg weiter hoch und macht nicht die geringsten Anstalten, zurückzukehren. Ich denke kurz daran, dass ich mich ja gar nicht auf einen Spaziergang eingestellt habe, keinen Mantel an diesem frischen Frühjahrstag anhabe usw. Da ich aber eine warme Weste trage, scheint mir bei ausreichender Bewegung meine Kleidung nicht gerade passend, aber warm genug. Für einen Moment denke ich auch an seinen Vater bzw. meinen Schwiegersohn, ob der sich nicht wundert, wenn wir längere Zeit wegbleiben. Ich bin dann aber davon überzeugt, dass er seinen Sohn bei mir in guten Händen weiß und darüber froh sein wird, weitere Schreibtischangelegenheiten in dieser Zeit erledigen zu können.

Beruhigt und berührt lasse ich mich dann von dem gerade vierjährigen Jungen mitnehmen auf einen Spaziergang, der zwischendurch immer wieder zu einem lustigen Spazierlauf wird, natürlich nur, um ihn wieder vergeblich zu fangen zu versuchen. In einer der von ihm angezeigten Verschnaufphasen, in denen wir nebeneinander hergehen und er mir von den benachbarten Bauern erzählt, verweist er schon auf einen großen Misthaufen, den man am Horizont sehen kann mit »ganz viel Aa und Pipi von den Pferden.« Obwohl wir ihn anfangs nur von weitem zu Gesicht bekommen, ist sein Gestank schon jetzt deutlich wahrnehmbar. Daraus entwickele ich ein lustiges Spiel, das uns beiden einen Riesenspaß bereitet. Ich rümpfe nämlich die Nase, schaue meinen Enkel mit gespielter Entrüstung an und frage ihn: »Hast Du in die Hose gemacht? Du stinkst ja fürchterlich?!« Daraufhin fängt er jedes Mal an, laut und herzhaft zu lachen, weist meine Verdächtigungen glucksend vor Vergnügen zurück und zeigt auf den Misthaufen in der Ferne. Der und nicht er würde stinken. Er nimmt diese Gelegenheit immer wieder wahr, um mir zu erklären, dass die Nachbarbauern dort oben den Mist aus den Ställen der Tiere zu Haufen aufs Feld gekippt haben, um damit demnächst das Feld zu düngen. Darüber gelangen wir auf die Anhöhe des Hügels zu dem Misthaufen und er führt mich ganz nah heran, um mich mit der Nase dicht an die Jauche zu bringen und zu überzeugen – mir fällt spontan ein, wie seine Mama und sein Papa früher an seiner Windel gerochen hatten, um zu prüfen, ob er gewickelt werden musste – woher der Gestank wirklich herrührt. Hier hat er mich nun endlich vollends überzeugt, und er ist sichtlich stolz, das geschafft zu haben.

Ich denke, dass er spätestens von hier aus wieder zum Elternhaus, das nicht mehr sichtbar ist, zurückkehren will. Er möchte aber noch weiter mit mir über das Feld ziehen und hat großen Spaß, mich in meiner gespielten Orientierungslosigkeit zu justieren. Er kann mir auch genau sagen, wo der Bauernhof von diesem und jenem liegt und wo es in Richtung Dorf geht. Darüber hinaus findet er auf dem Feld noch mehrere kostbare Fundstücke: Stöcke, Steine und für Mamas Pferd einen halben Striegel. Am Ende des Feldes angekommen, erklärt er mir, wie wir jetzt auf einem Rundweg wieder ins Dorf zurückgelangen können. Unterwegs bereitet er mich noch auf eine Kreuzstation vor, wo er mich auf eine Bank einlädt und er selbst an einer Skulptur herumklettert. Um wegen der Kälte in Bewegung zu bleiben, schlage ich vor, wieder ein Stück zu laufen und so gelangen wir schon bald wieder in den Ort zurück. Er macht mich auf den ersten Stall aufmerksam, in dem ein Stier ist und stellt fest, dass Stiere stärker sind als Menschen. Kurz darauf kommen wir auch an einem leeren Unterstellplatz vorbei, wo sonst immer, wie er mir verrät, Kühe ihren Platz hätten. Ich wundere mich ausdrücklich, ob die Kühe, weil die Plätze eben leer sind, wohl alle geschlachtet worden seien. Daraufhin lacht er laut und korrigiert mich: »Die sind alle im Stall, weil es da wärmer ist.« Zum folgenden Haus erklärt er mir, dass sie von diesem Bauern ihren Kater erhalten haben und weil darin Umbauten vorgenommen würden, dürfe man das Haus nur mit einem Bauarbeiterhelm betreten.

Wo nun der Waldweg in die Straße einmündet, zeigt er mir auch seinen Kindergarten. Dann klettert er auf die Mauer – »über die Mauer kann ich auch klettern« – geht mit mir anschließend zum Abenteuerspielplatz hinter dem Haus und erzählt mir, was sie da alles machen würden. Nun gehen, laufen oder klettern wir den auch mir wieder bekannten Weg zum Elternhaus zurück. Das geht natürlich auch nicht ohne etliche neue Erlebnisepisoden ab. Zwei sind mir davon besonders in Erinnerung geblieben. Einmal überholt uns ein Jogger und wir versuchen, sein Tempo eine Zeitlang mitzuhalten. Das klappt aber nicht lange, dann können wir beide nicht mehr. Als der Jogger schließlich in der Ferne an der Einfahrt des Elternhauses vorbeiläuft, gibt mein Enkel den Kommentar ab: »Jetzt kriegen wir ihn nicht mehr«. Zwischendurch hat er aber in einer Böschung einen weiteren kostbaren Fund gemacht, der seine Taschen ziemlich schnell auffüllt: ganz viele weiße Gehäuse, die Schnecken abgeworfen hatten. So kehren wir mit schönen neuen Erfahrungen und Schätzen in der Tasche nach Hause zurück, und Papa lässt sich neugierig von seinem Sohn davon berichten, dass er dem Opa einen neuen Weg um das Dorf herum gezeigt hat. Ich bleibe zurück mit dem Gefühl, reich beschenkt worden zu sein und bin sehr beeindruckt von meiner Erfahrung, implizit von meinem Enkel zu einem Spaziergang mitgenommen worden zu sein, auf dem er mir seine Lebenswelt gezeigt hat.

Einige Tage später bestätigte mir seine Mutter im Telefongespräch, dass diese kleine Reise um das Elternhaus wohl ein bedeutender Entwicklungsschritt in seinem jungen Leben gewesen sei. Einmal hatte er seiner Mama stolz davon berichtet, dass er dem Opa einen Weg gezeigt habe, den sie öfter mit der Kindergartengruppe unternähmen. Abends sei er nochmals darauf zu sprechen gekommen und während des Gute-Nacht-Rituals habe er seine Mama gefragt, warum sie nicht mitgegangen sei. Zwei bzw. drei Tage später wurde die Übergangsqualität unseres Spazierganges noch deutlicher. Meine Tochter formulierte es so, dass sie sich erstmals in einer neuen Weise von ihrem Sohn getrennt erlebt habe:

> Es war der erste schöne Frühlingstag. Sie hatte lange im großen Garten gearbeitet, währenddessen war mein Enkel auch um das Haus »herumgewuselt«, so wie sie es von ihm gewohnt war. Plötzlich sei ihr aber bewusst geworden, dass er nicht mehr zu sehen und zu hören war. Sie konnte ihn auch nicht finden, auch auf ihr Rufen hin erfolgte keine Antwort. Diese Situation war für sie völlig neu und zunächst beängstigend. Dann hörte sie aber den Trecker des Nachbarn brummen und sie dachte – zu Recht, wie sich nachher herausstellte – dass ihr Sohn nicht weit weg sein könnte, wenn in der Nähe ein Trecker am Werk war. Und siehe da, dort stand ihr Filius auf dem Feld des Nachbarn und schaute höchst interessiert dem Nachbarn beim Treckerfahren und beim Be- und Entladen des Anhängers zu. Die besorgte Mutter sagte ihrem Sohn, dass sie ihn gesucht und sich Sorgen gemacht hätte und dass er ihr beim nächsten Mal doch sagen möge, wenn er den Hof verlassen würde, damit sie wisse, wo er sei. Das schien ihm einzuleuchten, und zwar so sehr, dass er am selben Tag und in der nächsten Zeit mehrmals zu seiner Mutter kam, um sich vor jedem kleinen Ausflug vom Hof abzumelden.

Ich weiß nicht, ob es mit meinen Worten überhaupt möglich ist, mein Glück und meine Freude zum Ausdruck zu bringen, welche ich auf den Spaziergängen mit meinen Enkeln erlebte.

6.2 Zu zweit alleine sein

Die Fähigkeit, allein zu sein, wird von Winnicott (1974) als eines der wichtigsten Reifezeichen der seelischen Entwicklung angesehen. Sie gründet in der Verlässlichkeit des frühen Halts und den Erfahrungen des Willkommenseins und des hinlänglich guten emotionalen Versorgtwerdens. Diese

Kompetenz ist nichts Ursprüngliches, sondern wird im Austausch mit anderen Bezugspersonen, insbesondere der Mutter, erworben. Die Fähigkeit zum Alleinsein entspringt der Übergangserfahrung, als Säugling und kleines Kind in Gegenwart der Mutter oder anderer ihm bedeutsamer Personen für sich allein sein zu können. Das Paradigma wird durch Übergangsobjekte ermöglicht, insofern die frühe Bezugsperson in ihnen sowohl nicht mehr ganz anwesend als auch noch nicht ganz abwesend ist. Solche Übergangsobjekte können durch Spielzeuge, Stofftiere oder Gegenstände (insbesondere Kleidungsstücke) repräsentiert werden. Letztlich ist die gesamt erlebte Familienatmosphäre eine Ausdrucksform des »Übergangsobjektes«. Wie es eine neurotische »Familienluft« gibt, die die gesamten Beziehungen in Familien vergiftet, um es einmal mit einem Bild von Adler (1912, 1972, S. 207) zu sagen, gibt es auch eine wohlige »frische« Familienatmosphäre, in der es dem Kind möglich wird, im Miteinander allein zu sein. Das Atmosphärische scheint mir deswegen auch ein früh und subliminal wirkendes therapeutisches Agens der Psychotherapie zu sein (Heisterkamp, 2006, 2007a, 2011, 2012). Bei meinem jüngsten, zu der Zeit knapp eineinhalbjährigen Enkel sind mir die Zwischenschritte der Individuation noch besonders präsent. Deswegen möchte ich im Folgenden einige Selbstbewegungen schildern, in denen er mithilfe seiner Mutter wesentliche Fortschritte der Loslösung aus seiner primären Abhängigkeit in die zunehmende Selbständigkeit macht:

> Während der sieben Jahre alte Bruder an seinem Geburtstag gespannt auf seine Gäste und die mitgebrachten Geschenke wartete, hatte die Mutter mit Zustimmung des Geburtstagskindes angeregt, dass der jüngere Bruder derweil im Kinderzimmer des großen Bruders spielen durfte. Dieses Arrangement erwies sich psychologisch als sehr sinnvoll. Wir hörten ihn laut und zufrieden mit sich und den begehrten Spielzeugen reden. In Bezug auf Winnicott könnte man sagen, aufgrund der vorausgegangenen Erfahrungen mit den liebevollen Eltern und den hinlänglich guten mit seinem Bruder war er nun im anregungsreichen Umfeld des brüderlichen Kinderzimmers in der Lage, in befriedigender Weise für sich allein zu sein. Diese Atmosphäre ermöglichte ihm eine Übergangsform, in Gegenwart dieser Repräsentanzen seiner Eltern und seines Bruders allein zu sein.
> Dieser Entwicklungsfortschritt wurde in einer anschließenden Szene noch einmal deutlich. Sein großer Bruder und sein etwa gleichaltriger

Cousin hatten sich zu einem Bach in der Nähe aufgemacht. Wir, die erwachsenen Gäste, hatten uns – warm gekleidet – bei Kaffee und Kuchen in die an diesem Tag wunderbar warme Februarsonne auf die Terrasse gesetzt. Ich war sehr überrascht, wie schön und engagiert mein jüngster Enkel für sich alleine im Sandkasten spielte, während wir es uns an der Kaffeetafel gut gehen ließen. Nur hin und wieder kam er an den Tisch, um mit dem einen oder anderen Kontakt aufzunehmen. Die überwiegende Zeit spielte er versunken vor sich hin. Es war allerliebst, ihn dabei hin und wieder (»heimlich«) zu beobachten. Ich war mir sicher und es schien mir evident, dass seine intensiven Aktionen im Sandkasten einen wesentlichen Entwicklungsfortschritt zum Ausdruck brachten: nämlich im Beisein mit wichtigen anderen, insbesondere Mama und Papa, allein sein zu können. Diese Szene spiegelte einen wichtigen Zwischenschritt seiner Entwicklung.

Auch hier erlebte ich wieder diesen glücklichen Moment, von der unmittelbaren Existenz eines Anderen und damit auch in der eigenen Lebendigkeit angerührt zu sein. Mein in sich versunken im Sandkasten spielender Enkel stimulierte meine ureigenen Lebensbewegungen und belebte meine Freuden am familiären Miteinander.

Ein Kind kann bei der Entwicklung der Objektkonstanz auch an die Grenzen des Erträglichen stoßen. Eines Tages, als ich den 1;9 Jahre alten Enkel allein betreute und sein Bruder lieber mit seinem Freund spielte, entstand eine Situation, in der ich bzw. meine Frau und ich dem Kleinen wohl eine zu lange Trennung von den Eltern und insbesondere von seinem großen, geliebten und dennoch bekämpften Bruder zugemutet hatten.

Zunächst hatten wir beide viel Spaß auf der Autofahrt zu mir nach Hause, wo meine Frau auf uns wartete: erzählen, singen und tönen, kille-kille-machen mit einer nach hinten gereichten Hand usw. Wir kamen bester Laune bei meiner Frau an. Sie begrüßten sich freudig, und er breitete sich in unserer Wohnung gut orientiert aus: Schnell fand er die Luftballons vom letzten Treffen, räumte die Schublade mit dem Spielzeug aus, ließ sich weitere Luftballons aufblasen, holte sich Autos und Bälle heraus, spielte mit dem Kreisel und animierte uns, diesen tanzen zu lassen, um ihn dann mit Vergnügen stoppen zu können usw. Unser Vorschlag, zu einem kleinen Fluss in der Nähe zu gehen, schien für ihn sehr attraktiv und so machten wir uns auf den Weg, der – typisch für etwas naive Großeltern – viel länger dauerte, als wir ihn von unseren Spaziergängen her gewohnt waren. Für ihn war das aber kein Problem, weil der Weg von vielen großen Überraschungen geprägt war: »Wauwaus«, Schafe, ein Mann, der im Wald verschwand, Steine auf der Straße, weiße »Babysteine« usw. Außerdem hatte die Mama eine Reihe von Leckereien eingepackt, und schließlich erfanden wir noch eine Reihe von Spielen mit dem Kinderwagen. Den Höhepunkt bildete dann das Erreichen eines kleinen Strandes des nahegelegenen Flüsschens und die riesige Freude der sich damit und darin ergebenden Spiele: Steine hineinplumpsen lassen, Blätter und Stöcke schwimmen lassen, um die »Fische« mit der »Angel« wieder an Land zu holen, mit den Stiefeln ins Wasser treten oder Petra und Opa nassspritzen. Es war für uns alle ein riesiges Vergnügen, und uns war auf einmal klar, wieso seine Mutter in die Proviant- und Windeltasche auch trockene Strümpfe, Hose und T-Shirt eingepackt hatte. Sie hatte wohl geahnt, was wir noch alles benötigen würden.

Ich musste schließlich an die Zeit erinnern, weil wir ja den Rückweg noch vor uns hatten und auf dem Weg auch noch seinen Bruder abholen wollten. Auf halbem Wege wurde es dann etwas schwierig mit ihm. Er rieb sich die Augen, jammerte nach seinem geliebten Bruder und zwischendurch hörten wir auch ein sehnsuchtsvolles »Mama«. Ich brachte ihn möglichst schnell ins Auto und fuhr, nachdem sich meine Frau noch liebevoll von ihm verabschiedet hatte, los, und zwar in der Hoffnung, dass er aus Müdigkeit bald einschlafen würde. Leider trog meine Hoffnung. Sein Jammern nach Bruder und Mama und Mama und Bruder wurde immer intensiver. Es tat mir in der Seele weh, und ich merkte plötzlich an mir, wie schwer das Elend eines heimwehkranken Kindes zu ertragen ist und wie leicht Eltern, die das aufgrund welcher eigenen Erfahrungen auch immer nicht ertragen, nur supressiv reagieren können. Auch wenn ich das aufgrund meiner analytischen Erfahrungen nicht brauchte, fühlte ich mich dennoch dieser lauthals und ungehemmt geäußerten Sehnsucht meines jüngsten Enkels ausgeliefert und war erstaunt, auf welche Ideen mich diese Situation gebracht hatte und wie viel besser ich die Situation meines Enkels intuitiv zu erspüren begann.

Ich wusste natürlich, dass meine Gelassenheit trotz all seiner Aufregung eine wichtige Möglichkeit zu seiner Beruhigung war. Zunächst habe ich ihm in ziemlich adultomorpher Weise immer wieder zu verstehen gegeben, dass wir auf dem Weg nach Hause wären, dass wir seinen Bruder abholen und dass auch Mama und Papa bald zurückkehren würden. Aber noch so viele Wiederholungen schienen ihn nicht trösten zu können. Ich blieb mir dennoch sicher, dass meine ruhige und einfühlsame Anteilnahme eine wenn auch nicht hinreichende, aber immerhin notdürftige Form der Begleitung darstellte. Zeitweise konnte ich ihn auch wieder beruhigen, indem ich ihm alle möglichen Lieder vorsang. Doch auch das wirkte nicht lange. Zwischendurch musste ich an die vielen verzweifelten Eltern denken, die während der augenblicklichen Ferienzeit mit schreienden und unzufriedenen Kindern durch die Lande fuhren. Sein Zetern und Jammern konnte ich dann nur wieder für kurze Momente stoppen, indem ich immer mehr aus der Sicht des sich allein fühlenden, nach dem Bruder, der Mama und dem Papa schreienden Kindes meine Lieder erfand und sang. Ich war selber erstaunt über meine Entdeckung und noch mehr erstaunt, wenn meine melodischen und textlichen Erfindungen ihn für kurze Zeit wieder beruhigen konnten. Mit viel Mühe und Energie von uns beiden erreichten wir endlich das Wohnhaus des Freundes, mit dem sich sein älterer Bruder verabredet hatte.

Sofort gab er mir das Kommando »mit« – er wollte mit mir zusammen seinen Bruder dort abholen – und ich nahm ihn, der stimmungsmäßig wie ausgetauscht war, in die Arme, weil ich von ihm auf einmal wieder so klar und erlöst angesprochen wurde. Dann verwandelte er sich von einem Moment auf den anderen wieder zu einem höchst zufriedenen Kind, das mit den anderen Kindern spielte und schließlich nur sehr schwer wieder aufhören konnte. Als wir schließlich mit seinem großen Bruder an seiner Seite zu Hause ankamen, war er wie ausgewechselt und die alten Spiele zwischen uns liefen zu unser beider Spaß wieder ab. Als ich ihm die vor lauter Urin stinkende Windel wechseln wollte, sträubte er sich zunächst heftig. Als ich ihm vorschlug, ich würde mit ihm Pferdchen spielen, wenn er nicht mehr so stänke, ließ er sich überreden, natürlich nicht ohne auf dem Wickeltisch wieder allerlei Tret- und Trampelspiele mit mir zu veranstalten. Beim Windelwechseln merkte er wohl an meinen noch ziemlich ungeschickten Handgriffen wieder seinen basalen Verlust und rief noch ein paar Mal nach der Mama. Kaum angezogen gingen wir dann wieder lustig zum Pferdchen-Spiel über. Sein Bruder nutzte derweil die Gunst der Stunde abwesender Eltern, alle möglichen Kinderfilme privater TV-Sender neben dem Kika-Programm zu erkunden. Bei der Rückkehr der Eltern wurden sie von ihren Kindern stürmisch begrüßt. Meine Tochter war angenehm überrascht, dass ich ihren Jüngsten schon bettfertig angezogen hatte. An diesem Abend war ich völlig erschöpft und ich fragte mich wieder einmal, wie Eltern das Tag für Tag aushalten, wobei ich die Nächte nicht einmal einkalkuliert hatte.

Ein knappes Jahr später überraschte mich mein jüngster Enkel mit einem reifen Ritual der Verabschiedung, das ja einen wesentlichen Zwischenschritt jeder zeitweisen Trennung darstellt.

Ich hatte wieder einmal mit ihm (2;7 Jahre alt) in einem weiträumigen Reitstall über zwei Stunden lang gespielt, während seine Mutter einen Ausritt machte. Nach einem über zweistündigen gemeinsamen Spiel mit ihm, z. B. mit ihm auf die Mauer klettern, mich an die Pferdeleine nehmen und diese an einem Ring für Pferde festbinden, den Trick mit der Öffnung des Mechanismus bei dem Pferdestrick ausprobieren, Bobbycar- und Treckerfahren, helle Steine suchen und unter Wasser reinigen, die Geräte auf dem Spielplatz ausprobieren, mit Pistolen schießen, Cowboyspielen, auf Opas Rücken Pferdchen spielen, nachlaufen, rutschen, auf einen Turm klettern usw. usw. Vor allen Dingen das letzte Spiel, nämlich das Hinaufklettern auf einen Turm mit meiner Hilfe und das anschließende Herunterrutschen hatten wir mit viel Spaß variiert. Es war mittlerweile schon relativ spät, und ich merkte an mir, aber auch besonders an ihm, dass wir beide müde wurden. Gegen Ende unseres Spiels sagte er einmal in fragendem Ton: »Mama?«. Ich schlug ihm vor, weil ich es auch an der Zeit fand und auch vermutete, dass seine Mutter schon längst wieder zurückgekehrt war, zur Pferdebox zu gehen, um nachzuschauen. Er nahm das zur Kenntnis, hatte dann aber noch weitere Spielideen. Nach einer Weile rutschte er noch einmal die Rutsche herunter, blieb an diese angelehnt stehen und sagte so halb vor sich hin: »Es ist langweilig.« Ich war erstaunt, dass dieser Kleine seinen emotionalen Zustand so deutlich artikulieren konnte und schlug ihm vor, zur Pferdebox zu gehen, da die Mama sicherlich mittlerweile zurückgekehrt und vermutlich dabei sei, das Pferd abzusatteln oder die Box zu reinigen. So machten wir uns denn auf den etwas verwinkelten und längeren Weg dorthin. Hierbei entdeckte er natürlich wieder etliche Spielmöglichkeiten, auf die sein Opa natürlich auch wieder gerne einging.

Als wir dann an einem der Parkplätze angelangt waren, spielte er noch einmal bei einem gewissen Rundlauf mit mir Nachlaufen und Verstecken. Dabei versteckte er sich hinter den Autos und gab mir Rufzeichen, damit ich ihn auch nicht verfehlen würde. Auf einmal stutzte er, mir war, als huschte ein leiser Schrecken über sein Gesicht, dann lief er auf das Auto seiner Mutter zu, die uns schon von der noch weiter entfernt liegenden Box entgegengefahren war. Als sie ihn freudig begrüßte, fragte er etwas bang, als hätte er für einen Moment Angst gehabt, dass sie ohne ihn fortgefahren wäre: »Wohin fährst du?« Sie hatte offenbar seinen emotionalen Zustand sofort erfasst und antwortete ihm beruhigend: »Ich bin euch schon entgegengefahren und wollte dich abholen.« Das verstand er, lief sofort zum Auto und wollte in den Sitz klettern. Doch dann hielt er inne.

Ich merkte, wie er sich besann, dann noch einmal um das Auto herumlief und mir– völlig ohne irgendeine Aufforderung – zurief: »Tschö, Opa!« Ich fühlte mich von seinem Verhalten tief beglückt und staunte mit meiner Tochter über diese »reife Leistung«. Hunderte andressierter Begrüßungen und Verabschiedungen könnten dieses Glücksgefühl eines spontanen Kontaktes mit einem Zweieinhalbjährigen nicht aufwiegen. Mit einer herzlichen Umarmung verabschiedete ich mich von meiner Tochter, klopfte noch einmal mit der Hand aufs Autodach und winkte den beiden nach. Mit dem erhebenden Gefühl über diesen wunderschönen Nachmittag, bei dem ich meine arthritischen Knieschmerzen fast völlig vergessen hatte, fuhr ich nach Hause, und die kleine Jacke von meinem Enkel, die wir vorher in meinem Kofferraum verstaut hatten, fuhr mit. Ich antwortete auch gerne und ausführlich auf die interessierte Frage meiner Frau, wie es denn »mit unserem süßen Moppel« gewesen sei.

Hier hatte mein gerade einmal zweieinhalbjähriger Enkel schon eine authentische Form der Verabschiedung entdeckt, indem er die Trennung in den Übergangsraum eingebaut hatte und das Wiedersehen sozusagen antizipierte. Er war auch gut vorbereitet auf eine schwierige Entwicklungsaufgabe, als seine Mutter in jener Zeit ihr Praktikum in einer psychiatrischen Klinik absolvierte. Glücklicherweise ergab sich kein Trennungsdrama, sondern wieder eine amüsante Episode. Es war eines der ersten Male, als sie in die Klinik fuhr und für mehrere Stunden abwesend war. Das bedeutete die erste längere Trennung von ihren Kindern. Ich kann mir gut vorstellen, dass sie dabei auch des Öfteren, nicht ohne Sorgen, an ihren Jüngsten gedacht hat und sich die bange Frage stellte, wie er diese relativ lange Abwesenheit von ihr wohl verkraften würde.

> So lag es nahe, dass sie am Abend nach der Rückkehr ihren Jüngsten fragte, was er denn so im Laufe des Tages mit Birgit, der Tagesmutter, gemacht hätte. Daraufhin berichtete er vergnügt von vielen Spielen miteinander. Ich kann mir gut vorstellen, dass es für die Mutter beruhigend war zu hören, wie gerne er mit »Bibi«, die ihm schon von frühester Kindheit an durch die Betreuung des großen, mittlerweile siebenjährigen Bruders vertraut war, gespielt hat. Als nun abends der Vater, der als analytischer Kinder- und Jugendlichentherapeut mit den Problemen früher Trennungen vertraut ist, vermutlich ebenfalls besorgt, seinen Sohn fragte, was er denn heute mit Bibi alles gemacht hätte, da schaute ihn sein Jüngster an und sagte mit dem dazugehörigen gequälten Tonfall und mit Blick auf seine Mutter: »Hooohh, schon fünfmal sagt!«

Beiden Eltern war natürlich klar, dass sie hier von ihrem Sohn zu hören bekamen, wie lästig er das Nachfragen seiner Eltern erlebte. Wie man allein schon den Worten des Zweieinhalbjährigen entnehmen kann, ist seine Reaktion sicherlich angelehnt an das Vorbild seines großen Bruders, der als Siebeneinhalbjähriger seine Verselbstständigung natürlich noch forcierter betrieb. Seine Reaktion wird für die Eltern erleichternd gewesen sein, insofern er die Zeit auch mit seiner vertrauten Birgit vergnüglich gestaltet hatte. Bei einem späteren Besuch, mein Enkel war inzwischen drei Jahre und zwei Monate alt, habe ich ein weiteres schönes Beispiel eines Zwischenschrittes seiner Individuation kennen gelernt. Er besaß seit langem einen Eisbären, den er fast immer unter dem Arm trug, den er mit ins Bett nahm, um mit ihm einzuschlafen.

> Als ich die Familie wieder einmal besuchen kam, verwies mein jüngster Enkel darauf, dass er das von meiner Frau fotografierte und ihm per Post zugeschickte Bild seines Eisbären an der Pinnwand hängen hatte. Mit diesem Foto hatte es die Bewandtnis, dass wir uns vor zwei Wochen auf einer Familienfeier gesehen hatten und er nach Anleitung meiner Frau den Eisbären selber mehrmals fotografierte. Und jetzt verwies er darauf, »Petra macht«. Dann holte er das Bild herunter. Während des Spielens lief er damit auch zu seiner »Mama«, hielt es ihr vor die Brust und sagte: »Ankleben«. Ich fand das außerordentlich rührend, aber auch urkomisch, was er da mit ihr machte. Seine Mutter war gerade von der Arbeit nach Hause gekommen und hatte den Kleinen kaum gesehen. Dann kuschelten die beiden kurz, und auf einmal sagte er: »Nicht mehr kuscheln«. Schließlich erzählte seine Mutter, dass er vor ein paar Tagen von dem Vater ins Bett gebracht worden sei und dann noch einmal nach der Mama gerufen habe. Als sie darauf in sein Zimmer gekommen sei, habe er sie gebeten: »Noch einmal kuscheln«. Danach habe er sie innig in den Arm genommen und sei dann vermutlich selig eingeschlafen.

Ich beschreibe das nicht nur, weil es einfach so anrührende Entwicklungsgeschichten zwischen Mutter und Sohn sind, sondern auch, weil sie meine analytische Kompetenz in basaler Weise fördern und gefördert haben. Erst über meine Enkel und ihre Erfahrungen, die sie machen, bis sie sich verselbstständigt haben, bekomme ich ein ganz neues Gespür dafür, wie lange Kinder brauchen, um sozusagen aus ihren frühen Sphären der Gebundenheit mit ihren Eltern zu einer eigenen Wirklichkeitsgestaltung zu gelangen. Diese Erfahrungen machen mir noch verständlicher, wie schwer es für viele, insbesondere unsere Patienten, gewesen sein muss, eine flexible Regulierung zwischen Nähe und Abstand entwickeln zu können, da ihnen diese kontinuierliche Resonanz auf ihre Entwicklungsschritte vorenthalten worden ist. Ich merke, wie vergleichsweise notdürftig verbale Interventionen sein können und wie fundierend gelebte Erfahrungen sind und dass entsprechende Erfahrungsdefizite nicht übersehen oder nur kognitiv übersprungen werden dürfen. Das bedeutet, dass man sich einfühlen kann in die Vielfalt der Zwischenschritte, die auch erwachsene Patienten mit unentwickelt gebliebenen oder fehlenden seelischen Strukturen brauchen, um seelisch weiterkommen zu können.

6.3 Eigene Entwicklungsschritte

Der Prozess der Loslösung von den frühen Bezugspersonen ist mir selber schwer gefallen und auch nicht leicht gemacht worden. Hier lässt sich direkt an die dramatische Geschichte aus dem vorigen Kapitel, wie ich gestillt und abgestillt wurde, anknüpfen. Diese Erfahrungen haben sich grundlegend und nachhaltig auf mein Leben und meine Entwicklung ausgewirkt. Meine Trennungsangst während des zweiten und dritten Lebensjahres und die entsprechenden Sicherungen sind für mich in einer bleibenden Erinnerung ganz bewusst geblieben.

> Ich liege in meinem Gitterbettchen, das lange im kleinen Schlafzimmer der Eltern stand. Da ich offenbar nicht einschlafen konnte, hatte sich mein Vater auf die Bettkante des Bettes gesetzt, in dem nachts meine Mutter schlief, und mein Händchen gehalten, das ich ihm durch das schmale Gitter des Kinderbettchens entgegengestreckt hatte. So wartete er geduldig und liebevoll, bis ich eingeschlafen war. Ich fühlte mich in dieser Situation sehr wohl.

Dieses Thema wiederholte sich in modifizierter Form während der Schulzeit. Besonders spürbar wurde das für mich an dem Gefühl des Heimwehs, unter dem ich regelmäßig gelitten hatte, als wir in der Unterstufe des Gymnasiums ins zwei Autostunden entfernte Schullandheim fuhren. Ich erinnere mich noch genau, dass mir meine Mutter die alte, mit Apfelsaft gefüllte Soldaten-Feldflasche meines Onkels, dem Bruder meiner Mutter, mitgegeben hatte, und ich während der gesamten Busfahrt nicht davon lassen konnte. Bis zur Ankunft hatte ich sie völlig ausgetrunken. Auch erinnere ich mich noch sehr deutlich daran, wie mir schon damals mein Verhalten als irritierend und eigenartig (mit heutigen Worten »das Suchtartige meines Durstes«) aufgefallen war und mich verwirrt hatte. Ich musste später noch oft verwundert daran denken, bis ich in den für den Erwerb des psychotherapeutischen Berufes typischen Selbsterfahrungen und Selbstanalysen mein Verhalten immer tiefer zu verstehen lernte.

Noch ein weiteres Ereignis ging mir nicht aus dem Sinn, nämlich ein total missratenes Diktat in der Grundschulzeit. Im Laufe meiner Selbsterfahrungen ist mir aufgefallen, dass diese auffällige Fehlleistung nicht nur oder weniger durch eine fiebrige Erkrankung, wie meine Mutter es immer hingestellt hatte, bedingt war, sondern dadurch, wie ich eines Tages überrascht feststellte, dass meine Schwester geboren worden war. In meiner Gebundenheit an meine Mutter empfand ich die Geburt meiner Schwester als eine Zurücksetzung, was bei mir wohl zu einer großen Irritation geführt hatte. Bestärkt wird das auch noch durch den Kontrast zwischen dem Bild einer von mir als widerlich empfundenen alten Lehrerin (4. Schuljahr), die mir eine schlechtere Note in Rechtschreibung verpasst hatte, und der hübschen jungen Lehrerin (1.-3. Schuljahr), deren liebevolles Wohlwollen und deren sehr gute Beurteilungen mich sehr gefördert hatten. Mit dieser Spaltung meiner libidinösen und meiner aggressiven Tendenzen versuchte ich wohl notdürftig die heftig erlebte Kränkung der Zurücksetzung zu verarbeiten. Wie stark offenbar die Gebundenheit an meine Mutter damals noch war, ist wohl auch aus dem mit neun Jahren relativ großen Altersunterschied zu meiner Schwester zu entnehmen. Wie sehr auch meine Mutter sich von mir abhängig fühlte, wird generell daran deutlich, dass sie sich während ihres ganzen Lebens ambivalent an ihre Eltern gebunden fühlte. Speziell sei dies an einer geradezu kuriosen Reaktion verdeutlicht. Als ich sie vor Jahren einmal fragte, wieso sie und mein Vater mich nicht in den Kindergarten geschickt hätten, antwortete sie mir mit vollem Ernst und mit dem entrüsteten Unterton, wieso ich denn eine solch unpassende Frage überhaupt noch stellen würde: »Das hättest du doch nie geduldet.«

Der Witz dieser Äußerung verdeckt leicht die Bedingungen, die als historischer Kontext meine und die Individuation meiner Mutter überformen. Meine alterstypischen und personcharakteristischen Ängste wurden noch dadurch gesteigert, dass veränderte Lebensumstände mich als Kriegskind zusätzlich unter Spannungen setzten. Mir fällt hierzu eine Evakuierung mit meiner Mutter, meiner Großmutter und meiner Tante ein, die ich als katastrophale Erfahrung in Erinnerung habe und die auf Betreiben meiner Mutter nach kurzer Zeit abgebrochen wurde. Meine Mutter äußerte auf archaische Weise, dass sie lieber im Luftschutzkeller an der Seite ihres Mannes sterben würde, als in der so feindseligen und fremden Atmosphäre des vorgefundenen Ortes der Evakuierung zu verweilen. Ich erinnere überhaupt nichts Näheres, fühlte mich aber genau in derselben Verfassung und habe das sichere Gefühl, dass sie mir in dieser Situation aus dem Herzen sprach.

> Diese Form der Verarbeitung war bereits vorstrukturiert durch eine noch frühere Trennungserfahrung, der meine Mutter und ich durch die nationalsozialistische Praxis der Entbindung ausgeliefert waren. Die Schwarze Pädagogik des 19. und des beginnenden 20. Jahrhunderts ist von der Erziehungsdressur des Nationalsozialismus perfektioniert worden. Die Ärztin Johanna Haarer wurde mit dem Buch »Die deutsche Mutter und ihr erstes Kind« (Erstauflage 1934) zum Sprachrohr dieser Erziehungsdressur. Sie wandte sich ab von den frühen Erkenntnissen der Psychologie und Psychoanalyse sowie den Überzeugungen der Reformpädagogik. Mit pseudowissenschaftlicher Vehemenz richtete Haarer die jungen Eltern auf die Trennung von Mutter und Kind nach der Geburt aus, darauf das Baby sich möglichst bald selbst zu überlassen, es nur ja nicht zu verzärteln, sich insbesondere vor Affenliebe zu hüten, und eine rigide und extrem frühe, d.h. vorzeitige Sauberkeitsdressur durchzuführen usw. Im Jahr meiner Geburt (1937) war die Auflage auf 100.000 gestiegen. Bis Kriegsende wurden 700.000 Exemplare verkauft. Dieses Standardwerk deutscher Erziehung wurde 1987 (!) zum letzten Mal aufgelegt (Bode, 2013).

Das oben geschilderte Abstilltrauma ist deswegen selbst noch eine Übergangserfahrung. Meine Mutter hat oft beklagt, dass sie unmittelbar nach meiner Geburt von mir getrennt wurde und in ein leeres Zimmer abgeschoben worden sei. Hier wird eine natürliche Symbiose nicht nur schmerzhaft im Sinne der damaligen pseudopädagogischen und nationalsozialistischen Weise zerstört, sondern das Neugeborene leidet doppelt unter dem Trennungsschock: Zum einen durch die Abschiebung und die damit verbundene Hospitalisierung, zum anderen durch die projektive Identifizierung mit der Not der Mutter. Der Säugling ist mit viel weniger Abwehrmöglichkeiten als die Mutter der gewaltsamen Störung seiner Wirklichkeit ausgeliefert. Es stehen nur noch psychosomatische Abwehr- und Sicherungsformen zur Verfügung. Entwicklungsinadäquate (»kognitive«) Interventionsformen scheitern an der basalen Abwehr der frühen Widerfahrnisse und verhindern alle Versuche, sie zu integrieren bzw. gar zu vergessen. Das »Gedenk und vergiss« (Leuzinger-Bohleber & Schmied-Kowarzik, 2001) stößt sich hier an den archaischen Formen der Abwehr und »schreit nach« oder »drängt zu« Interaktions- und Behandlungsformen, die jenseits der Deutung und der Kognition liegen.

Wie viele Entwicklungsängste und -nöte aus diesen und ähnlichen Episoden sprechen, darauf machte mich eine meiner eigenen Töchter mit kindlicher Treffsicherheit aufmerksam. Sie bot uns ein schönes Beispiel, wie sich die stabilen Seiten des Selbst immun gegen die neurotisierenden Einflüsterungen eines Großelternteils zeigen. So wurde sie einst von meiner Mutter, also ihrer Großmutter, eine Zeitlang in den Kindergarten gebracht. Der Weg führte sie an einer Zugstrecke vorbei, die bei offener Schranke überquert und bei geschlossener Schranke durch eine Unterführung passiert werden konnte.

> Eines Tages weigerte sich meine Tochter, sich weiter von ihrer Oma zum Kindergarten bringen zu lassen. Auf unsere erstaunte Frage antwortete sie klar: »*Die Oma hat Angst.*« Weiterhin erklärte sie, dass sie so gerne durch die Unterführung laufen würde, auch wenn kein Zug käme, aber die Oma immer über den Übergang gehen bzw. vor den Schranken warten wolle, weil sie Angst habe, dass sie da unten »einem bösen Mann« begegnen würden. Meine Tochter hat dabei mit intuitiver Sicherheit ein zentrales Lebensthema der Oma erfasst und – was ich schon damals sehr bewundert habe – eine eindeutige Trennung zwischen ihrer Neugier und Omas Angst gezogen. Hier liegen sicherlich basale Ressourcen für eine reife Lebensgestaltung. Die Differenzierung meiner Tochter ist auch für mich eine ermutigende Erfahrung geworden, nämlich zu erleben, dass meine damalige Frau und ich es einmal so weit gebracht hatten, unsere Tochter in die Lage zu versetzen, sich ihrer Großmutter gegenüber schon so klar artikulieren zu können.

Das Beispiel zeigt auch deutlich, dass der natürliche Abstand zwischen Großeltern und Enkelkindern förderlich ist für die Bewältigung der mit der Selbstwerdung verbundenen Spannungen und Konflikte. Sich auf die Weise aus den Be*nötigungen* der eigenen Mutter zu befreien, von der man sich noch in vielfältiger Weise abhängig fühlt, stellt für das kleine Kind eine Überforderung dar. Der natürliche Abstand zu den Großeltern erhöht hier die Möglichkeiten und Chancen der Individuation. Die Schattenseite dieser größeren Distanz liegt darin, dass Enkelkinder und/oder Großeltern den Bezug zueinander leichter verlieren können. Die relative Nähe, die Großeltern als Eltern der eigenen Eltern haben, bildet hier aber wieder einen gewissen Schutzfaktor. Die Ferne und die Nähe zwischen Großeltern und Enkelkindern haben also ihre förderlichen und ihre hinderlichen Seiten.

Den Segen einer reifen Position habe ich durch meine Zwillingstöchter erfahren, als sie bereits zu Hause ausgezogen waren. Sie hatten mir zum letzten Weihnachtsfest, das ich noch mit meiner ersten Frau, also ihrer Mutter verbracht hatte, ein handgeschriebenes Haushaltsbuch geschenkt.

Sie nahmen damit Bezug auf meinen im nächsten Jahr anstehenden Auszug. Ich erlebte darin für mich eine nie erwartete Unterstützung, aus der mittlerweile erstorbenen Ehebeziehung herauszufinden. Für meine Zwillinge war sicherlich viel deutlicher als für mich und meine damalige Frau, dass ein Ende mit Schrecken leichter zu ertragen wäre als ein Schrecken ohne Ende. Auch der damit verbundene Neubeginn, der für ihre damalige Lebensphase gerade typisch war, wurde wesentlich eher von ihnen als von mir selbst antizipiert. Das Haushaltsbuch war humorvoll nach dem abgebildeten Muster aufgebaut.

Auf jeder Seite wurde ein Küchen- oder Haushaltsgerät abgebildet, mit detaillierten Bedienungsanleitungen versehen oder Rezepte von Speisen sowie ihre schrittweise Zubereitung erläutert. Obwohl meine Trennung und mein Auszug schon feststanden, wurde ich von meinen ältesten Töchtern in einem entscheidenden Entwicklungsschritt liebevoll und humorvoll ermutigt. Mit ihrem Geschenk halfen sie mir, die schrecklichen Schuldgefühle gegenüber meiner damaligen Frau und meiner jüngsten Tochter zu lindern.

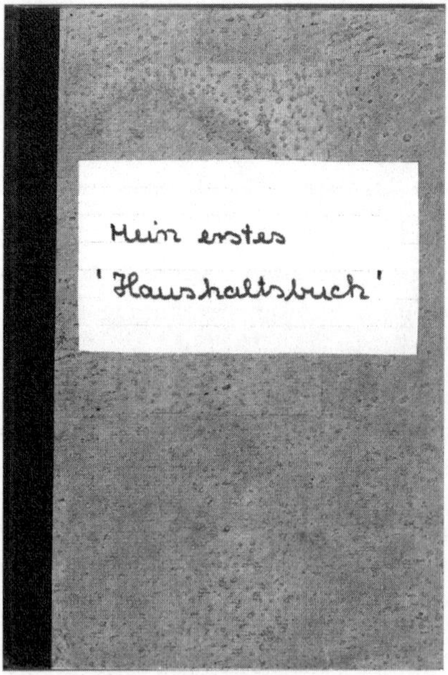

Mein erstes Haushaltsbuch

Hierzu passt auch eine verspätete Entwicklungshilfe meiner Mutter aus der Zeit, in der wir uns immer besser über unsere Vergangenheit unterhalten konnten. In der Zeit meiner späten Verselbstständigung musste ich alles lernen, was zur Führung eines Haushalts gehört. So fragte ich sie eines Tages nach dem Rezept eines meiner Lieblingsgerichte.

Sie stutzte kurz und hob erstaunt hervor, dass sie mir das ja auch schon viel früher hätte beibringen können. Mir rutschte schmunzelnd über die Lippen: »Aber Adele, dann wäre ich doch nie so abhängig von dir geworden!« Danach mussten wir beide lachen und sie gab mir verschmitzt mit gespieltem Arger »Ach, du Biest« zurück. Wir hatten uns offenbar beide gut verstanden. Dazu musste ich allerdings über 50 Jahre und meine Mutter fast 80 Jahre alt werden!

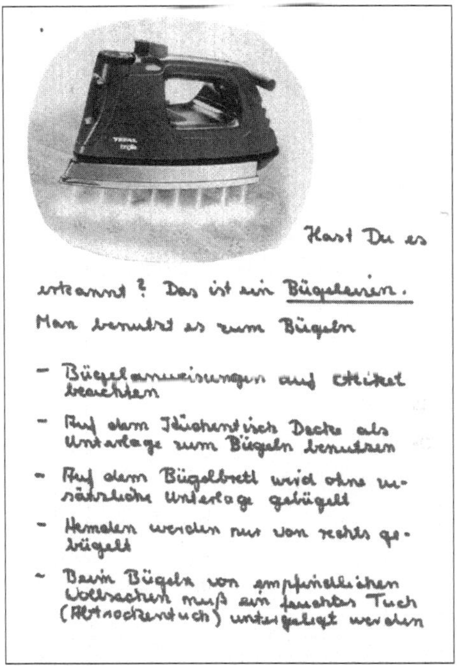

Das ist ein Bügeleisen

Ein Traum, in dem mein jüngster Enkel (1;8 Jahre alt) eine wichtige Rolle spielt, beleuchtet die Dimension meiner frühen Beziehung zu meiner Mutter:

> Er befindet sich vor einem hell gestrichenen Küchenschränkchen und öffnet begeistert nacheinander die Flügeltüren und die Schubladen mit ihren runden Knäufen. Er hat großen Spaß und seine Augen leuchten vor Entdeckerfreude. Sein Strahlen wird freudig beantwortet von der Mutterfigur neben ihm. Es ist ein Glück, den beiden zuzuschauen. Analog dazu fällt mir ein kleines Schränkchen ein, das in der Küche meiner Eltern neben dem Spülstein stand, das unten eine Flügeltür besaß und darüber vier kleine Schubladen mit je einem Knauf zum Aufziehen. Das Bild, das ich vor Augen hatte, war, wie mein Enkel mit großem Vergnügen nacheinander die Schubladen aufzieht und wieder schließt. Er hat sichtbar Spaß an seinem Wirken. Er wird dabei von einer jungen Frau, die mir etwas schemenhaft bleibt, liebevoll und ermunternd begleitet. Ich selber bin teilweise Beobachter und teilweise auch in der Szene. Tief berührt mich der

liebevolle Austausch zwischen der resonanten Mutterfigur und dem sich stolz gebärdenden Sohn. Mir fällt nachher sofort meine Tochter ein, die Mutter meines Enkels.

Mir treten vielfältige Situationen vor Augen, in denen ich dem liebevollen Spiel von beiden zugeschaut habe. Das Schränkchen neben dem Spülstein in der Küche meiner Eltern führt mich natürlich schnell zu dem Sinn der schemenhaften Darstellung der Mutterfigur im Traum. Das Verhalten der Frau passt durchaus auch zu dem meiner Mutter, als ich in diesem Alter war. Ich erlebte aber neben diesen glücklichen Szenen auch eine mich wohl so quälende Be*nötigung*, dass ich bis heute noch geneigt bin, diese ermutigenden Entwicklungsförderungen verschwimmen zu lassen. Deswegen konnte ich die weibliche Figur im Traum wohl nur schemenhaft artikulieren bzw. sie durch meine Tochter ersetzen.

Im Gespräch mit meiner Frau stellen sich auch etliche Tagesreste und Bezüge zu meiner aktuellen Wirklichkeit ein. Wir befanden uns zurzeit des Traumes im Urlaub, und beim Abendessen hatten wir mit Vergnügen die von seiner Mutter begleiteten Entdeckungsreisen eines etwa zweijährigen Jungen hinter die Bar des Bedienungspersonals mit ihren vielen »Schatzkästchen« beobachtet. Darüber hinaus hatte ich einige schöpferische Pausen genutzt, um Einfälle zu meinem geplanten Buch über Großeltern und Enkelkinder zu notieren. Besonders gut tat mir auch der Bezug, den meine Frau zu meinen aktuellen Forschungsprojekten herstellte. Mir fielen sofort mehrere zur Veröffentlichung anstehende Publikationen ein, u. a. mehrere Aufsätze zur Freude in der Entwicklung und in der psychotherapeutischen Behandlung.

Die Responsibilität meiner Frau erfüllte mich mit tiefer Zuneigung und Dankbarkeit. Mit ihrer Hilfe wurde ich auf frühe Quellen meiner schöpferischen Kräfte aufmerksam gemacht und konnte wesentliche Ressourcen weiter vom »Schutt« nachträglicher Selbstsicherungen befreien. Es wurde mir in wohltuender Weise zugänglich, wie ich dieses Bild kindlicher Entdeckungsfreude mittlerweile verinnerlicht hatte und mich selbst zu ermutigen imstande war. In der Besprechung meines Traumes mit meiner Frau konnte sich ein freudiges Bewegungs- und Beziehungsmuster verwirklichen und ausgedrückt werden, das – wenn auch beeinträchtigt oder behindert – bis in meine frühe Kindheit zurückreicht. Ich bin von dem Traum mit meinem jüngsten Enkel und seinen vielschichtigen und komplexen Bedeutungen beeindruckt. Er verdichtet die Beziehung zu meinem Enkel, zu meiner Tochter, zu meiner Frau, zu anderen und zu mir selbst.

Er zeigte mir, wie wir in schöpferischen Prozessen permanent das Seelische neu strukturieren. Indem dies geschieht, bearbeitet das Seelische seine Vergangenheit, gestaltet die Gegenwart um und entwirft die Zukunft neu. Das beglückende Zusammenspiel zwischen meinem Enkel und meiner Tochter evoziert ebenso eine Veränderung meiner frühen Erfahrungen, insbesondere mit meiner Mutter, wie auch eine Veränderung meiner gesamten Wirklichkeit. Diese ununterbrochenen Selbstbewegungen und Selbstbehandlungen des Seelischen bewegen mich zutiefst.

6.4 Zum Entwicklungsverständnis in unserer Gesellschaft

Durch ein vertieftes Verständnis für die frühe Entwicklung wächst den Eltern und insbesondere den Großeltern eine wichtige generative Funktion in unserer Gesellschaft zu. Die unmittelbaren persönlichen Erfahrungen sensibilisieren für die aktuellen Fragen zur frühkindlichen Erziehung. So sprach mir die Redakteurin Eva Quadbeck mit ihrem Artikel vom April 2012 in der Rheinischen Post aus dem Herzen. Darin stellte sie fest, dass es in der Debatte um das Kindergeld längst nicht mehr um das Wohl des Kindes gehe, sondern dass sich die Familien- und Sozialpolitiker wie die Teppichhändler aufführten: Kita-Plätze gegen Betreuungsgeld, Betreuungsgeld gegen Mütterrente, Mütterrente gegen Praxisgebühr. Das grundlegende Problem sieht sie darin, dass es in dieser ideologischen Debatte wie auf einem »Betreuungs-Bazar« zuginge und es in der Familienpolitik an einer durchgängigen Linie fehle. Im Wahlkampf werden die dialektischen Spannungen, die allen Lebensbewegungen immanent sind, immer wieder verleugnet. Da wird in dem einen Parteiprogramm die Kitabetreuung idealisiert und in dem anderen verteufelt. Es ist unangemessen, in einem primitiven Entweder-Oder die seelischen Zusammenhänge tendenziös zu spalten. Stattdessen sind die grundlegenden Spannungen des Seelischen zu beachten und die altersgemäßen Entwicklungshilfen bereitzustellen, die wir unseren Kindern schuldig sind. Die theoretisierende Diskussion um das Phänomen sich verringernder Geburtenraten einerseits und die Forderung nach mehr »Krippenplätzen« andererseits erfüllt mich als Psychoanalytiker mit Skepsis. Die gleichzeitigen politischen Rufe nach mehr Kindern *und* nach mehr Krippenplätzen für Kleinkinder lässt den Tiefenpsychologen in mir sorgenvoll fragen, ob wir in diesem sozialen Betreuungsumfeld den Kleinkindern Erfahrungen ermöglichen, in denen sie sich in ihrem familiären und gesellschaftlichen Kontext willkommen und sicher fühlen können und förderliche Bedingungen für ihre Entwicklung vorfinden.

Das Memorandum der Deutschen Psychoanalytischen Vereinigung (2008) hebt unmissverständlich hervor, dass die sicher erlebte Bindung des Kindes geradezu eine Überlebensnotwendigkeit darstellt und dass es unumgänglich ist, Eltern und Personal für die Anzeichen unsicherer Bindungen und für die daraus resultierenden katastrophalen Folgen zu sensibilisieren. Wenn ein Kind sich in seiner Familie sicher gebunden fühlt, wird es sich vermutlich mit einer zusätzlichen außerfamiliären Betreuung anfreunden und von den neuen Erfahrungen anregen lassen. Als Faustregel gilt, dass die psychische Gesundheit um so gravierender gefährdet ist, je jünger das Kind ist, je geringer sein Sprach- und Zeitverständnis sind, je kürzer die Eingewöhnungszeit in Begleitung der Eltern ist, je länger der tägliche Aufenthalt in der Krippe ist, je größer die Krippengruppe ist, je wechselhafter die Betreuungen sind. Die Gestaltung von Bindungen und die Bewältigung von Trennungen sind lebenslang die schwierigsten seelischen Aufgaben des Menschen.

In einem von Ermann im Namen des Forums der Psychoanalyse (2007) durchgeführten Interview mit Christiane Ludwig-Körner, die in Berlin als Psychoanalytikerin die Eltern-Säuglingsberatungsstelle leitet und als Professorin der FH Potsdam verantwortlich für den Studiengang »Bildung und Erziehung in der Kindheit« ist, wird bei der Frage, ob Kinderkrippen gut genug sind, die Grundlage ebenfalls in der sicheren Bindung zu den Betreuungspersonen gesehen. Es wird ausdrücklich hervorgehoben, dass die Umsorgung des Kindes umso verlässlicher und überschaubarer sein muss, je jünger es ist. Häufig wechselnde oder wenig resonante Bezugspersonen bergen ein hohes Entwicklungsrisiko und unsichere Bindungsmuster erzeugen eine nachhaltige negative Wirkung. Es bedarf besonders kompetenter Erzieher/innen, die aufgrund der eigenen Entwicklungsreife in der Lage sind, für Kinder zum Entwicklungsobjekt zu werden. Als solches können sie sich empathisch in die jeweiligen Entwicklungskonflikte einfühlen, bieten Kindern durch ihr eigenes Beziehungsverhalten Möglichkeiten an, ihre sicheren Bindungserfolge zu stabilisieren und regen sie an, ihre labilen Selbst- und Bindungserfahrungen allmählich zu wandeln. Diese hohen Kompetenzen, ermutigende und förderliche Beziehungen zu Kindern aufzubauen, die sich auf einer anderen Entwicklungsebene befinden, erfordern eine besondere Vorauswahl und eine besondere Vorbildung. Ich kann aus meiner langjährigen psychotherapeutischen Praxis und nach langjähriger Erfahrung mit meinen Kindern und Kindeskindern nur bestätigen, dass für diese persönlich und gesellschaftlich verantwortlichen Funktionen kompetente und feinfühlige Fachkräfte notwendig sind.

Mittlerweile gibt es laut Interview mit dem Bindungsforscher und Kinderpsychiater Karl Heinz Brisch in der ZEIT vom Januar 2014 genügend Kitaplätze. Wegen der Qualität der Betreuung drohen aber noch die Risiken der Krippenerziehung. Die entwicklungsförderliche Betreuungsrelation von Kleinkindern wird aufgrund internationaler Studien bei eins zu zwei, also einer Erzieherin für zwei Kinder, und bei etwas älteren Kindern bei einer zu drei angesiedelt.

> »Das ist in den allermeisten Krippen in Deutschland nicht gegeben. Da gibt es Verhältnisse von eins zu sechs, eins zu sieben oder eins zu acht. Wir haben zwölf und mehr Kinder in einer Gruppe mit formal zwei Erzieherinnenstellen. Und diese zwei Stellen teilen sich oft auch noch mehrere Teilzeitkräfte, die nur an bestimmten Tagen und zu bestimmten Stunden in der Krippe sind« (Brisch, 2014, S. 61).

Darüber hinaus fehlt den heutigen Erzieherinnen eine gezielte Ausbildung für den Bereich der frühen Entwicklung. Damit sinken die Chancen und steigen die Risiken einer Krippenbetreuung.

7. Dramatik in Familien

7.1 Die Dreieckskonstellation als Entwicklungsaufgabe

Großeltern können bereits bei der frühen und ganz besonders bei der ödipalen Triangulierung eine wichtige Entwicklungsfunktion übernehmen. Die Dreieckskonstellation Mutter-Vater-Kind, sowohl als primäre als auch als sekundäre Triangulierung, stellt die Entwicklungs- oder Lebensaufgabe eines jeden Menschen dar. Auch hierbei können Großeltern aus der Position einer intimen Distanz heraus zum Entwicklungsobjekt werden oder im ungünstigen Fall leidvoll an entsprechenden großfamiliären Verstrickungen und Verwerfungen beteiligt sein. Das turbulente Geschehen in Familien zu erfassen ist eine methodische Herausforderung. Erst allmählich entwickelte sich in der Geschichte der Psychoanalyse ein Verständnis für die Dynamik dieser Wirkungszusammenhänge.

Seit Freud wissen wir um die ödipale Konstellation als Entwicklungsnotwendigkeit und als Entwicklungsanregung. Die Dreieckssituation zwischen Mutter, Vater und Kind stellt das Kind von Beginn seines Lebens an und mit besonderer Heftigkeit in der ödipalen Phase vor die Notwendigkeit, eine entwicklungsfähige und haltbare Lösung für dieses Beziehungsgefüge zu erwerben, die prototypisch für die spätere Form der eigenen Wirklichkeitsgestaltung wird. Die von Freud besonders beobachteten Allianzen in der Triade sind die zwischen Mutter und Sohn sowie zwischen Vater und Tochter: Eine reife Strukturierung der ödipalen Situation setzt ein flexibles Beziehungsmuster voraus, in dem nach Rohde-Dachser (1987, S. 780f.) fünf Bedingungen erfüllt sind:

- Mutter, Vater und Kind sind voneinander differenziert; sie nehmen sich als voneinander getrennte Individuen wahr.
- Zwischen allen dreien bestehen reziproke Beziehungen.
- Alle billigen diese Situation.
- Die drei Relationen der Triade sind überwiegend positiv getönt bzw. gerichtet.
- Jede der drei Relationen ist bei jedem repräsentiert. Jeder hat ein Bild oder eine Phantasie zu der Zweierbeziehung, aus der er oder sie zeitweilig ausgeschlossen ist.

Nach dem heutigen Verständnis wird der Ödipuskomplex als Inbegriff der Entwicklungsaufgaben des Kindes und aller an der Erziehung eines Kindes Beteiligten angesehen (Mertens, 2008, S. 532ff.). Am Beispiel von Mina (siehe Kapitel 2): Da ihre Eltern sie nicht mit eigenen ödipalen oder präödipalen Problemen behindert haben und auch die Beziehung des Großvaters zu seinen Kindern hinlänglich gelöst erscheint, hat Mina günstige Entwicklungsumstände vorgefunden, die es ihr ermöglicht haben, ihre beängstigenden und schwierigen Entwicklungsaufgaben zu bewältigen. So entfaltet sich für den Leser eine relativ gesunde Generationengeschichte. Die Episoden, in denen Minas Mutter, die Tochter des Großvaters, sich wegen seiner »Kack- und Pupsgeschichten« über ihren Vater aufregt oder dieser die Eltern seiner Enkelkinder nicht über sein Vorhaben informiert, stellen nur punktuelle Hinweise auf eine verbliebene Kindlichkeit dar.

Alfred Adler machte auf verschiedene Erziehungsstile (Verwöhnung, Überbürdung und Vernachlässigung) aufmerksam und wurde darüber, nämlich die Auswirkungen derartiger Stile zu erforschen, zum Pionier sogenannter Frühstörungen. Außerdem versuchte er bereits damals, die Gesamtqualität von Familien zu erfassen, wenn er sich auf das Klima von Familien und die »neurotische Luft«, die alle ein- und ausatmen, bezog. Er arbeitete heraus, wie Kinder zur Kompensation der Minderwertigkeitsgefühle der Eltern funktionalisiert werden, welche Machtkämpfe in Familien toben und welche anderen Formen der Be*nötigung* dabei entstehen. Diese Gedanken sind später unausdrücklich unter dem Begriff der Delegierung (Stierlin, 1975) oder dem Konzept des Substitutes, also des Vertreters des negativen oder idealen elterlichen Selbst (Richter, 1972) aufgegriffen und weitergeführt worden. Letzterer hat darüber hinaus spezifische Bilder von

Familiendramen herausgearbeitet. Er hat bei den familialen Charakterneurosen die angstneurotische Familie als »Sanatorium«, die paranoide als »Festung« und die hysterische als »Theater« psychologisch zu erfassen versucht. Diese Bilder stehen für spezifische Familiendramen.

Wie hilfreich solche Bilder sind, wird besonders in der Kunst deutlich. Wenn wir uns im Folgenden das *Familienbild Heinrich George* von Max Beckmann oder Picassos *Famille au bord de la mer* ansehen, sie auf uns wirken lassen und mit den Bildern in einen erlebnismäßigen Dialog treten, verspüren wir als Betrachter zwei höchst unterschiedliche Familienatmosphären. Das ganzheitliche Erleben lässt sich mit den psychoanalytischen Bildbetrachtungen und -interpretationen von Moser zergliedern. Das Bild von Beckmann stellt eine bedrückende Familienatmosphäre dar, die von einem bewunderten, übermächtigen Vater und einer den Sohn narzisstisch besetzenden, unscheinbaren Mutter erzeugt wird (Moser, 2012, S. 75ff.). Im deutlichen Gegensatz dazu strahlt das Gemälde von Picasso ein inniges Familienglück aus, das den Betrachter unmittelbar berührt. Es gründet in der angedeuteten Sinnlichkeit der Eltern und der entwicklungsgemäßen Teilhabe des Kindes daran (ebd., S. 70ff.).

Max Beckmann:
Familienbild Heinrich George

Solche Analysen verdeutlichen, dass es in einer »psychologischen Psychologie« (Salber) um eine kunstanaloge Methode der Erfassung geht und die »objektiven« Verfahren der Naturwissenschaft das Faktische des Erlebens verfehlen.

Gleichzeitig macht die Wahrnehmung eines Bildes, insbesondere, wenn man sich die Mühe machen würde, mehrere Erlebensbeschreibungen zu demselben Bild zu analysieren, darauf aufmerksam, wie kompliziert es ist, diese Familiendramen verlaufsanalytisch zu zergliedern und doch dabei als Ganzes zu erhalten. Freud – und darauf aufbauend die psychoanalytischen Nachfolger – haben herausgearbeitet, wie wichtig Bilder für die Erfassung komplexer familialer Wirkungszusammenhänge sind. Das Ödipusdrama ist bereits zum allgemeinen Kulturgut geworden.

Indem der Leser diese triangulären Szenen betrachtet und mit den Kunstwerken in einen erlebnismäßigen Austausch tritt, gelangt er in

Pablo Picasso: Familie au bord de la mer

eine Position jenseits des familiären Dreiecks. Wenn er sich dann noch vorstellt, dass eine der dargestellten Mütter oder Väter sein eigenes Kind wäre, findet er sich in der Großelternsituation wieder. Analog zur Triangulation (Mahler, 1980) führt Schwob mit Blick auf die Großeltern den Begriff der »Quadrangulation« (1988, S. 39ff.) ein und verweist auf das Prinzip des zusätzlichen bzw. »vierten Objektes«. Er knüpft dabei an das bekannte Übergangsobjekt Winnicotts (1983) an und hebt die entwicklungspsychologische Bedeutung der Großeltern hervor. Diese kommen dem Bedürfnis des Menschen nach einem »sich ständig erweiternden Kreis« (Winnicott, 1984, S. 130) entgegen. Sie helfen quasi als »Nebeneltern« (Pilgrim, 1977, S. 27) den Enkeln bei der Loslösung von ihren Eltern und bei der eigenen Verselbstständigung. Sie stehen den Eltern der Enkel sowohl nahe (als deren Eltern) und werden doch entfernt und getrennt von ihnen erlebt. Darüber hinaus haben Enkelkinder zu ihren Großeltern eine freiere und unverbindlichere Beziehung als zu den eigenen Eltern, zu denen ja aus psychologischen Gründen eine grundlegende Ambivalenz- und Konfliktspannung besteht. »Alles, was die Ambivalenz der elterlichen Position ausmacht, bleibt den Großeltern erspart« (de Beauvoir, 1977, S. 407). Das ist nicht nur eine Hilfe bei der Loslösung, sondern auch eine bei der Relativierung der tatsächlichen elterlichen Macht bzw. der erlebten elterlichen Macht. Die Kinder erfahren ihre Eltern selber als Kinder ihrer Großeltern. »Die Eltern durch ihre Eltern zu relativieren ist eine Form, ihre Macht herabzusetzen« (Schwob, 1988, S. 48).

Die reife und distanzierte Position, die Großeltern zu ihren Kindern, also zu den Eltern der Enkelkinder, einnehmen können, wirkt auch der Tendenz der Kinder entgegen, an der Idealisierung der Eltern festzuhalten, sich bei allen Enttäuschungen, Schwierigkeiten und Konflikten mit den Eltern selbst zu beschuldigen und verantwortlich zu fühlen. Großeltern helfen also auch – wohlgemerkt unter der salutogenen Perspektive – ein realistisches Bild der Eltern entstehen zu lassen. Sie stehen den Enkelkindern in dem schwierigen Prozess der allmählichen Entidealisierung der Eltern bei. Hier werden Oma und Opa tatsächlich zur »großen« Mutter und zum »großen« Vater, die genealogisch »über« den lange Zeit als übermächtig erlebten Eltern stehen. »Intimität *und* Distanz« (Fooken, 1999) gehören zum strukturellen Kern der Großelternsituation.

Beide Gemälde zeigen, wie allein die Annahme hinlänglich responsiver Großeltern förderlich für die »Enkelkinder« sein könnte. Das Kind im Bild Max Beckmanns könnte in der integrativen Atmosphäre von Großeltern viele Anregungen erleben, die die Vereinnahmung durch die Mutter lockern und das in seiner Beziehung zum Vater verängstigte Kind ermutigen würden. Das »Enkelkind« im Picasso-Bild könnte seine symbiotischen Sehnsüchte auf einen liebevollen Kontakt mit den Großeltern übertragen und entwicklungsmäßig relativieren. Das Familienbild von Beckmann rückt in prototypischer Weise die Störung des familiären Wirkungsgeschehens ins Bild. Oberflächlich ist es bestimmt durch einen dominanten Mann und Vater sowie eine unterwürfige Frau und Mutter. Das latente Gegenbild, das in einer Familien-, Paar- oder auch Einzeltherapie herausgearbeitet würde – oft in beeindruckenden Now-Moments – wäre das Bedürfnis eines jeden, vom anderen wahr- und angenommen zu werden. Der Mann kann seine Ohnmacht nicht zulassen, und die Frau wehrt ihre eigene Wirkmächtigkeit ab. Die fremde Frau, die in die Intimität der familiären Triangel eindringt, erscheint äußerlich als Störenfried des familiären Systems und dient latent dem Zusammenhalt des neurotischen psychosozialen Arrangements. Sie geht eine Allianz mit dem Mann ein und die Mutter bindet den Sohn ödipal an sich. So spalten sich die familiären Wirkungszusammenhänge in explosibler Weise auf. Der bedrohlich wirkende Hund könnte die Besessenheiten des gewaltsamen Vaters und der bemächtigenden Mutter zum Ausdruck bringen. In dieser Figuration ist das Kind extrem ungünstigen Entwicklungsbedingungen ausgesetzt. In solche Spaltungen werden Großeltern immer wieder einbezogen bzw. lassen sie sich immer einbeziehen, sodass es in solchen Familien ein Knäuel von wechselseitigen Benötigungen gibt, die einer psychotherapeutischen Behandlung bedürfen.

Wir alle stammen aus den wie auch immer gearteten Verbindungen einer Frau und eines Mannes. Insbesondere bei den überdauernd angelegten Beziehungen wird das trianguläre Wirkungsgeschehen und Erleben prototypisch für eine psychoanalytische Zugangsweise. Es macht das Wesen von Kunstwerken aus, dass sie in anschaulicher Weise typische Entwicklungs- und Lebensaufgaben zum Ausdruck bringen. Sie sind trotz ihrer vermeintlichen Konkretheit, in der sie scheinbar nur das Abbild einer Familie bieten, von prototypischer Bedeutung. Gerade deswegen rufen sie auch so leicht familiale Projektionen hervor und sind daher gut für kunsttherapeutische Bearbeitungen zu nutzen.

Um bei der globalen und atmosphärischen Betrachtung von Familien nicht stehen zu bleiben, bedarf es weiterer differenzierender Zwischenschritte. Schauen wir uns dazu als erstes eine meiner Kindheitserinnerungen an, mit der ich vor über 40 Jahren in die Phase meiner Selbst- und Fremdanalysen eingetreten bin. Wenn wir der triangulären Perspektive einmal nachgehen, merken wir bald, wie das Seelische in Bewegung gerät und nicht bei einer dualen Betrachtung stehen bleiben kann. Ich beschreibe eine frühe Kindheitserinnerung, die am Übergang von der frühen zur späteren Triangulierung liegt.

> Es handelt sich um eine Frühstücksszene. Ich bin etwa fünf Jahre alt und sitze auf der Rückenlehne des Sofas in der Küche. Ich habe den rechten Daumen im Mund und streichle zärtlich das Ohr meines Vaters, der zu meiner Linken sitzt, zwischen dem Zeige- und Mittelfinger meiner linken Hand. Er raucht eine Zigarette und trinkt Kaffee. Neben seiner Tasse steht das obligatorische »Pinneken« (ein Gläschen mit Schnaps). Mir gegenüber sitzt meine Mutter. Sie fragt mich unaufhörlich, was ich essen und/oder trinken möchte. Sie fragt, ob ich Kakao trinken möchte, ob ich Käse auf das Brot haben möchte oder ob ich lieber Milch haben möchte usw. Ich schüttele nur den Kopf. Mein Vater blickt zu meiner Mutter und sagt: »Lotdochdäjong.« (Lass doch den Jungen in Ruhe). Ich fühle mich insbesondere im zärtlichen Umgang mit meinem Vater wohl, die ständigen Fütterangebote meiner Mutter sind mir eher lästig.

Die Durchgliederung einer solchen Szene wird deutlich, wenn wir uns vorstellen, diese Szene einmal in einer Psychotherapiegruppe oder in einer Einführung in die Familientherapie nachspielen zu wollen. Das Durchspielen vermittelt fast allen Teilnehmern ein deutliches Gespür für das Bild dieser Familie. Das zeigt sich darin, dass das Spiel viele an eigene Erfahrungen erinnert oder dass spielend leicht einzelne Rollen von verschiedenen Spielern übernommen werden und viele auch einmal verschiedene Rollen übernehmen. Deswegen implizieren solche Spielszenen und ihre Modifikationen bereits in der Familientherapie viele personcharakteristische Einsichten, die quasi über ein operatives Verstehen ausdrücklich oder unausdrücklich gewonnen werden. Als besonders hilfreich hat es sich in Familienbehandlungen erwiesen, die verschiedenen

Zwei-zu-eins-Situationen, die sich aus dem Behandlungsprozess ergeben, zu inszenieren und zu reflektieren.

Bei dem auf der Lehne thronenden Einzelkind würde man unter tiefenpsychologischer Perspektive besonders die bedenkliche Verwöhnung hervorheben und die narzisstischen Ansprüche, bedient zu werden und höher hinaus zu wollen, vermuten. Da der Junge sich in seiner eigenen Existenz nicht wahrgenommen fühlt, strebt er überkompensatorisch nach besonderer Aufmerksamkeit. Strukturell drängt es ihn dazu, seine Bezugspersonen (und analog seinen eventuellen Therapeuten) in die entsprechenden Rollen zu bringen. Dem mitschwingenden Therapeuten fällt insbesondere bei einer inszenierenden Rekonstruktion auf, wie der Patient seinen Vater und seine Mutter »im Griff« hat, und er spürt am Tonfall, wie lästig ihm die mütterlichen Zuwendungen sind, doch wie wohl er sich im zärtlichen Kontakt mit dem Ohr des Vaters fühlt. In dem für heutige Leser ungewöhnlichen Dialekt und insbesondere in dem Tonfall klingt ein Gemisch aus Wärme und Befremdlichkeit, was später bei mir persönlich als Kulturschock beim Übergang ins Gymnasium wiederkehrt und noch viel später als Entwöhnungsschock verstanden wird. Aus psychoanalytischer Perspektive könnte man hervorheben, dass hier das Begehren noch oral organisiert ist, also noch auf einer frühen Stufe steht, in der es ums Bekommen geht. Wir beobachten einen Zwischenschritt der Entwicklung, wie das Kind sich aus der frühen Gebundenheit an die Mutter mithilfe des Vaters zu lösen versucht. Aus objektbeziehungsanalytischer, selbstpsychologischer und familiendynamischer Perspektive sticht besonders die verquere Resonanz im Familiengeschehen hervor. Keines der drei Paare ist im Blickkontakt. Jeder bezieht sich auf jemanden, der sich gerade dem anderen zuwendet. Die Mutter bietet dem Sohn Nahrungsmittel an, der krault seinem Vater das rechte Ohr, und letzterer wendet sich mit einer simplen Verhaltensregel an die dem Sohn zugewandte Mutter. Alle sind aus der Spur des Mitschwingens mit dem einen und/oder anderen geraten.

Die zirkuläre Frustration ist wohl typisch für meine Familie und die daraus resultierenden aggressiven Gefühle werden vermutlich in dem Verwöhnungsritual abgewehrt und erst über das Gegenübertragungserleben eines späteren Therapeuten erfahrbar. Diese Ergänzungen aus der Mit-Bewegung des Therapeuten und den Einfällen des Patienten machen auf die Grenzen einer statischen Deutung aufmerksam und verweisen wie bei der

Traumanalyse darauf, dass solche Erinnerungen erst aus dem analytischen Verlauf heraus verständlich werden und sich darüber hinaus auch immer wieder wandeln.

In diese latente Struktur wurden meine Kinder geboren. Unmerklich setzte sie sich bei den Hausarbeitsdramen durch. Eine meiner Töchter stellt eines Tages fest: »Unsere Probleme fingen an, als wir in die Schule kamen.« Das kann ich nur bestätigen. Es zeigte sich besonders in der Zeit, als sie ins Gymnasium kamen und in mir die belastenden Erfahrungen der eigenen Schulzeit wachgerufen wurden, nämlich hilflos und unvorbereitet in eine fremde Welt versetzt worden zu sein und mich mit meinen Lern- und Entwicklungsproblemen allein gelassen zu fühlen. Völlig ahnungslos war ich noch von meinen eigenen Widerständen, mich aus der verwöhnenden und vertrauten Atmosphäre überhaupt zu lösen und mich auf die abschreckende neue Wirklichkeit einzulassen. In der Kompensation dieser Insuffizienzgefühle verfiel ich wie viele andere Eltern, wie ich später in meinen Behandlungen immer wieder feststellen konnte, in das gegenteilige Extrem. Ich überfütterte sie mit vermeintlichen Hilfen und guten Ratschlägen so, wie ich mich durch die Nachfragen meiner Mutter in der Frühstücksszene genötigt gefühlt hatte. Psychoanalytisch gesprochen, wendete ich hier mein passiv erlittenes Leid (Vereinnahmung) in ein aktives Arrangement (Belehrung). Meine Töchter sträubten sich zwar gegen meine Anstrengungen, aber ich konnte meine kognitiven Zufuhren ebenso wenig stoppen wie meine Mutter ihre überfürsorglichen Bemühungen abstellen konnte. Letztlich habe ich meine Verfassung, mich hilflos der fremden Welt des Gymnasiums in den 40er und 50er Jahren des vergangenen Jahrhunderts ausgeliefert zu sein, auf meine Kinder übertragen und an ihnen abgehandelt.

Bei dem humorvollem Umgang einer meiner Töchter mit ihrem ödipalen Sohn fielen mir die schwülen Badeszenen in unserer Küche ein, in denen meine attraktive Mutter in der Nachkriegszeit freitags in die Zinkbadewanne stieg, wobei ein mit einem Handtuch bedeckter Stuhl als scheinbarer Sichtschutz diente, während ich mich mit Hausaufgaben für die erste Klasse des Gymnasiums herumquälen musste. Ich ließ mich dabei verstohlen von dem erregenden Striptease fesseln und von den mich oft quälenden Hausaufgaben lustvoll ablenken.

Aus der Rückschau und nach einem längeren Weg des Leidens und Durcharbeitens kann ich heute geradezu humorvoll darauf zurückblicken und meinen Spaß haben an dem Witz des Seelischen. Meine schockartigen Erfahrungen beim Übergang ins Gymnasium hatte ich in meinen Analysen an den Schwierigkeiten eines Kindes verdeutlicht, für das es überhaupt keinen Akkusativ oder Dativ gab und das den jeweiligen Casus auch nicht unterscheiden konnte. Das führte besonders im Lateinunterricht zu entsprechenden Problemen. Mir fiel in diesem Zusammenhang immer ein Satz aus dem Anfangsstadium des Lateinunterrichtes ein: Pater amat filium. Der hieß in vertrauter familiärer Atmosphäre: Dä Vatta hätt dä Jong leev. Dies führte dann nach weiteren Bemühungen des Durcharbeitens zu einer geradezu witzigen Verknüpfung mit der Badeszene. Ich stellte mir nämlich vor, dass ich angesichts der verführerischen Badeszene mit meiner Mutter mit der Übersetzung des Satzes befasst war, dass der Vater seinen Sohn und der Sohn seinen Vater liebt. Hier ist der sogenannte »ödipale Konflikt« auf den springenden Punkt gebracht. Ich »brütete« nicht nur über meinen Hausaufgaben, sondern ich war zugleich vor eine zentrale Entwicklungsaufgabe mit ihrem grundlegenden Konflikt gestellt, die Mutter zu begehren und den Vater zu lieben. Diese Strukturierungsnotwendigkeit hatte mir realiter und im übertragenen Sinn heftige Kopfschmerzen bereitet. Meine Schwester sieht mich noch heute in der Küche vor den Schulsachen sitzen, wie ich meinen Kopf in die Hand stütze und über eine Migräneattacke stöhne. Aus der gesunden Rückschau kann ich nun über die plötzlich entdeckte Verbindung zwischen Hausaufgaben und Entwicklungsaufgaben wie über die kippartigen Umstrukturierungen bei Witzen lachen (Heisterkamp, 2011). Der Witzeffekt verbindet sich hier mit der Freude über die geglückte Überwindung einer belastenden und nachhaltigen Entwicklungsstörung. Hierbei schöpfe ich natürlich auch aus der Quelle der liebevollen Aspekte meiner elterlichen Verwöhnung und Verführung. Das Seelische ist halt viel komplexer als es im vorwissenschaftlichen Bereich erscheint und als es manchem positivistisch orientierten Psychologen genehm ist.

So konfliktträchtig die ödipale Entwicklungsaufgabe ist, die familiären Dreiecks- und Mehrecksgeschichten zu bewältigen und das dynamische Wirkungsgeschehen innerhalb einer Familie zu regulieren, so ist es auch ein bewundernswertes Zeugnis seelischer Kreativität, wenn man bedenkt, wie vielen Menschen das immer wieder in befriedigender Form gelingt. Für gesunde Entwicklungen ist es geradezu typisch, dass Mutter und Vater im Bewusstsein einer zufriedenen oder glücklichen Paarbeziehung das ödipale

Begehren ihres Kindes als weiteren Entwicklungsschritt freudig begrüßen. Die Wendung zum Großvater und dessen Entgegenkommen bilden hierbei einen anderen, aber wesentlichen Entwicklungsschritt auf dem Weg zu einer selbstständigen Form der Wirklichkeitsgestaltung und den damit verbundenen eigenen Formen eines vielfältigen Bezogenseins.

> Mein jüngster Enkel fliegt mit seinen Eltern und seinem Bruder sowie mit der vierköpfigen Familie der Schwester seiner Mutter und einer weiteren Cousine in die Sommerferien. Nach der Ankunft bemühen sich die Familien um einen Leihwagen. Er will mit noch nicht ganz sechs Jahren und kurz vor seiner Einschulung vom Vater wissen: »Was kriegen wir denn für ein Auto?« Darauf erklärt dieser, dass sie einen Opel Astra erhalten würden. Daraufhin meint sein Sohn mit triumphalen Seitenblick auf seinen Vater: »Und *ich* kriege einen Lamborghini, nur für Mama und mich.«

Sein Vater, der mir diese Szene schmunzelnd erzählt hat, ergänzt seine Erfahrung um weitere ödipale Konstellationen: Wenn sein Sohn sich z. B. zwischen seine Eltern drängt, wenn sie sich umarmen oder Arm in Arm gehen oder wenn er seine Mama demonstrativ auf den Mund küsst und dabei aus den Augenwinkeln zu seinem Vater schielt oder ihm sogar triumphierend die Zunge rausstreckt. Es ist offensichtlich, dass derartige Situationen die Ausgangslagen für das Glück oder Unglück von Familienkonstellationen sein können. Für reife Eltern sind solche Szenen Anlass dafür, sich in der Gewissheit einer glücklichen Paarbeziehung über diesen Entwicklungsschritt ihres kleinen verführerischen Adams oder ihrer kleinen verführerischen Eva zu freuen und das spätere Beziehungsglück ihres Sohnes oder ihrer Tochter – vielleicht auch mit einer gewissen Vorahnung von Verlust und Trauer – zu antizipieren. Ganz anders bei unreifen Eltern, bei denen in einseitiger Zuneigung sowohl die Mutter als auch der Vater die Kinder zur Wiederholung ihrer eigenen unerledigten Entwicklungsaufgaben brauchen. In Familientherapien habe ich immer wieder Krisen junger Familien behandelt, die in dem Moment aufgetaucht sind, als sich mit der Geburt des ersten Kindes eine unerledigte Triangulierung mit Macht wieder in den Vordergrund drängte. Eine typische Vermeidungsstrategie für entwicklungsförderliche Veränderungen war die, dass die Mutter die Abhängigkeit des Kindes zur Abwehr ihrer eigenen Trennungsängste ausnutzte und der

Vater die Geburt eines Kindes zum Anlass nahm, sich der Beziehung zu seiner Partnerin zu entziehen. Die wechselseitigen, projektiven Abwehrstrategien führen zu schrecklichen und verzweifelten Familiendramen, in die dann auch die Großeltern einbezogen werden können und darin ihre personcharakteristischen Rollen einnehmen.

> Einige Jahre später war der mittlerweile zehnjährige Bruder meines jüngsten Enkels (5;10 Jahre alt) mit seinem Vater zu einem Freund ins Ausland gereist. In dieser Zeit war er mit seiner Mutter zu Hause geblieben. Während eines Besuches fragte meine Frau ihn, wie es ihm denn so ohne seinen Bruder, mit dem er ja so gerne spiele und den er immer wieder in seinem Zimmer aufsuche, ginge. Auf die Frage, ob er sich denn in dieser Situation nicht sehr allein fühle, antwortete er in einem entrüsteten Tonfall, als wolle er ausdrücken, wieso sie das überhaupt fragen könne: »Wieso? Ich habe doch Mama!« Und wie sehr diese Situation seine Phantasie beflügelte, wurde deutlich in einer Frage, die er in dieser Zeit mit vollem Ernst bei einer gemeinsamen Autofahrt an seine Mutter richtete: »Sag mal, Mama, wofür brauchen wir eigentlich den Papa?!« Wir mussten herzlich lachen, als seine Mutter uns diese Episode humorvoll erzählte. Wir hatten unseren Spaß und waren uns sicher, dass dieser kleine Schlawiner auf einem guten Entwicklungsweg ist.

Der Vater hat den nötigen Abstand zu seinem Erleben, wenn er spürt, wie enttäuschend es für ihn ist, in seiner zärtlichen Liebe von seinem Sohn zurückgewiesen zu werden, sich aber im Bewusstsein über diesen wichtigen Entwicklungsschritt trotz seines Ärgers über diesen kleinen Verführer auch freuen kann. Es ist ein beglückendes Geschenk für den Vater, als er von seinem Sohn (6;6 Jahre alt) ein selbst gemaltes Bild geschenkt bekommt, auf dem er und sein Sohn zusammen – doch dieses Mal ohne Mama – sich in einer Hängematte gegenübersitzen. Ich, der ich meinen »süßen« Enkel auch gerne öfter geküsst hätte, aber in meinem zärtlichen Begehren meist zurückgewiesen wurde, konnte mich gut in seinen Vater einfühlen.

Nach den genialen Entdeckungen Freuds verharrte das Forschungsinteresse von Psychoanalytikern lange Zeit nur im Rahmen der dramatischen und tragischen Entwicklungen gescheiterter und missglückter Regulierungsversuche. Erst Kohut hat auf die freudigen Seiten dieser Entwicklungsschritte hingewiesen. Er hat herausgearbeitet, dass die Konzeption des Ödipuskomplexes sich verändert, wenn sie vom Standpunkt der Entwicklung des Selbst aus betrachtet wird. Danach sind ödipale Konstellationen neue, positive Resultate der Reifung und Entwicklung. Was ist nun mit den Eltern, deren Einfluss und Zusammenspiel während der ödipalen Phase ihrer Kinder nicht pathogen ist? Entscheidend für Kohut ist, dass reife Eltern Freude und Stolz über den Entwicklungsfortschritt ihrer ödipalen Kinder erleben (1981, S. 240). Wenn das Kind hinlänglich reifer Eltern in die ödipale Phase eintritt, ist viel Freude mit dieser bedeutenden Vorwärtsbewegung in seiner Entwicklung des Kindes verbunden und gleichzeitig hat es Teil am Stolz und an der Freude seiner elterlichen Selbstobjekte (Kohut, 1981, S. 230ff.). In »Wie heilt die Psychoanalyse?« (1987) fasst Kohut zusammen, dass

> »das gesunde Kind gesunder Eltern freudig in die ödipale Phase eintritt. Die Freude, die es erlebt, ist nicht nur auf die Tatsache zurückzuführen, daß es selbst mit Stolz auf eine Entwicklungsleistung reagiert, d.h. auf eine neue und wachsende Fähigkeit der Zuneigung und Selbstbehauptung, sondern auch auf die Tatsache, daß diese Leistung einen Glanz von emphatischer Freude und Stolz von seiten der Selbstobjekte der ödipalen Phase hervorruft. Aufgrund dieser Freude und dieses Stolzes auf seine Leistung zerfällt die liebevolle Einstellung des Jungen nicht in fragmentierte sexuelle Impulse, seine Selbstbehauptung wird nicht in destruktive Feindseligkeit umgewandelt, und er hat keine intensive Angst vor seinen Eltern. Nur dann, wenn seine Eltern als ödipale Selbstobjekte nicht angemessen funktionieren, erlebt das Kind ein hohes Maß von Angst« (S. 33f.).

Diese Überlegungen gelten auch, durch die intime Distanz noch einmal besonders betont, für die Großelternsituation. Zum einen freue ich mich über die Entwicklungsschritte meiner Enkel. Zum anderen bin ich nicht mehr ambivalent betroffen oder enttäuscht wie Eltern, die gerade aus entwicklungspsychologischen Gründen verschmäht werden. Meine Freude gilt auch den Eltern meiner Enkelkinder, also den (Schwieger-)Kindern, wenn ihre förderlichen Entwicklungshilfen wahrgenommen und anerkannt werden. Die geteilte Freude wird hier zur doppelten bzw. multiplen Freude. Die gemeinsame humorvolle Betrachtung nimmt die unumgänglichen Probleme der jeweiligen Entwicklungsschritte nicht nur an, sondern kann sogar noch darüber lächeln. Großeltern werden hier auch zu Entwicklungsobjekten für ihre (Schwieger-)Kinder auf dem Weg zur Elternschaft.

In einer annehmenden Atmosphäre entwickelte ein Enkel (fünfjährig) eine blühende ödipale Phase. Seine offen ausgetragenen begehrlichen Avancen brachten seine Mutter immer wieder in die Position, ihrem kleinen Sohn den Unterschied zwischen den Generationen und den Unterschied zwischen der privaten und der öffentlichen Sphäre deutlich zu machen. Seine Mutter sowie meine Frau und ich erlebten es als einen wesentlichen Entwicklungsfortschritt auf dem Weg der Entwicklung seiner Geschlechtsidentität, als er »von seiner geliebten Mama« abließ und seine Sehnsucht auf die um vier Jahre ältere Schwester richtete. Als ihm seine Mutter auch dieses Mal auf seinen Wunsch hin, die Schwester zu heiraten, erläuterte, dass er auch sie nicht heiraten könne, fragte er mit entrüstetem Unterton: »Aber was bleibt mir dann überhaupt noch?« Als meine Tochter das meiner Frau und mir erzählte, haben wir alle drei herzhaft gelacht. Der Humor, insbesondere der seiner Mutter, ist hier meines Erachtens von besonderer Bedeutung. Er hilft ihr, den gar nicht so einfachen Mittelweg zwischen Verleugnung und Verführung zu finden und dabei darauf zu achten, dass sich die Liebe zu ihrem Sohn nicht in eine Form der Distanzierung oder in eine der Benötigung hinein verändert. Der Humor steht für eine Einstellung, in der die jeweilige Situation aufmerksam wahrgenommen wird, dabei aber gleichzeitig auch angenommen wird, nach dem Motto: Es ist wie es ist. Und sie bietet auch noch Anlass, darüber zu schmunzeln. Mit einer solchen Haltung spiegelt die Mutter dem Kind das Entwicklungsförderliche seiner Bedürfnisse und hat gleichzeitig genügend Abstand, um die Generationen- bzw. Inzestschranke zu wahren. Etwa zwei Jahre später erlebte ich mit diesem gewitzten und kreativen Enkel erneut eine amüsante Situation, die mich angesichts des immanenten Fortschritts erfreute.

> Er beobachtete fasziniert, wie sein etwa eineinhalbjähriger Cousin seine Mutter küsste. Zunächst wies er seine eigene Mutter darauf hin, wie sein kleiner Vetter das ganze Gesicht abschleckte und mit seinem Speichel benetzte. Die Mutter des Älteren stellte vor dem Hintergrund seiner Loslösungsgeschichte fest, dass der Kleine wohl in nächster Zeit ebenfalls – wie er selbst – seine Mutter heiraten wolle. Da stutzte er und stellte fest, dass er darüber mit seinem Cousin erst einmal sprechen müsse. Mit dem Brustton seiner bisherigen Lebens-

> erfahrung fügte er hinzu: »Das klappt nie.« Wie sehr er latent noch mit dieser Wunschphantasie zu tun hatte, wurde der Mutter deutlich, als er sie in dieser Zeit einmal fragte: »Sag mal, wenn die Oma (die Mutter seines Vaters) mich geboren hätte, dann hättest Du mich aber doch geheiratet?!«

Ein neurotisches Arrangement innerhalb von Familien sind Allianzen gegen den ausgeschlossenen Dritten. Die damit verbundenen Ausstoßungen und Isolierungen lassen keine trianguläre Bezogenheit aufkommen, denn sie reduzieren die dreipolige Wirkungseinheit auf eine zweipolige: z. B. auf Vater/Mutter gegen Kind; Vater/Tochter gegen Mutter; Mutter/Sohn gegen Vater; usw. Die Beteiligten spüren, dass sie die mit der Triangel verbundenen Getrenntheiten, Spannungen und Ambivalenzen nicht aushalten können. Stattdessen versuchen sie, die Fiktion einer symbiotischen Zweisamkeit zu verwirklichen: zum einen als Allianzpartner in einer ungeschiedenen Dualunion, zum anderen als Ausgeschlossener mit dem Gefühl, dass einem Unrecht getan worden ist und einem dafür eine Wiedergutmachung zusteht.

Worauf Freud schon mit dem sogenannten positiven Ödipuskomplex hinweist, zeigen Familientherapien, in denen gleichgeschlechtliche Allianzen und Allianzen der Eltern gegen das Kind herausgearbeitet werden. Die Störungen liegen stets darin, dass die mit der Triangulierung verbundenen Spannungen nicht ausgehalten werden können und in eine Dualunion unter Ausschluss des Dritten verwandelt werden. In Familientherapien habe ich wiederholt Konstellationen erlebt, in der sich das Kind unerbittlich paktierenden Eltern gegenüber sieht. Das ist nicht selten eine Erfahrung von Einzelkindern, die unbewusst zur Sicherung des Zusammenhalts gezeugt wurden. In diesen Beziehungen scheint die Generationengrenze zur kriegerischen Demarkationslinie geworden zu sein, die die Dualunion der Eltern abzusichern hat. Hier gerät das Kind in die Rolle des gemeinsamen Außenfeindes oder des die Eltern verbindenden Sorgenkindes. Beide Arrangements stabilisieren die Dualeinheit.

In diesem Buch befinden sich viele Beispiele für die Zwischenschritte eines reifenden triangulären Bezogenseins. Der Leser sei auf die Szene mit meinem ältesten Enkel verwiesen, als er sich mit etwa einem halben Jahr von der Brust seiner Mutter abwendet und neugierig nach mir schaut. Der wohlwollende Umgang seiner Mutter damit lässt bereits einen gewissen Abstand zu dem Geschehen, die mögliche Frustration sowie ihre Bereitschaft durchklingen, ihr Kind bei seinem Weg in die Welt nicht an sich zu binden. Es ist nahe liegend, dass dieses Szenario bereits auf den Vorerfahrungen des Jungen mit seinem Vater aufbaut. Wie die Mutter offenbar ihren Mann in den Stillvorgang einbezieht, so öffnet sie diesen auch für mich. Deswegen erlebe ich mich hier als Entwicklungshelfer, der die mit und an seinem Enkel erworbenen Anregungen auf dem Weg in die Welt aufgreift und weiterführt. Ich bin ihm gegenüber der Großvater, ein vertrauter Fremder, also in einer »quadrangulären« Position. Hierbei hat sich offensichtlich ein von Mutter, Vater und Großvater bereitgestellter Übergangsraum eröffnet, der vom Kind als transformative Erfahrung genutzt werden kann in dem Bedürfnis, seine seelische Wirklichkeit auszubreiten. In diesem paradoxen Zwischenschritt seiner Selbstwerdung bleibt das Kind zwar gewissermaßen in der Familie, doch es bewegt sich auch gleichzeitig über die Grenzen der Kernfamilie hinaus. Dabei handelt es sich wieder um ein Musterbeispiel seelischer Transfiguration, die sich in interessanter Weise weiter entwickelt hat. Wie gut das meinem ältesten Enkel, um den es hier geht, mithilfe seiner Mutter und seinem Vater mittlerweile gelungen ist, drückt sich darin aus, dass er — mittlerweile 22 Jahre alt – während ich an dieser Buchpassage arbeitete, als Trauzeuge bei seinem früheren Gastbruder in Arkansas weilte.

Wie ich bereits beschrieben habe, wurde mein Abgestilltwerden zu einer schockartigen Erfahrung, die sich aus der projektiven Identifikation mit meiner Mutter und deren (Gegen)Abhängigkeit, insbesondere von ihren Eltern, ereignete. Die Ausgangslage war die, dass meine Mutter – belastet durch die Strapazen einer schwierigen Geburt und beeinträchtigt durch eine starke Neurodermitis, insbesondere an den Händen – meine frühe Pflege an ihre Mutter abgegeben hatte, jedoch gleichzeitig die Angst entwickelte, dass meine Oma mich ihr »wegnähme«. Diese Angst korrespondierte mit der unbewussten Motivation meiner Großmutter. Sie hat die Pflege vermutlich nicht übernommen, um ihrer Tochter dabei zu helfen, Mutter zu werden, sondern in dem Bewusstsein, die bessere Mutter zu sein. Beide richteten sich wieder in einem Arrangement wechselseitiger Be*nötigung* ein, das beide vor einer entwicklungsnotwendigen Loslösung sicherte und die damit verbundenen Trennungsängste abwehrte. Das erinnert mich sehr an das Behandlungsbeispiel von Rosenfeld zur übergriffigen Großmutter in Kapitel 3. Mir ist erst beim Schreiben dieses Kapitels klar geworden, wie sehr mein Alleinsein mit den Entwicklungsproblemen der Loslösung durch den Ausfall der Großeltern väterlicherseits, durch die posttraumatischen Behinderungen des Großvaters und die Verteufelung der Großmutter mütterlicherseits noch einmal gesteigert wurde.

In der Stillszene verdichten sich in dramatischer Form die Verwerfungen in den Lebensläufen verschiedener Personen. Wir haben hier ein Beispiel der Tradierung eines seelischen Werdeleides bzw. einer Entwicklungskatastrophe über mehrere Generationen hinweg. Ich bin sehr glücklich zu erleben, wie der Humor meiner Tochter, die Neugier meines Enkelsohns und meine glückliche Anteilnahme an der Entwicklung meines Enkelkindes zum Zeichen werden, dass wir einer belasteten Familiengeschichte eine Wende gegeben haben. Während ich das aufschreibe, merke ich, wie ich in dieser Feststellung dankbar meiner entwicklungsförderlichen Ersatzmütter und Ersatzväter gedenke, die mich in meinen vielfältigen Analysen auf den Weg gebracht haben.

Eine entsprechende Konstellation wird auch deutlich in der Vielzahl der Beispiele, in denen mir *die Eltern meiner Enkelkinder* von berührenden Liebeserklärungen berichten: wenn einer für mich ein zusätzliches Gedeck auf den Tisch stellt; seiner Mutter sagt, dass er Opa oder Opa und Petra anrufen möchte; mein Bild küsst; wenn sie oder er bei der Tagesmutter von mir schwärmen; wenn sie oder er mir ein Bild malen oder mir in Krankheitsfällen gute Besserung wünschen usw. Es ist klar, dass das nur auf der Grundlage einer gelungenen primären Triangulierung mit den Eltern geschehen kann und dass dies in gespaltenen Familiengefügen nicht möglich ist, weil über die Spaltungen gerade die Ängste vor einer Triangulierung bewältigt werden sollen.

> Ich erinnere mich an ein Fußballspiel mit einem Enkel auf einem Bolzplatz in unmittelbarer Nähe seines Elternhauses, wie ich mit ihm und zwei etwas älteren Jungen, wie ich das noch aus meiner früheren Straßenfußballzeit kenne, in verschiedenen Gruppierungen gegeneinander gespielt habe und wie viel Spaß wir dabei hatten. Ich sah auch den Stolz in seinen Augen über einen so gut spielenden Opa, als mich der ältere Junge fragte, wann wir uns wieder auf dem Platz treffen könnten. Wieder nach Hause zurückgekehrt, ergab sich eine

> lustige Szene zwischen meiner Tochter, ihrem Sohn und mir. Ich war bei einer intensiven Bewegung, die ich im selbstvergessenen Eifer des Spiels gemacht hatte, aufs Knie gefallen und mit zerrissener Hose und blutigen Knien zurückgekehrt: Als meine Tochter mir ein Desinfektionsmittel auf das lädierte Knie sprühte, fing ihr Sohn an zu lachen und stellte in einer für ihn so typischen witzigen Bemerkung fest: »Die Tochter verarztet den Vater!« Ich musste mit meiner Tochter darüber lächeln, zumal diese Umkehrung der Situation nach seinen eigenen Anstrengungen, sich von seinem primären Objekt zu lösen, für seinen Entwicklungsstand wohl noch etwas Besonderes bedeutete. Als analytische Kinder- und Jugendlichentherapeutin, die nur zu gut um diese Entwicklungsaufgabe und die Schwierigkeiten ihrer Bewältigung weiß, freute sie sich vermutlich ähnlich wie ich darüber, wie ihr Sohn humorvoll, d.h. mit einer relativ reifen Distanz, auf diese mögliche wechselseitige Unterstützung zwischen Eltern und Kind aufmerksam wurde.

Die vielen Beispiele, in denen mir von der Zuneigung meiner Enkel oder stolz von ihren Entwicklungsschritten oder auch besorgt über gewisse Entwicklungsprobleme berichtet wurde und wird, verweisen, auch wenn sie noch aus einer präödipalen Zeit stammten, auf Situationen, in denen es um eine trianguläre Bezogenheit geht. Sie lassen sich als günstige Vorbedingungen für eine Bewältigung der triangulären Konflikte ansehen. Die Eltern zeigen sich berührt von den liebevollen Zuwendungen ihrer eigenen Kinder zu dem außenstehenden Großvater. Mit anderen Worten: Das Kind nimmt bereits implizit teil an einer quasi ödipalen Situation. Die Eltern (Position 1) bemerken die Liebeserklärung ihres Kindes (Position 2) und sind in der Lage, sich über diesen Entwicklungsfortschritt zu freuen und dem Großvater (Position 3) mitzuteilen und sich auch noch mit dessen Freude mitzubewegen. Das sind günstige familiäre Entwicklungsbedingungen, die natürlich bereits, wie gesagt, auf früheren Erfahrungen gründen, dass z.B. die Mutter die liebevollen Kontakte zwischen den Kindern und ihrem Mann und umgekehrt der Vater die Kontakte seiner Frau mit den Kindern freudig begrüßen können. Oft wird ja der differenzierte Umgang mit diesen Erfahrungen durch die Eifersucht des ausgeschlossenen Partners unmöglich gemacht. Die Kinder, die in der ödipalen Phase den gegengeschlechtlichen Teil der Eltern am liebsten für sich alleine haben möchten, spielen hierbei ja bekanntlich mit.

Vor kurzem konnte ich im erweiterten Verwandtenkreis aus einer quasi großelterlichen Position heraus eine basale Triangulierung beobachten, die meinem Erleben nach ein beruhigendes Entwicklungsbild ausstrahlte.

> Ich nahm wahr, wie ein dem erstgeborenen Sohn innig zugewandter Vater, der noch vor wenigen Tagen bei der Geburt zugegen war, den Säugling noch etwas ungeschickt, aber sehr liebevoll wickelte. Die junge Mutter beobachtete glücklich und geradezu verliebt den Austausch ihres Mannes und ihres gemeinsamen Sohnes. Dieser liebevolle Blick der Frau und Mutter auf ihren neugeborenen Sohn und ihren Ehemann ist mir nicht entgangen. Ich fühlte mich tief gerührt. Die Ähnlichkeit mit einer meiner glücklichen Kindheitserinnerungen, die ich in meinen selbstanalytischen Anstrengungen meinem Unbewussten abgerungen habe, ist unverkennbar.

7.2 Mehrecksgeschichten

Aus den Dreiecksgeschichten werden Vier- und Mehrecksgeschichten, wenn das Erstgeborene Geschwister bekommt. Es ist das Verdienst von Alfred Adler (1929a, b, 1931, 1933), auf die mit den Geschwisterkonstellationen verbundenen Strukturierungsprobleme aufmerksam gemacht zu haben. Indem der bisherigen Familiendynamik ein neues Glied hinzugefügt wird, ergibt sich für alle anderen und mit ihnen für das gesamte System die psychologische Notwendigkeit, einen wie auch immer gearteten Bezug herzustellen. Es ist psychologisch nur zu verständlich, dass uns unsere Kinder auf mehr oder weniger verarbeitete Entwicklungsaufgaben stoßen. Wenn Eltern und/oder ältere Geschwister diese Schwellensituationen nicht hinreichend bearbeitet haben, werden sie zum Konfliktherd der weiteren Familienentwicklung. Innerhalb des Mehrecks bleibt das Dreieck aus Eltern und Kind jedoch als grundlegende Strukturnotwendigkeit bestehen. Großeltern bieten sich in ihrer intimen Distanz bei diesen Entwicklungsproblemen geradezu auf natürliche Weise an. Sie sind in diesen Wirkungszusammenhängen Entwicklungsobjekte von

»entscheidender« Bedeutung. Sie leisten hier einen wesentlichen generativen Beitrag für die Gesellschaft, der »mit Geld überhaupt nicht zu bezahlen« ist.

Die Stellung in der Geschwisterreihe wird von Adler zu den wichtigsten Hilfen für das Verständnis des individuellen Lebensstils des Patienten gezählt. Es ist evident, dass die geradezu unausweichlichen und dauernden Interaktionen mit den Geschwistern im Rahmen des jeweiligen Familiengefüges eine grundlegende Erfahrungsebene bilden, auf der die Kinder durch ihre teilnehmenden Beobachtungen und Interaktionen ihre lebensstiltypischen Beziehungsmuster erlernen und einüben. Mit jeder Geschwisterposition sind spezifische Situationsbedingungen verbunden, die sowohl ihre Entwicklungschancen als auch Gefahren für Fehlentwicklungen bergen.

Besonders die Überlegungen zu spezifischen Situationsbedingungen der Familienkonstellation machen deutlich, dass nicht die bloße Stellung in der Geschwisterreihe, der zahlenmäßige Altersabstand, die Geschlechterfolge oder anderen Fakten, seinen Charakter determinieren, »sondern die Situation, in die hinein es geboren wird« (Adler, 1929b, S. 110). Zu dieser Situation gehören natürlich in besonderer Weise die familiären Bedingungen mit den Erwartungen der Eltern an das Kind. Der Lebensstil eines Menschen wird leichter verständlich, wenn wir die situativen Bedingungen beachten, unter denen und auf die hin sein Lebensstil als eine wie auch immer geartete Form, seine Erfahrungen zu machen und seine Wirklichkeit zu gestalten, entworfen wurde.

In dem Roman von Enquist befinden sich ebenfalls einige typische Geschwistersituationen:

> Zum Ende der Traumszene ermahnt der Vater Mina, Rücksicht auf ihre kleine, in demselben Zimmer schlafende Schwester zu nehmen und sie nicht aufzuwecken. Die kleine Schwester Moa wird dann aber wach und nervt Mina wie so oft, während der Vater in sein Schlafzimmer zurückkehrt und vermutlich wieder einschläft. Hier reinszeniert sich das typische Leid von Erstgeborenen, die die Geburt eines nachfolgenden Geschwisters oft als Zurücksetzung erfahren und mit diesem Erleben allein gelassen werden. Stattdessen werden sie von ihren Eltern gedrängt und gemahnt, auf ihre kleinen Geschwister Rücksicht zu nehmen, obwohl sie am liebsten alles andere machen würden, als Rücksicht auf sie zu nehmen, als sie zu betreuen oder gar

lieb zu haben. Auch wenn es gelingt, diese Affekte einigermaßen zu regulieren, bleibt nicht selten viel unverarbeitete Enttäuschung und Wut bei den Erstgeborenen zurück. Jedenfalls inszeniert sich hier eine für Mina charakteristische Modellszene ihrer Entwicklung.

In einer späteren Episode mit dem zehn Monate alten Skrutten wird das besonders hervorgehoben. Wir erfahren, dass Mina die Begeisterung von Skruttens Mutter für ihn für völlig übertrieben hält und insbesondere die liebevolle Zuwendung der Großmutter, also ihrer geliebten Stiefoma, nicht gut haben kann. Mina bringt ihre neidvollen und eifersüchtigen Tendenzen in dem aggressiven Vorschlag zur Geltung, den achtmonatigen Jungen als Proviant mit ins Basislager zu nehmen. Ihr fällt in diesem Zusammenhang auch der Traum von den Kannibalen wieder ein. Das verdeutlicht, dass die Phantasie von den Kannibalen und die aggressiven Züge im Traum auch als notdürftige Verarbeitungen ihrer Frustration bei der Geburt ihrer Schwester anzusehen sind. Beim Anblick der hingebungsvollen Freude ihrer Stiefoma über Skrutten, der ihr leibliches Enkelkind ist, werden Minas Zurücksetzungserfahrungen gegenüber ihrer nachgeborenen Schwester und die altersentsprechenden Beseitigungswünsche wiederbelebt. Mit ihrer kannibalischen Vorstellung, Skrutten als »Wegzehrung« zu benutzen, provoziert sie bei seiner Mutter, die mit ihrer Reizbarkeit ihrem Anliegen entgegenkommt, die Wut, die sie selbst wegen der erlebten Zurücksetzung gegenüber dem Neuankömmling empfindet und mühsam zu verbergen versucht hat.

Darüber hinaus war Mina mit zwei Jahren bereits sehr früh in der schwierigen Situation, die Geburt eines jüngeren Geschwisters zu regulieren. Bei einer hinreichenden Stabilität führt das zu einer teils notgeborenen und teils entwicklungsförderlichen Loslösung von der Mutter und Annäherung an den Vater. Man kann also die Verwicklung mit dem Vater als Fortsetzung des Prozesses der Verselbstständigung und eines neuen Bezogenseins ansehen. Die mit der Bewältigung einhergehenden Schwierigkeiten führen dann leicht dazu, diesen Komplex zu vermeiden. Es klingt in der Erzählung an, dass Mina mit ihrem Geschrei den Vater aus dem (vermutlich mit der Mutter geteilten) Schlafzimmer herausholt. Mina erfährt leidvoll, dass sie aus der Zweisamkeit ihres Elternpaares ausgeschlossen ist.

Auch bei meinen Enkelkindern kamen viele archaische Formen vor, wie das unliebsame Geschwister beseitigt werden sollte. Sie reichten von Vorschlägen, das Kind wieder zurückzugeben, bis hin zu den Vorschlägen, es in eine Mülltonne zu werfen und von der Müllabfuhr abholen zu lassen. Im Verlauf meiner Behandlung haben etliche Patientinnen und Patienten Kinder bekommen und haben mich dabei gewissermaßen immer wieder in eine großelterliche Position gebracht. Einer ehemaligen Analysandin, die mir mit ihrem Mann humorvoll auf einer Karte die Geburt ihres dritten Sohnes angezeigt hatte, schrieb ich neben meiner Gratulation u. a., dass ich ihren Kindern Eltern wünschte, die gelassen mit den aversiven Reaktionen der älteren Brüder umgingen und ihnen wie auch dem Neuankömmling dabei helfen würden, die schwierige Lebenssituation zu gestalten. Kurze Zeit darauf erhielt ich von der Mutter mit humorigem Bezug auf meine Glückwünsche zwei Gesprächsausschnitte mit ihrem vierjährigen Sohn. Ein in der Mitte der Konstellation befindlicher Junge fühlt sich gewöhnlich besonders von dem Neuankömmling herausgefordert. Darüber ist vermutlich von den Eltern zu erwarten, dass sie sich nach zwei Söhnen primär eine Tochter gewünscht hätten. Hier die beiden Gesprächsausschnitte:

> Hannes: »Ich hatte auch mal einen Mattheo.«
> Mutter: »Ach ja?«
> Hannes: »Der ist aber schon gestorben.«
> Mutter: »Oh, woran denn?«
> Hannes: »Der ist ERSCHOSSEN worden!«
> Und einige Tage später sagt er beim Schmusen:
> »Ach, Matze (Mattheo), wir haben Dich so lieb, wir könnten Dich verschenken.«

Es ist von basaler und nachhaltiger Bedeutung für die Entwicklung von Eltern und Kindern, also für die gesamte Familiendynamik, dass einfühlsame Eltern und Großeltern mit dem sich zurückgesetzt erlebenden Kind mitfühlen können und nicht unter einem unbewussten Wiederholungszwang aus der eigenen Entwicklung stehen, der dann zumeist mit pädagogisch oder moralisch verbrämten, meist noch aus früheren Zeiten stammenden Rechtfertigungen die Entwicklungslage des Kindes verkennt und mit mehr oder weniger heftigen Appellen und/oder Sanktionen das Erleben des Kindes verfehlt und als unerledigte Entwicklungsaufgabe sein weiteres Leben belastet. Die Erziehungs- bzw. Lebenskunst der Bezugspersonen besteht darin, sich sowohl in die Gefühle des sich benachteiligt fühlenden Kindes einzufühlen und es der Liebe zu ihm zu vergewissern als auch zu den liebevollen Gefühlen dem Neuankömmling gegenüber zu stehen. Unter hinlänglich günstigen Bedingungen führt die Geburt eines jüngeren Geschwisters trotz und wegen der anfänglichen Frustration zu einem Entwicklungsschub.

Mein zweitjüngster Enkelsohn hatte sich unmittelbar nach der Geburt seines Bruders auf der Rückfahrt von der Entbindungsstation laut weinend bei seinem Vater beschwert: »Ich bin der einzige Junge auf der Welt, der ohne Mama ins Bett gehen muss!« Doch er hat die erlebte Zurücksetzung durch den jüngeren Bruder auch durch die liebevolle Begleitung seiner Eltern progressiv bewältigt. Bei der Entlassung aus dem Krankenhaus musste seine Mutter eine gewisse Enttäuschung darüber hinnehmen, dass er sich für die Geburtstagsfeier bei einem Freund entschieden und keine Lust hatte, seine Mama und seinen Bruder mit dem Vater zusammen aus dem Krankenhaus abzuholen. Ich erlebte darin einen wesentlichen Entwicklungsfortschritt in Richtung eines glücklichen Lebens, der vermutlich, insbesondere für die Mutter, neben der Freude über diesen Entwicklungsschritt mit einer gewissen Wehmut verbunden gewesen sein mag.

Als Großvater kann ich dieses Weiterkommen noch viel ungetrübter begleiten und meine Freude an seiner Entwicklung haben. Sein Vater machte mich noch darauf aufmerksam, dass damit keine abrupte Abwendung von seiner Mutter verbunden war, sondern dass er neben seinen offensichtlichen Ablösungsbemühungen insbesondere abends intensiv den liebevollen Kontakt zu ihr suchte und er als Vater aus dieser besonderen Innigkeit ausgeschlossen blieb. Dieser diffizile und komplexe Prozess der Ablösung und der Selbstwerdung ist natürlich an vielen Stellen für das Kind, für die Mutter und für den Vater problematisch und provoziert bei einem entsprechenden Entgegenkommen der Beteiligten die vielen unseligen und belastenden Familienstörungen, in denen der eine den anderen nötigt, Entwicklungsaufgaben zu übernehmen, die von ihm selbst wegen der eigenen Selbststörungen nicht zu leisten waren. Wie viel Reife setzt es bei einer Mutter voraus, neben den basalen Versorgungsansprüchen des Jüngsten die differenzierten Selbstobjektbedürfnisse des Ältesten zu beantworten, statt sie zu übergehen oder gar zu boykottieren! Welche Reife setzt es bei dem

Vater voraus, das Ausgeschlossensein aus der Innigkeit der Mutter-Sohn-Beziehung zu ertragen und gleichzeitig in der übrigen Zeit mit dem Sohn freudig zu spielen und seine Selbstobjektbedürfnisse gegenüber dem Vater zu spiegeln! Und wie viel Liebe ist zwischen den Partnern selbst vorauszusetzen, um die jeweilige Bedeutung des Partners für das Kind anerkennen zu können, die unmittelbare Freude aneinander nicht zu verlieren und die Reife zu haben, auch die Zuneigung zueinander vor den Kindern leben zu können! Vielleicht wird hier näherungsweise deutlich, wie die familiären Wirkungszusammenhänge sowohl eine Fülle von Fallstricken für fatale Wiederholungen implizieren als auch ein entsprechendes Füllhorn von Glücksmöglichkeiten enthalten, die das Leben der Eltern, Kinder und der Großeltern und anderer Verwandter sowie der vielen Freunde und Freundinnen bereichern.

Wenn man sich in den Ältesten einfühlt, der z. B. im Religionsunterricht des ersten Schuljahrs die persönliche Fürbitte artikulierte, dass sein kleiner Bruder nicht immer sein Spiel kaputt machen möge, lässt sich seine Reaktion aus seiner Alters- und Entwicklungslage heraus nur zu gut nachvollziehen: die erlebte Zurücksetzung gegenüber dem jüngsten und extrem auf Mutter und Vater angewiesenen Kindes und die damit verbundene schmerzhafte Erfahrung, aus dem Zentrum elterlicher Beachtung in die Zuschauerrolle gedrängt worden zu sein. Für die sich aufdrängenden aversiven und neidvollen Reaktionen braucht das Kind das Containment der Eltern, also Strukturierungshilfen, die gerade dem sich im Beachtungshintergrund erlebenden Kind weiterhin die liebevolle Aufmerksamkeit schenken und ihm bei entsprechendem Altersabstand die in der Geburt eines kleinen Geschwisters liegenden progressiven Entwicklungsanreize schmackhaft machen. Indem die Eltern seine aggressiven Reaktionen halten können, ohne diese wegen eigener Beteiligung an ihrem Sohn bekämpfen zu müssen – pädagogische Rationalisierungen stehen hier in Fülle zur Verfügung –, bieten sie dem Erstgeborenen auch vielfältige Anregungen, sich neu zu regulieren. Die Enttäuschungen und Frustrationen über die seinerzeitige Geburt des jüngeren Bruders und seine immer wieder belastenden Erfahrungen – neben den angenehmen – können am Beispiel des nächsten Kindes wieder belebt werden. Sie müssen geradezu reinszeniert werden, wenn das Seelische auf gesündere Formen der Regulierung drängt.

In Therapien erfahren wir immer wieder von schockartigen Erfahrungen bei der Geburt nachfolgender Geschwister. Sie treffen sie oft unvorbereitet, sei es dass die Eltern diese Schwierigkeit verleugnen oder dass die Kinder alle Anzeichen eines nachwachsenden Geschwisters verdrängen. Häufig fällt das Geburtsereignis zusammen mit zusätzlichen Belastungen, dass z. B. das ältere Geschwister gleichzeitig weggegeben wird, das Lieblingstier verschwindet oder gar getötet wird oder dass mit verführerischen Angeboten oder harten Strafen die Annahme des neuen Geschwisters zu erzwingen versucht wird. Lebenslange Teufelskreise eskalierender Machtkämpfe haben hier ihre psychodynamische Quelle. Die Reaktionen von Kindern sind hoch sensibel und setzen an den empfindlichen Stellen der Eltern an. Beispielweise war die hochintelligente Tochter eines Pfarrers von ihren Eltern überredet worden, sich mit den Eltern auf und über das Geschwister zu freuen. Eines Tages, als es geboren war, die Mutter die notwendigen Pflegehandlungen abgeschlossen und das Kind ins Bettchen gelegt hatte, hüpfte die Ältere, die sich die ganze Zeit im Hintergrund befunden hatte, scheinbar fröhlich um den Kinderwagen herum und flötete in einem pseudofreundlichen Ton: »Ich verfluche dich, ich verfluche dich, ich verfluche dich.« Die erschrockenen Eltern wussten sich nicht anders helfen, als den Vorfall damit abzutun, dass ihre kleine Tochter überhaupt noch nicht wisse, was dieser Ausdruck bedeute. So setzten sie sich rationalisierend über die »unverdauten« archaischen Affekte ihrer Ältesten hinweg.

7.3 Der böse Wolf

Da die drei Familien meiner Töchter jeweils zwei Kinder haben, bekam ich eine reichhaltige Gelegenheit, die Geschwisterkonstellationen aus inniger Nähe und mit großväterlichem Abstand beobachten zu können. Besonders beeindruckt hat mich das Erleben von meiner zweiten Enkeltochter, als sie vierjährig mit der Geburt eines Bruders konfrontiert war. Ihr Beispiel ist geradezu exemplarisch für die seelischen Schwierigkeiten eines erstgeborenen Kindes, das ein Geschwister bekommt: Im Vorschulalter hatte sie eine Zeitlang große Angst vor Wölfen und veranlasste ihre Bezugspersonen immer wieder, sie zu beruhigen. Ich erinnere mich noch daran, dass ihre Angst gegen vielfältige Formen, sie beruhigen zu wollen, resistent war. So waren ihre Eltern und die anderen Bezugspersonen erleichtert, als dieses Beruhigungsritual immer seltener wurde und schließlich überwunden schien. Die Wolfsängste waren schon längst vergessen, als meine Enkeltochter in beeindruckender Weise in einer Klassenarbeit einen Erlebnisbericht zum Thema »Als ich einmal Angst hatte« schrieb. Mittlerweile zwölf Jahre alt, erzählt sie darin folgende Geschichte:

> Als ich einmal Angst hatte[1]
>
> Früher, als ich mit meinen Eltern noch in unserem alten Haus lebte, hatte ich unglaubliche Angst vor Wölfen. Abends legte meine Mutter mich ins Bett und las mir eine Geschichte vor. Dann fragte ich sie immer: »Ist kein Wolf unterm Bett? Bist du und Papa auch im Bett?« Und meine Mutter antwortete dann immer: »Nein, es ist kein Wolf unterm Bett. Ich und Papa liegen auch im Bett.« Aber an einem Abend, das war der 17.10., hätte sie diesen Satz wohl besser nicht sagen dürfen. Meine Mutter war hochschwanger. So schlief ich dann ein. In der Nacht wurde ich von einem Geräusch wach. Sofort kriegte ich Angst. Ich zitterte am ganzen Körper. Da hörte ich, wie unsere Tür ins Schloss fiel. Danach ein leises Knarren. Wahrscheinlich war das ein Wolf, der Hunger hatte. Ich wollte ganz schnell zu meinen Eltern ins Bett kriechen. Deshalb schaute ich rasch unter mein Bett, um auch sicher zu sein, dass dort nicht schon ein Wolf lauerte. Dann hopste ich aus meinem Bett und tapste zum Zimmer meiner Eltern. Ich machte die Tür auf und erschrak. Da lag ein Wolf auf dem Bett. Der Wolf richtete sich auf und kam auf mich zu. Ich fing an zu weinen und zu schreien. Er hatte schon meine Eltern gefressen, und jetzt sollte ich dran kommen. Ich rannte so schnell ich konnte in mein Zimmer und verkroch mich unter meiner Decke. Da stand der Wolf in der Tür und machte das Licht an. Da sah ich, dass er mein Onkel war. Er kam zu mir ans Bett und erklärte mir, was geschehen war. Er sagte: »Deine Eltern haben mich heute Nacht angerufen und gefragt, ob ich auf dich aufpasse, weil deine Mutter das Baby bekommt.« Ich beruhigte mich und kroch zu meinem Onkel ins Bett. Und am nächsten Morgen fuhren wir dann zusammen ins Krankenhaus zu meinen Eltern und zu meinem neuen kleinen Bruder.

Der Leser kann sicherlich gut nachvollziehen, dass die Lehrerin von der spannenden Erzählung beeindruckt war und die Klassenarbeit sowohl hinsichtlich des Inhalts als auch der Darstellung als »sehr überzeugend« wer-

1 Die formalen Fehler wurden hier der besseren Lesbarkeit wegen korrigiert.

tete. Unter der psychologischen Perspektive war ich beeindruckt von der selbstanalytischen Sichtweise meiner erst zwölf Jahre alten Enkeltochter. Die Erzählung erinnert mich an die psychoanalytisch orientierten Filmgeschichten eines Hitchcock. Wie stimmig entwickelt sich hier doch die Entstehung der Wolfsangst aus der Belastungssituation eines vierjährigen Kindes heraus, das ein Geschwister bekommt. Die Geschichte ist eine kindgemäße Ausdrucksform für die ungeheuerlichen Ängste von Kindern, über die Geburt eines Geschwisters die Eltern zu verlieren, von seinen eigenen gewaltigen Sehnsüchten aufgefressen zu werden und sich dabei selber zu verlieren. (In eventuellen späteren Analysen würde sie ihre Verfassung, aus der heraus sie ihre Erfahrung mit der Geburt des Bruders »gemacht« hat, noch grundlegender wahrnehmen und verstehen können, wie die Analyse meiner frühen Lebensbewegungen verdeutlicht.) Der Aufsatz hat auch mich beeindruckt. Meine Enkeltochter war selbstverständlich von ihren Eltern seit langem auf die Geburt ihres Bruders vorbereitet worden und konnte daran auch lebhaften Anteil nehmen. Als sich nun die Geburt bei ihrer Mutter ankündigte, war es Nacht und sie schlief fest. Da in der darüberliegenden Wohnung Tante und Onkel wohnten, meine Enkeltochter sehr vertraut mit diesen war und auch schon öfters bei ihnen geschlafen hatte, entschieden sich die Eltern dafür, sie nicht aufzuwecken und nur die Schwester oder den Schwager als Babysitter herunterzurufen, damit sie sich selbst in Ruhe der Entbindung widmen konnten.

Dieses Beispiel lässt sich insofern sehr gut verallgemeinern, da wir es hier mit einem Kind zu tun haben, das sicherlich psychologisch fundiert von seinen Eltern auf die Geburt eines Geschwisters vorbereitet worden war und regen Anteil an der Schwangerschaft der Mutter nehmen konnte. Wir können ebenfalls davon ausgehen, dass der Onkel mit dem Kind sehr vertraut war und ebenfalls als analytischer Kinder- und Jugendlichentherapeut seinerseits optimal in der Lage war, mit einem verängstigten und ihm nahestehenden Kind umzugehen. Wo herrschen schon solche günstigen Bedingungen für die Entwicklung von Kindern! Und dennoch hatte meine Enkeltochter große Angst. Das soll hervorheben, dass es unmöglich ist, Kindern alles Entwicklungs- und Werdeleid ersparen zu wollen bzw. anzunehmen, das überhaupt zu können. Eltern, die der Fiktion erliegen, keine Fehler zu machen, nie versagen zu dürfen, immer weiterwissen zu müssen, bereiten die Bedingungen für entsprechende Störungen ihrer Kinder ebenso vor wie Eltern, die ihre Kinder von vornherein bei ihren Entwicklungsproblemen im Stich lassen. Darin liegt meines Erachtens der tiefe Sinn, dass Winnicott, einer der bedeutendsten Entwicklungspsychologen des vergangenen Jahrhunderts, von »hinreichend guten« Eltern spricht.

Vier Jahre nach der Geburt ihres Bruders malte diese Enkeltochter – mittlerweile achtjährig – im Kunstunterricht in der Weihnachtszeit ein Familienbild, das einen weiteren Zwischenschritt auf ihrem Weg der Selbstwerdung zum Ausdruck bringt.

In schöner Anschaulichkeit deutet das Bild die seelischen Strukturierungsprobleme einer vierköpfigen Familie aus der Sicht der Älteren an. Der Jüngste macht lauthals und bewegt auf sich aufmerksam, Schwester und Mutter wenden sich parallel dem Kleinen zu. Das besondere Arrangement zwischen Kindern und Mutter wird noch durch die braune Couch im Hintergrund hervorgehoben. Die Gesten von Schwester und Mutter sind sehr bewegt und dem Jungen zugewandt. Angedeutet durch die Stimmung im Bild und auch durch mein Wissen um die Atmosphäre der Familie verstehe ich den Ausdruck der Enkeltochter als Identifizierung mit der Mutter, über die sie als die Ältere und Vernünftige mit dem noch zu erziehenden

Familienbild Weihnachtszeit

Bruder um die Liebe der Mutter bzw. der Eltern ringt und sich zwischen ihre Mutter und ihren Bruder drängt. Der Vater sitzt am mit vier Gläsern gedeckten Weihnachtstisch, prostet den verwickelten Dreien zu, als wollte er die Auseinandersetzung beschwichtigen und sie alle an den Tisch locken und zur Ordnung rufen. Die Zugewandtheit des Vaters erleichtert mich, wenn ich sie mit meiner abgewandten Position vergleiche, die mir meine Tochter, die Mutter der Enkeltochter, von der dieses Bild stammt, zugewiesen hatte (siehe Kap. 4.3). Hier kehrt ihr Problem insofern wieder, als am Tisch nur drei Stühle stehen. In den beiden Blumenpaarbildern über dem Sofa deuten sich auch die regelmäßig in Familien vorkommenden Pseudolösungen an, indem die Strukturierung der Viereckssituation durch einen Zerfall in zwei feindliche Allianzen gekennzeichnet ist. Bei dem Bild meiner Enkeltochter wird eine integrative Zielvorstellung ausgedrückt, indem sie vier Weihnachtsgeschenke unter den Tannenbaum legt. Die Einfälle zu den Geschenken würden sicherlich noch interessante Momente zur Familien- und Geschwisterposition beisteuern.

Im Fenster über dem Esstisch wird mit den vier abgezirkelten Scheiben eine formale Lösung der Entwicklungsaufgabe angedeutet, quasi als Entwurf für die weitere Entwicklung, nicht ohne bei der textilen Umrahmung des Fensters die Sehnsucht wieder anzudeuten. Die frühe Triangulierung ist ja gerade erst realisiert worden. Die Spannungen zwischen der Dreigliedrigkeit und Viergliedrigkeit kehrt an vielen Stellen des Bildes wieder und spiegelt die Strukturierungsprobleme einer psychologischen Expedition auf dem Weg der Selbstwerdung. Die Lampe beleuchtet die noch sehr nahe liegende Notlösung, das dynamische Familiengeschehen in zwei paarige Allianzen zu spalten, in die Bilder zweier isolierter Zweierbeziehungen. Die drei Stühle halten aber auch fest, wie vertraut es für die Erstgeborene noch ist, das alleinige Zentrum elterlicher Beachtung zu sein.

Die reichhaltige Symbolik dieses Bildes findet sich in dem spontan geäußerten Hinweis meiner Enkeltochter wieder, dass sie die beiden Wandbilder an zwei Drucke erinnern, die bei einer ihrer Tanten über dem Frühstückstisch hingen. Ein Vergleich der Darstellungen zeigt noch einmal eindrucksvoll, wie bedeutsam meine Enkeltochter die Vorlagen verwandelt hat. Es handelt sich um sechs Werke von Andy Warhol mit jeweils *vier* (!) Blumen. Unter familiendynamischen Gesichtspunkten spielt der Künstler auf diesen Bildern mit der Generationengrenze zwischen dem elterlichen

Andy Warhol: Flowers

Paar und zwei Kindern: Die vier bunten Blumen sind in jedem Bild so arrangiert, dass zwei von ihnen dieselbe Farbe haben. Die Beziehung (Farbe) der Eltern ist strukturell verschieden von der der Kinder. In einem Bild deuten sich Vermischungen bzw. Auflösungen der familialen Struktur an.

Aus der gelassenen Position eines Großvaters nahm ich froh und bewundernd Anteil an der transgenerativen Gegenbewegung meiner Enkeltochter. Sie spürte wie jeder junge Mensch den entwicklungsnotwendigen Drang, sich von den eigenen Eltern abzugrenzen und ein eigenes Selbstverständnis zu entwickeln, was durch die lange Abhängigkeit von ihnen und die Liebe zu ihnen nicht leicht ist. Dieser emanzipatorische Prozess braucht seine Zeit und hat seine altbekannten Turbulenzen. So formte sich auch in der Entwicklung meiner zweitältesten Enkeltochter ein markanter Wendepunkt in ihrer Lebensbewegung aus. Mit gerade einmal neun Jahren eröffnete sie ihren Eltern – angeregt durch eine Freundin, deren Eltern und durch ihre Religionslehrerin – sich katholisch taufen zu lassen. Allen liebevollen und verführerischen Versuchen der Eltern, die eventuellen nichtreligiösen Bedürfnisse auch so zu befriedigen (z. B. nach einem Fest, Geschenken, Kleidern usw.) widerstand sie. Von ihrem kindlichen Glauben überzeugt, ließ sie sich taufen und ging mit zur ersten Kommunion. Obwohl ich selbst der Kirche nicht mehr nahe stehe und mich nicht als religiös im herkömmlichen Sinne ansehe, spürte ich eine tiefe Anerkennung für meine Enkeltochter, wie sie ihre Anliegen in einem religionsfernen Milieu behauptete und ihre Familie um eine sicherlich vernachlässigte Dimension bereichert hat. Ich finde aber auch die Eltern meiner Enkelin bewundernswert, die die religiöse Überzeugung ihrer selbstbewussten Tochter respektierten und einwilligten, dass sie sich taufen ließ und mit zur ersten Kommunion ging.

Es wäre interessant zu erfahren, wer von den Bezugspersonen ihre Entscheidung und ihren Wunsch veranlasst hat. Gehen sie auf gelegentliche Kirchenbesuche mit ihrer Oma zurück? Wurde sie im Religionsunterricht von ihrer Religionslehrerin zu diesem Schritt animiert? Oder spielte ihre beste Freundin eine Rolle, die aus einer bekennenden katholischen Familie stammt, deren Vater selbst katholische Theologie studiert hat und, so war von ihr und ihren Eltern zu erfahren, seinerseits großen Wert darauf legt, dass der Gang zur ersten Kommunion von den Kindern bewusst und selbstbestimmt angetreten wird. Eine Suche nach solchen Gründen scheint mir jedoch noch zu oberflächlich gegenüber dem unbewussten Motiv ihrer Lebensbewegungen. Ich sehe dieses in dem tiefen psychologischen bzw. archetypischen Sinn der Taufe, in der es heißt: Du bist meine geliebte Tochter, mein geliebter Sohn, an denen ich mein Wohlgefallen habe. Nach christlicher Auffassung wird hier einem Menschen die bedingungslose Daseinsberechtigung zuteil. Durch die Geburt ihres Bruders erlebte sich meine Enkelin sicherlich unbewusst entgegen allen »objektiven« Gegebenheiten als zurückgesetzt, in ihrem existenziellen Dasein verunsichert. Genau darauf bezieht sich der Sinn der Taufe, und deswegen wird diese und wird die Religion für viele entmutigte Kinder zu einem Halt in ihrer Entwicklung. Daher sehe ich auf einer tiefen Entwicklungsebene ihren Wunsch, sich taufen zu lassen und zur ersten Kommunion zu gehen, als eine bewundernswerte Handlung, in der sie die Anregungsbedingungen ihres Lebensfeldes selbstschöpferisch nutzt, um sich selbst aufzurichten und zu behaupten. Ihre Motivation kann ich sehr gut verstehen und freue mich über diesen wichtigen Schritt der Selbstorganisation. Dieser speziellen Freude mischt sich auch ein andächtiges Staunen über die generellen schöpferischen Kräfte im Seelischen bei. Meine Enkelin suchte nach einer eindeutigen Orientierung für die Gestaltung ihres Lebens. Das

Eigene findet sich in dem, was den Eltern fremd geworden ist. Ein solcher Entwurf in die Zukunft hilft dem Heranwachsenden dabei, nicht in die Panik einer haltlosen Lebensbewegung zu geraten.

Das Beispiel meiner Enkeltochter veranschaulicht Vorgänge, die als transgenerationale Rebounds bekannt sind. Die Werbung bedient sich dieses Arrangements ebenfalls:

> Das Mädchen Lisa aus der Werbung einer Bausparkasse lebt in einem alternativen Milieu einer Wohnwagensiedlung und schwärmt gegenüber dem alternativen Vater von einem Mädchen aus ihrer Klasse, deren Familie in einem eigenen Haus lebt, in dem jeder sein eigenes Zimmer hat, und von einem anderen Klassenkameraden, der in einer Eigentumswohnung unter dem Dach lebt, von wo aus er die ganze Stadt überblicken kann, was der Vater jedes Mal mit der Bemerkung abtut, dass das doch alles Spießer seien. Daraufhin stellt Lisa mit kindlicher Selbstverständlichkeit fest: »Papa, wenn ich groß bin, dann werde ich auch Spießer.«

Hier hat sich in exemplarischer Weise die Werbung des entwicklungspsychologischen Rebounds bedient. Was der einen Generation ihr Rock and Roll ist, ist der anderen ihre Flowerpower. Aus einer tiefen entwicklungspsychologischen Notwendigkeit der Selbstfindung und Selbstdefinition heraus entwickelt jede puberale Generation ihr eigenes Gegenbild. In diesem Sinne ist die Entscheidung meiner Enkeltochter auch eine Form der Gegenbewegung, mit der das allmählich in die Vorpubertät eintretende Mädchen eine eigene Position gegenüber den Eltern zu vertreten versucht. Hierzu fällt mir auch ein Interview mit der Schauspielerin Cosma Shiva Hagen (S. Mertens, 2008) ein, die mittlerweile ebenso bekannt ist wie ihre Mutter, die schrille Pop-Ikone und Sängerin Nina Hagen. In einem Gespräch wurde Cosma Shiva gefragt, ob es ein Fluch oder Segen sei, Nina Hagens Tochter zu sein. Daraufhin entgegnete sie u. a., dass sie spießig sein wolle, um zu rebellieren. Es wäre nicht verwunderlich, wenn sie ihre Großmutter mütterlicherseits zum Vorbild gewählt hätte.

Aus latenter Trennungsangst und pseudopädagogischer Gesinnung geborene Einstellungen behindern die nachwachsende Generation erheblich. Ich werde nie den Studenten einer Selbsterfahrungsgruppe vergessen, der davon berichtete, wie sehr er einen Freund, der wegen seiner zerlumpten und zerrissenen Jeans und wegen seiner ungepflegten Haare »mit seinen Eltern richtigen Zoff« kriegte, um dessen Eltern beneidete, weil seine eigenen Eltern, die aus der 68er Generation stammten, für alles Verständnis hätten. Die transgenerativen Gegenbewegungen können sehr krasse Formen annehmen. Ich habe im Laufe meiner Praxis sehr viele davon kennen gelernt: Lehrerkinder, die schulisch total versagten, Juristenkinder, die in Erpressungen oder Bankraub verwickelt waren. Ich werde auch nie einen Berufsoffizier vergessen, der sich selbst als Sauberkeits- und Wahrheitsfanatiker rühmte und aus dessen Familie mehrere Kinder hervorgingen, die gelogen, eingenässt und eingekotet haben. Ich selber bin von solchen distanzierenden Selbstbehauptungen auch nicht verschont geblieben, insofern ich über ein lernpsychologisches Thema promovierte und als »Fachmann« meine Kinder auf diesem Gebiet mit meinen übertriebenen Hilfen wohl mehr verunsichert als unterstützt habe. Sie haben sich glücklicherweise gegen die narzisstische Vereinnahmung ihres Vaters gewehrt, ohne sich dabei nachhaltig selber in den Entwicklungschancen zu beschneiden.

7.4 Eigene Geschwisterkonstellation

Meine eigene Position in der Geschwisterreihe ist die eines Ältesten. Ich habe zwei typische Erinnerungen und eine typische »Nicht-Erinnerung«. Obwohl ich schon fast neun Jahre alt war, scheint es so, als ob ich nichts von der Schwangerschaft meiner Mutter mit meiner Schwester bemerkt hätte. Hier drängt sich der Abwehrmechanismus der Verleugnung geradezu auf.

> Die erste konkrete Erinnerung ist die, dass ich mit meinem Vater zum Krankenhaus gefahren bin und alleine auf der Straße warten musste, während er auf der Wöchnerinnenstation meine Mutter besuchte und erstmals meine neugeborene Schwester sehen konnte. Ich stand derweil verloren in einem Hauseingang, in dem ich mich vor dem Regen schützte.
>
> In der zweiten Erinnerung sehe ich mich mit vielen Leuten in unserer Küche, als meine Mutter mit meiner Schwester auf dem Arm hereinkommt, das Neugeborene in Kissen gehüllt auf den Tisch legt und sich alle um diese Stelle scharen, während ich überhaupt nicht mehr beachtet werde.

Dass ich die Nichtbeachtung mit fast neun Jahren noch so stark erlebte, macht deutlich, wie gebunden ich insbesondere noch an meine Mutter war. Das hing mit meiner geheimen Delegation und dem von mir bis dahin entwickelten Selbstkonzept zusammen, der Erlöser meiner Eltern zu werden, insbesondere meiner Mutter, die selbst von ihren Eltern und insbesondere ihren beiden Brüdern als das Dummchen der Familie hingestellt wurde. Sie und ihre Schwägerin, die Frau ihres Bruders, mit dem sie die Hassliebe einer lebenslangen Gegenabhängigkeit verband, fanden immer wieder Gelegenheiten, meinen um fast neun Jahre älteren Cousin mit mir in eine »Geschwisterrivalität« zu verwickeln. Ich habe diesen Cousin ganz lange und selbstverständlich und vermutlich auch kaum widersprochen als meinen Bruder bezeichnet. Das geschah so lange, bis mich eine pedantische Nachbarin eines Tages auf diesen formalen Irrtum glaubte aufmerksam machen zu müssen. Ich erinnere mich noch ziemlich genau an meine Begriffsstutzigkeit, die auch dadurch nicht abnahm, dass die Nachbarin darüber echauffiert den mir völlig fremd erscheinenden deutschen Ausdruck des Vetters einführte. Verunsichert und ungläubig habe ich mir dann die Verwandtschaftsverhältnisse von meiner Mutter bestätigen lassen. Ich erinnere diese Situation immer noch mit Gefühlen von Peinlichkeit und Ärger darüber, dass mich eine fremde und mir unsympathische Frau über die Verwandtschaftsbeziehungen meiner Familie aufklären musste. Meine Sehnsucht nach einem großen Bruder, wahrscheinlich als Ersatz für den abwesenden Vater, blieb im Schatten des Erlebens aller Beteiligten. Darüber hinaus ist mir das Gefühl heute noch präsent, wie unangenehm mir die Situationen waren, wenn meine Tante und meine Mutter ihre Konkurrenz auf meinem Rücken und dem meines Cousins austrugen. Ich erlebte ihn als zugewandt und freundlich, wenn er mit mir spielte und mir etwas Interessantes zeigte. Ich fühlte mich von diesem starken und großen »Bruder« angezogen. Ich geriet allenfalls in eine unangenehme Spannung, wenn ich den Neid meiner Mutter spürte, wenn mein Cousin wieder einmal Tüchtiges in Schule und Beruf geleistet hatte. Ich spürte den grandiosen Anspruch meiner Mutter an mich, während bei unserem großen Altersabstand weder er noch ich auf die Idee eines »Bruderkampfes« kamen, der jedoch als »Geschwisterkampf« dauernd zwischen meiner Mutter und meinem Onkel tobte.

Bei meinem Lebensentwurf war es naheliegend, dass ich meine Eifersucht auf meine Schwester altruistisch verbrämte. Wie erfolgreich ich darin war, offenbaren und bestätigen die positiven Erinnerungen meiner Schwester, die mich in den frühen Notsituationen ihres Lebens immer an ihrer Seite erlebt hatte. Meine Berufe als Lehrer, Trainer, Psychologe und Psychotherapeut liegen sicherlich auch auf dieser Linie. Wie viele Erstgeborene zog ich mich bei der Geburt meiner Schwester noch mehr in mich zurück bzw. wandte mich mehr meinem Vater zu. Bereits mit acht Jahren – vielleicht hatte ich doch etwas von der Schwangerschaft meiner Mutter bemerkt – hatte ich mich selber in dem Fußballclub des Vorortes meiner Heimatstadt angemeldet.

Wegen der verbliebenen Gebundenheiten meiner Eltern war die Strukturierungsaufgabe der Triangulierung nicht hinlänglich gelungen. Es bedurfte bei mir noch erheblicher analytischer Bearbeitungen, bis ich die dennoch vorhandenen vereinzelten Erfahrungen von meinen Abwehr- und Sicherungsformen befreien und für eine nachholende Strukturierung nutzen konnte. Für meine Familie war die Spaltung in zwei Paarbildungen typisch. Jeder Elternteil hatte »sein« Kind. Ich wurde evangelisch wie »meine« Mutter getauft und meine Schwester katholisch wie »ihr« Vater. Die eine entwickelte eine phobische, der andere eine kontraphobische Abwehrform. Der eine wurde als »intelligent«, die andere als »dumm« appliziert. Generell wurde ich in der Rolle des positiven Selbst für die notdürftige Stabilisierung der Familie benötigt, meine Schwester jedoch in der Rolle des negativen Selbst. Bei der Geburt meiner Zwillinge, die noch vor meinen analytischen Selbsterfahrungen lag, hat sich anfänglich eine solche Aufteilung der Kinder beinahe aufgedrängt. Während meine damalige im Umgang mit Kleinkindern besonders kompetente Frau regelmäßig die Tochter trug und fütterte, die wegen eines embryonal bedingten Haltungsschadens besonders gehalten werden musste, nahm ich mich des körperlich stabileren zweitgeborenen Zwillings an. Auch später erlebte ich mich immer wieder in der Gefahr, die Töchter voreingenommen zu unterscheiden. Mich erschreckt im Nachhinein noch, wie wir als Elternpaar in naiver Selbstverständlichkeit diese tendenziöse Behandlung anwendeten. Unter dieser Perspektive hat die Zwillingstochter, die sich daran erinnert, wie ich auf dem Weg in den Kindergarten die Sitzplätze auf dem Fahrrad (Sattel oder Gepäckträger) immer wieder gerecht zwischen ihr und ihrer Schwester verteilte und sie dennoch das Gefühl hatte, benachteiligt zu werden, etwas Zutreffendes gefühlt, nämlich in Bezug auf den Vater etwas zu kurz gekommen zu sein. Sie hat wahrgenommen, dass der um Gerechtigkeit bemühte Vater niemanden auf dem Fahrrad benachteiligt hat, aber sie hat auch die größere Distanz zu ihm bzw. seine größere Nähe zu ihrer Zwillingsschwester gespürt. Das ist für mich zu einer eindringlichen Bestätigung dafür geworden, wie die Gefühle bei Kindheitserinnerungen ernst genommen werden müssen und wie leicht kognitive Bemühungen (z. B. gerecht sein zu wollen) die latenten Bedeutungen verdecken. Auch erinnere ich mich noch daran, dass ich eine Tendenz spürte, die eine über- und die andere unterzubewerten.

Meine Schwester und ich hatten auch unsere Mühe, uns aus diesen belastenden Zuschreibungen und Internalisierungen zu befreien. Da wir intensiv im Gespräch blieben, konnten wir beide, auch flankiert von unseren Ehepartnern, unsere Delegationen verstehen. Ich erlebe es als glücklichen Entwicklungsschritt, dass ich in den letzten Jahren mehrere Forschungsprojekte betrieben habe, an denen die Tochter und der Sohn meiner Schwester beteiligt waren. Diese Zusammenarbeit hat uns viel Freude bereitet und wir haben dabei viel voneinander gelernt. Meine Nichte schließt derzeit nach dem Erwerb des Diploms in Psychologie ihr Zweitstudium in Medizin ab. Derweil hat mein Neffe als Diplom-Soziologe eine Assistentenstelle an einer Universität und steht vor dem Abschluss seiner Promotion. Unbewusst habe ich wohl damit den durch den Altersabstand zu meiner Schwester und durch die Spaltung in unserer Herkunftsfamilie bedingten Abstand deutlich verringert. Meine Schwester wie auch mein Schwager, der zudem frei ist von den familiären Wirkungszusammenhängen unserer Herkunftsfamilie, nehmen daran – identifiziert mit ihren Kindern – auch froh und stolz Anteil. Genauso fühlen wir uns bei gemeinsamen Unternehmungen (Ausflügen, Spaziergängen und Radtouren) von den historischen und künstlerischen Kenntnissen und Interessen meines Schwagers angeregt. Sehr dankbar nehme ich zuweilen seine Unterstützungen und Anregungen an, wenn er Veröffentlichungen von mir mit der Sorgfalt eines pensionierten Lehrers lektoriert. So bereichern wir unsere ursprünglichen Geschwisterkonstellationen in unserem Erwachsenenleben. Die Freude, die ich bzw. meine Frau und ich im Zusammentreffen mit meiner Schwester und meinem Schwager, mit meiner Nichte und meinem Neffen und neuerdings auch mit ihrem Partner bzw. seiner Partnerin miteinander erleben sowie die wechselseitige Zuneigung und Anerkennung, die ich zwischen uns immer wieder spüre, sind für mich ein wohltuender Ausdruck davon, dass wir es hier mit unseren Verwandtschaftsbeziehungen weiter gebracht haben, als wir es in unseren Herkunftsfamilien erfahren haben. Aus einem oft feindseligen, gespaltenen Neben- oder Gegeneinander ist hier ein sympathisches Miteinander zweier verwandter Familien entstanden. Ich glaube, dass das so bleibt und hoffe, es noch lange genießen zu können.

8. Freuden des Werdens

8.1 Sprachliche Entdeckungen

Wenn wir uns über die Entwicklung unserer Kinder und Kindeskinder freuen, befinden wir uns in einer für Eltern und Großeltern typischen Situation. Ein kohäsives und flexibles Selbst erwächst aus zwei sich ergänzenden Quellen, der Freude des Kindes an erlebten Entwicklungsschritten und der freudigen Anteilnahme seiner Bezugspersonen an den Zwischen- und Fortschritten seiner Entwicklung. Mustergültig und fokussiert lässt sich das an der Sprachentwicklung der Kinder beobachten. Die Eltern stellen mit großer Aufmerksamkeit fest, wenn die Lautbildungen ihrer Kinder sich z. B. auf Mama, Wauwau oder Papa hin bewegen, beziehen ihre Kinder in Sprachspiele ein und können vor Glück nicht genug davon bekommen, ihrem Kind seinen eigenen Namen vorzusprechen, sich selbst von ihm ansprechen zu lassen, Lebewesen und Gegenstände zu benennen oder von ihm originäre Bejahungen oder Verneinungen zu erhalten. Die sprachlichen Entwicklungsschritte sind besonders im frühen Stadium gut zu beobachten. Sie bieten eine Reihe von Glücksmomenten, in denen man das Weiterkommen des geliebten Kindes erleben kann. Von meinem jüngsten Enkel sind mir noch einige in lebhafter Erinnerung wie zum Beispiel sein erster Anruf, als er noch keine zwei Jahre alt war:

Eines Tages klingelte das Telefon. Als ich abgenommen hatte und den Hörer an mein Ohr hielt, hörte ich zunächst nichts, merkte aber, dass am anderen Ende der Leitung jemand atmete. Ich stutzte. War das mein zweitjüngster Enkel, der gerade in die Schule gekommen war und der mich hin und wieder von sich aus anrief, damit wir uns zu etwas Schönem verabreden konnten? Aber das konnte nicht sein, denn er hätte sich doch sofort gemeldet. Mir fiel ein, dass er in der Anfangsphase, als er telefonieren lernte, auch meine Ansprache brauchte, damit ich mit ihm ins Gespräch kommen konnte. Sollte das etwa mein noch keine zwei Jahre alter, jüngster Enkel sein? Während dieser Überlegensphase hatte ich ihn zwischenzeitlich zweifelnd gefragt: »Bist Du der Glenn?« Da erhielt ich die klare Antwort: »Nein«. Da fragte ich meinen Anrufer staunend, »Bist du etwa der John?« Und mir kam ein stolzes »Ja« aus dem Hörer entgegen.

Das war eine dieser berührenden Szenen aus der Entwicklung von Enkelkindern, in der man überraschend an einem neuen Entwicklungsschritt teilhat. Es folgte dann ein wunderschöner Dialog in Ein- oder Zweiwortsätzen vonseiten meines Enkels und unter den Dolmetscherhilfen seines Vaters, den ich bald im Hintergrund vernahm. So erfuhr ich, dass er mit seinem Sohn im Zoo gewesen war und viele Tiere beobachtet hatte.

Auf die Frage, ob er auch Elefanten gesehen hätte mit dem langen Rüssel und den großen Ohren, antwortete er mir: »Baby«, und ich verstand, dass der besuchte Zoo auch ein Elefantenbaby im Gehege hatte. Mit Hilfe des Vaters erfasste ich auch einen Hinweis auf die Pinguine und verstand ihn sofort wieder, als er auf das »Wasser« hinwies, um seine Begeisterung über die Schwimmkünste der Pinguine auszudrücken, an der ich lebhaft Anteil nahm.

Ein paar Tage später rief er mich dann erneut an, diesmal war die Mutter die Dolmetscherin im Hintergrund. Nun erzählte er mir Geschichten von seinem großen Bruder. Unter anderem berichtete er mir auch, hier war ich auf die Übersetzungshilfe der Mutter angewiesen, von Asterix, denn die Lautmalung dieses Wortes war für mich als Großvater nicht verständlich. Dabei hielt er die DVD mit dem Film über Asterix in der Hand, und als er meine Verstehensschwierigkeiten mitbekam, hielt er das Cover, wie mir die Mutter erheitert aus dem Hintergrund mitteilte, an den Hörer, so als wollte er mir in meinen Verständigungsschwierigkeiten eine visuelle Hilfe bieten. Wir fanden das sehr rührend und hatten unsere Freude an diesem liebevollen Entgegenkommen seinerseits.

Mit ihm machte ich auch eine sprachpsychologisch interessante Entdeckung. Ich beobachtete nämlich eine fruchtbare Situation für das Erlernen eines neuen Begriffes. Anlässlich eines Fahrradausfluges wurde ich Zeuge davon, wie er aus einer Handlungs- und Erlebniseinheit heraus mithilfe seiner Tante ein neues Wort, eigentlich einen neuen Begriff erworben hat. Die drei Familien meiner Töchter hatten mir zum 70. Geburtstag nicht nur ein Fahrrad geschenkt, sondern sich auch eine gemeinsame Radtour mit mehreren Stationen ausgedacht. Ich freute mich darauf, mit der großen Familie (mit Ausnahme des ältesten Enkels, der als Austauschschüler in Amerika weilte) durch die umgebenden Orte und Wälder zu radeln.

> Nachdem wir etwa Dreiviertel der Wegstrecke zurückgelegt und auch eine ziemliche Steigung zu überwinden hatten, fuhr eine meiner älteren Töchter neben dem Fahrrad ihrer jüngeren Schwester her. Dabei sah sie, wie sich ihr zweijähriger Neffe, der als einziger noch nicht mit seinem eigenen Fahrrad fuhr, sondern in einem auf dem Gepäckständer montierten Kindersitz saß, offenbar unbequem fühlte, hin- und herrutschte und sich räkelte und wie seine Mutter ihn zu unterstützen versuchte, ohne sich umdrehen zu können. Die daneben herfahrende Schwester, also die Tante des Kleinen, stellte Anteil nehmend fest: »Ja, das ist aber auch *eng* dahinten in dem kleinen Sitz.« Und ich war erstaunt, als er auf der weiteren Fahrt seine unmutige Kommunikation mit seiner Mutter ergänzte und sich des Öfteren beschwerte: »Mama eng! Mama eng!« Mir wurde deutlich, dass er ein neues Wort aus dem hautnahen Erleben der Enge gelernt hatte und dass seine einfühlsame Tante ihm geholfen hatte, diesen Selbstzustand in Worte zu fassen und sich darüber gegenüber der Mama zu verständigen.

Die Episode um das Erleben der Enge auf dem Rücksitz des Fahrrades, die verständnisvolle Einfühlung der Tante, die Verbalisierung der Erlebniseinheit mit dem Wort »eng« und die unmittelbare Verwendung des Begriffes – und zwar sinngemäß und stimmungsmäßig – gegenüber der Mutter und deren überraschte, aber ebenso empathische Reaktion auf die verbalisierte und leicht empörte Reaktion ihres Sohnes, ist eine anschauliche Bestätigung der von Greenspan und Shanker (2007) herausgearbeiteten Sprachtheorie. Danach ist die Sprachentwicklung kein rein biologischer oder mechanischer und auch kein rein kognitiver Vorgang, sondern »von zuinnerst emotionalen Prozessen« (S. 211) bestimmt. Das Beispiel zeigt aber auch, dass die gemeinten Phänomene nur unzulänglich von einer Kategorie wie »Emotion« erfasst werden, sondern dass derartige Erlebnis- oder Handlungseinheiten als die letzten sinnvollen Einheiten des Seelischen (Salber, 1965, 1982) anzusehen sind. Dann wird die Aussage der beiden Forscher, nach der Sprache »zunächst aus *gelebter Erfahrung*« (S. 212) stammt, erst verständlich. Bevor ein Kind zu sprechen lernt, hat es schon basale Bedeutungen des Lebens (z. B. dass es ihm eng wird) erfasst. Wenn es genügend Abstand zu seinem Erleben gefunden hat, ist es in der Lage, in atemberaubender Geschwindigkeit und mithilfe seiner Bezugspersonen Begriffe für die jeweiligen Erlebniseinheiten aufzugreifen und kreativ zu verwenden. Das wurde in lustiger Weise auch deutlich an Redensarten, die der gerade Zweijährige offensichtlich von seinem siebenjährigen Bruder übernommen hatte und sinnvoll verwenden konnte:

> Da sein großer Bruder zum Fußballtraining gegangen war, ergab sich die Gelegenheit, mit meinem jüngsten Enkel allein zu spielen. Es war allerliebst, wie er mich als Zweijähriger immer wieder in die verschiedensten Spiele einschloss: mit seinen Kuscheltieren, seinen Bilder- und Erzählbüchern, in Ballspiele usw. Ganz lange bezog er mich in ein Spiel mit den Legosachen seines großen Bruders ein, mit denen er in seiner Abwesenheit endlich einmal ungestört spielen konnte. Ich wunderte mich dabei, wie geschickt und kreativ er die winzigen Teile zusammensteckte und merkte, wie viel der Jüngere von dem Älteren bereits aufgegriffen und gelernt hatte. Dabei ereignete sich eine spaßige Situation: Nachdem er mir mehrere Dinge erläutert und für mich gefunden hatte, suchte ich wieder ein Legoteil, an das man die vielen herumliegenden Reifen klemmen konnte in der Absicht, ein Auto zu bauen. Ich fand das Teil aber nicht und fragte ihn danach. Er suchte mit, fand es aber auch nicht, und ich hörte dabei einen Kommentar meines zweijährigen Enkels, der mich verblüffte und erheiterte und sofort an die Beziehung zu seinem siebenjährigen Bruder erinnerte. Er antwortete nämlich auf meine Frage mit den Worten: »Keine Ahnung«. Was die Jüngeren so en passant von den Älteren lernen!

Das folgende Beispiel zeigt, dass das Verwenden von Wörtern höchst komplexe Zusammenhänge betrifft.

> Auf einer Familienfeier saßen wir gemütlich am Abendtisch und ließen es uns schmecken. Wir waren in ausgelassener Stimmung. Nachdem ich beim Kaffeetrinken neben dem knapp zweijährigen Enkel gesessen hatte, ergab es sich beim Abendessen, dass er an dem einen und ich an dem gegenüberliegenden Kopfende einer großen Familientafel zu sitzen kam. Nach dem schmackhaften Abendessen drängten insbesondere die Enkelkinder darauf, den Nachtisch zu essen, denn sie wussten, dass es Speiseeis geben würde. So ergab sich die Situation, dass alle vergnügt ihr Eis schleckten. Ich bildete die einzige Ausnahme, insofern ich nach dem herzhaften Fisch gerne einen leckeren Weißwein trinken und den köstlichen Geschmack nicht durch Eis beeinträchtigen wollte. Plötzlich hörte ich vom anderen Tischende aus dem Mund meines jüngsten Enkels einen lauten Ruf: »Oooopa, Eiiiiis!« Viele der Erwachsenen am Tisch hatten sofort Vergnügen an diesem Ausruf, und ich war tief berührt davon. Auch die anderen hatten den Eindruck, dass der kaum Zweijährige es nicht fassen konnte, dass sein lieber Opa die Köstlichkeit eines Eises verschmähen könnte. Ich habe ihn so verstanden: »Opa, es gibt Eis! Das solltest du dir nicht entgehen lassen. Das ist doch so lecker!« Ich fühlte mich von seiner liebevollen Fürsorge bewegt.

Seine Sprachentwicklung war besonders durch seine Geschwisterposition bestimmt. In seinem ehrgeizigen Bemühen, es seinem viereinhalb Jahre älteren Bruder gleichzutun, erhielt er – neben den üblichen Dämpfern – natürlich permanent sprachliche Anregungen. Mir ist eine Szene in Erinnerung, in der er mit viereinhalb Jahren ein kompliziertes Fremdwort in sinnvoller Weise verwendete:

> Eines Tages holte ich ihn vom Kindergarten und seinen großen Bruder von der nahe gelegenen Schulbushaltestelle ab. Der Vierjährige wollte nicht mehr im Kindergarten auf seinen Bruder warten, sondern mir schon einmal zeigen, wo der Schulbus halten würde. Bald, nachdem er noch sein großes Album mit Spielern der Bundesligavereine aus seinem Fach geholt und es auf einer Bank an der Haltestelle ausgebreitet hatte, erfuhr ich, wie differenziert er über das aktuelle Geschehen in der Fußballbundesliga informiert war: über die besonders begehrten Bilder von »Match-Winnern«, über die Vereinsabzeichen, über

> Spieler, die mittlerweile schon ihren Verein gewechselt hatten oder einen berühmten Torwart, der schon nicht mehr lebte, und komplizierte ausländische Spielernamen, die ich selbst kaum mehr behalten und aussprechen kann. Ich kam aus dem Staunen nicht heraus, als er mir das Bild eines Spielers zeigte und mir stolz mitteilte, dass es sich – und so wörtlich – um »einen Match-Winner aus einer limitierten Auflage« handle. Auf meine neugierige Nachfrage hin erläuterte er mir, dass es sich dabei um ein besonders seltenes und deswegen von den Sammlern besonders begehrtes Bild handle.

Wenn ich angesichts der komplizierten sprachlichen Formulierung das Alter meines jüngsten Enkels im Blick habe, bin ich beeindruckt von der enormen Zugkraft eines älteren Geschwisters und dem von ihm ausgehenden Entwicklungssog auf das jüngere. Die Vielfalt der zu berücksichtigenden Wachstumsbedingungen führt psycho-logisch natürlich alle naturwissenschaftlichen Fragebogenuntersuchungen ad absurdum, die auf Unterschiede einer abstrakten Geschwisterposition (Erst- oder Zweitgeborener) eingehen und weisen viele zahlenmäßigen Ergebnisse als Scheinobjektivitäten aus. Für ein psychologisches Verstehen ist grundlegend, wie jeder seine Geschwistersituation erlebt und verarbeitet hat und dass für eine Untersuchung zu einer Psychologie der Geschwisterposition Tiefeninterviews die Mittel der Wahl wären. Erst auf der Grundlage typischer Bewältigungsformen wäre der Einsatz quantifizierender Erfassungsformen sinnvoll. Zumindest würden dann psychologisch sinnvolle Einheiten statt erlebensmäßig irrelevante »Fakten« oder »Variablen« verrechnet werden.

Eine weitere bewegende Erfahrung habe ich gemacht, als ich eines Mittags meinen jüngsten Enkel vom Schulbus abgeholt und am Nachmittag betreut hatte. So kam es dazu, dass ich für ihn, den Erstklässler, und seine Freundin aus dem zweiten Grundschuljahr, die er an diesem Tage mit nach Hause brachte, und für seinen großen Bruder, der in die erste Klasse des Gymnasiums ging, das Mittagessen zubereitete und anschließend auch zugegen war, als sie ihre Hausaufgaben erledigten.

> Dabei passierte es, dass ich ihn darauf aufmerksam machte, dass ein Wort nicht groß, sondern klein geschrieben würde. Daraufhin erstaunte mich der Erstklässler mit dem Hinweis, dass doch vor dem Tu-Wort »der«, »die« oder »das« stünde und dass man dann das

> anschließende Wort doch groß schreibe. Ich konnte ihm anerkennend bestätigen, dass das oft so sei, in diesem Satz aber nicht zuträfe. Seine Freundin aus dem zweiten Schuljahr hob hervor, dass nur die Namen von Personen, Tieren und Gegenständen groß geschrieben würden. Auch das fand allgemeine Zustimmung. Schließlich stellte der ältere Bruder, mehr an mich als an die Grundschüler gewandt, fest: »Man schreibt Verben groß, wenn es sich um eine Nominalisierung handelt.« Ich staunte ein weiteres Mal, wie leicht ihm das über die Lippen ging und wie sicher er sich in dieser abstrakten Sprache bewegte.

Als ich diese Szene meiner Frau erzählte, war ich so tief gerührt, dass mir Tränen in die Augen traten. Ich freute mich, eine solche intellektuelle Szene mit meinen Enkelkindern erlebt zu haben und teil zu haben an ihrer geistigen Entwicklung. Gleichzeitig musste ich weinen darüber, wie allein ich mich in meiner Kindheit bei diesem Prozess gefühlt hatte und wie viele Kopfschmerzen im buchstäblichen und im übertragenen Sinne mir meine Überforderungssituationen am Gymnasium ohne elterliche Hilfen bereitet hatten. Wie schön war es jetzt für mich als Großvater, die geliebten Enkelkinder auf einem guten Weg zu sehen. Die sprachliche Entwicklung ist ein Ausdruck der Bereicherung und Verfeinerung der individuellen Lebensbewegungen, an denen wir als Großeltern immer wieder freudigen Anteil nehmen, genau so wie an ihren kreativen Erfindungen.

Meine tiefe Rührung und die mich dabei überwältigende Trauer riefen meine frühen Mangelerfahrungen wach, die sich besonders im sprachlichen Medium ausgedrückt haben. Ich betone in einer Art Galgenhumor gerne, dass meine erste Fremdsprache Deutsch gewesen war und ich in dem mir fremden elaborierten Code von der Sexta an Latein lernen musste. Ich glaube, die Probleme begannen noch viel früher, nämlich als ich lesen und schreiben lernte und überhaupt keine Sprach- und Lautbilder der zu entziffernden Wörter hatte. Um das Wort »Tür« oder den Satzteil »die Tür schließen« schreiben oder entziffern zu können, braucht es diese Organisationsmuster. Wie soll das geschehen, wenn im täglichen Umgang die Rede von »träck die Po:ts« (mit offenem O ausgesprochen) oder »die Dür zu« die Rede ist. Diese Sprache drängte mich in eine belastende Außenseiterposition, in der ich mich minderwertig und nicht zugehörig fühlte. Mit etwa vierzehn Jahren stellte ich überrascht fest, dass ich erstmals in meinen Diktaten, die bisher ungefähr die Hälfte der Klassenarbeiten im Fach Deutsch bildeten, kein Mangelhaft oder Ungenügend mehr hatte. Erst viel später ist mir diese fast wunderbar anmutende Veränderung klar geworden. In dieser Zeit hatte ich Wild-West-Heftchen und -Bücher als attraktive Lektüre entdeckt und etliche davon gelesen. Der literarische Schund wurde für mich zum heilsamen Gegenmittel gegen meine Lese-Rechtschreibschwierigkeiten. Etwa in demselben Alter machte ich eine ermutigende Schulerfahrung mit einem Lehrer, der bei uns Sport, Mathematik und Physik unterrichtete, meine Lieblingsfächer, die mir glücklicherweise nie Schwierigkeiten bereitet haben. In einer Physikstunde erläuterte dieser Lehrer, der mich und den ich mochte, den Ohmschen Widerstand. Als ich gegen Ende der Stunde die Ergebnisse noch einmal zusammenfasste, hob der Lehrer humorvoll hervor: »Wenn der Heisti etwas in seinem Rather Vorstadtdeutsch erklärt, merkt man sofort, dass er es verstanden hat.« Als ich später über ein lernpsychologisches Thema promovierte, verstand ich auch den Sinn dieser Feststellung. Die in Hochdeutsch erarbeiteten Ergebnisse ins Vorstadtdeutsche übersetzen zu können stellt eine gelungene Transferleistung des Lernens dar und gilt als sicheres Indiz für einen gelungenen Lernprozess.

8.2 Bewegliche Anpassung

Bei vielfältigen Spielen und Wettkämpfen mit Kindern tauchen leistungsthematische Situationen auf. Ich erinnere mich an viele Gelegenheiten, in denen mich die Enkel animierten, sie zu fangen, und ich mich vergeblich bemühte, sie einzuholen. Erfolg hatte ich höchstens dann, wenn ich getrickst bzw. geschummelt hatte. Mein Erfolg war aber nicht von langer Dauer, denn sie stellten sich auch darauf ein oder erklärten mein Verhalten für irregulär (»Das gilt nicht«). Ich merkte bald, wie meine Erfolglosigkeit, meine Anstrengungen und insbesondere meine besonderes betonten Ausdrucksformen von Hilflosigkeit und Enttäuschung ihre Erfolgsgefühle noch steigerten. Ich selber aber hatte insgeheim meine Freude an den Erfolgs- und Glücksgefühlen meiner stolzen Enkel. Ihnen machte das Spiel einen enormen Spaß, weil sie sich darin so wirksam und kompetent erlebten, was durch meine Hilflosigkeit und deren Bekundungen noch besonders betont wurde. Derartige Spiele endeten meistens mit meiner großen Erschöpfung.

Brisant wurde es dann bei den vielen Würfel- oder Kartenspielen nach einem festgelegten Wettkampfmodus. Das »Mensch-ärgere-dich-nicht-Spiel« ist hier zum Inbegriff geworden. Das Kind, aber auch seine Bezugspersonen, stehen vor einer schwierigen Herausforderung für die Bearbeitung des kindlichen Narzissmus. Es ereignen sich wiederholt Szenen, in denen Kinder wütend das Spielfeld verlassen, weil sie nicht gewonnen haben. In diesen Fällen wurde ich oft an Kohuts Entwicklungsprinzip der optimalen Frustration (Milch, 2001) erinnert. An dieser Stelle brauchen Kinder Bezugspersonen, die ihnen weder alle Frustrationen ersparen wollen noch die Niederlage für sich auskosten, sondern ihnen nach Niederlagen für die nächsten Versuche Mut machen. Indem sie sich bemühen, die unumgängliche Frustration optimal zu dosieren, helfen sie Kindern dabei, eine Erfolgsmotivation zu entwickeln, in der Niederlagen zu vermehrten Anstrengungen und Leistungsverbesserungen anregen.

> Mein drittjüngster Enkel war sieben Jahre alt, als wir anlässlich eines Aufenthaltes im Reitstall Fußball spielten. Beim Spielstand von 6:4 hatten wir das Spiel unterbrochen, weil wir dem Schmied zusehen wollten, wie er die Hufe des Pferdes seiner Mutter und seiner Schwester schälte und neu beschlug. Anschließend machten wir uns wieder auf den Weg zu unserem kleinen Bolzplatz. Dabei stachelte ich seinen Ehrgeiz an: »Es steht zwar 6:4 für dich, aber das kann ich noch schaffen. Bis 10 kann ich dich noch eingeholt haben. Ich kann bestimmt noch gewinnen.« Dagegen setzte er sich lauthals zur Wehr und sagte: »Niemals, ich gewinne, du bist alt und gebrechlich, du kannst das nicht mehr so.« Dann kämpften wir weiter gegeneinander. Er versenkte tatsächlich auch einige stramme Schüsse ins Tor, die ich nicht halten konnte. Dabei nahm er sicherlich auch meine eingeschränkte Beweglichkeit wahr. Schließlich hatte er 10:8 gewonnen. Bevor ich dann eine Revanche forderte, spielten wir uns den Ball eine Zeitlang über eine längere Distanz nur zu. Statt einer Revanche wollte er dann aber lieber Nachlaufen spielen. Das machten wir, und ich versuchte vergeblich, ihn auf dem weitläufigen Gelände zu fangen.

Im Nachhinein vermute ich, dass er unsicher geworden war, ob er seinen Erfolg wiederholen könnte. Ich hatte nämlich in dem Nachspiel auf der Grundlage meines früheren langjährigen Trainings seine Schüsse mit Kopf und/oder Brust angenommen, auf die Knie »tropfen« lassen oder ein paar Mal hochgehalten und erst dann zurückgeschossen. Er unternahm ein paar vergebliche Versuche, es mir nachzumachen, und hatte sich dann vermutlich lieber für einen Wettkampf entschieden, in dem er mir eindeutig überlegen war.

Bei diesen Spielen bedarf es einer hohen Responsibilität für das Erleben des Kindes und einer realistischen Einschätzung seiner Fähigkeiten. Des Weiteren benötigen Eltern und Großeltern einen reifen Abstand zu ihren Kindern bzw. Kindeskindern, um die eigenen Einlassungen und Anforderungen so zu gestalten, dass die Kinder nicht entmutigt werden, sondern die Lust am gemeinsamen Spiel bzw. Wettkampf noch gesteigert wird. Ich selber freue mich, wenn es mir gelingt, uns in einem spannenden Spiel zu halten. Es gibt Eltern und Großeltern, die nicht verlieren können und ihren lernenden Kindern gegenüber überlegen sein wollen bzw. müssen. Ich bezeichne solche Beziehungen als Formen der Be*nötigung*, weil die Bezugspersonen ihre Kinder und Enkelkinder dazu gebrauchen, sich selbst nicht wertlos zu fühlen und diese damit in die Position nötigen, einen negativen Selbstanteil zu übernehmen. Die Kinder wiederum sehen in ihrer Abhängigkeit und Angewiesenheit kaum einen anderen Ausweg, als diesen ihnen immer wieder angetragenen Anteil als Ersatzbedürfnis zu verinnerlichen.

Die entwicklungsförderliche Leitlinie besteht also in einer optimalen Dosierung, sodass die Spiel- und Wettkampfangebote immer altersangemessen auf die sich entwickelnden Fähigkeiten des Kindes und die entsprechenden situativen Bedingungen bezogen bleiben. Fatal wirken Maßnahmen, die – aus vermeintlich guten Gründen – dem Kind aversive Leistungsprogramme abverlangen. Ich brauche nur daran zu denken, wie ich als ehrgeiziger Vater mit meinen etwa zehnjährigen Zwillingstöchtern während der Schulferien am Strand einer ostfriesischen Insel regelrechte Trainingseinheiten zum Erwerb des Sportabzeichens veranstaltet habe. Heute sind meine früheren Ambitionen, bei denen ich es versäumte, mich in meine Kinder einzufühlen, belächeltes Thema bei Familienfesten. Nunmehr können wir mit dem nötigen Humor in die verstrickte Situation unserer gemeinsamen Vergangenheit zurückschauen, befreit von den damaligen

Nötigungen. Manchmal fliegt mich noch ein Hauch von Scham an, der dann aber schnell wieder verschwindet, da ich mittlerweile nur zu gut weiß, dass eine übertriebene Scham über die eigenen Verfehlungen selbst wieder diesen narzisstischen Tendenzen dienen kann. Solche fatalen Handlungseinheiten lassen sich bei Spielen zwischen Erwachsenen und Kindern oder zwischen Geschwistern, insbesondere in der unmittelbaren Geburtenfolge, beobachten. Ich erinnere mich auch an meinen schwer kriegsbeschädigten und familiär verächtlich abgeschobenen Großvater, der zwar mit mir spielte und werkelte, der aber nur schlecht verlieren konnte und von dem ich mich nicht wahrgenommen fühlte.

Unter einer abstrakten Perspektive könnte man von einer beweglichen Anpassung der Eltern oder Großeltern an das entwicklungsgemäße Leistungsniveau der Kinder sprechen. Die optimale Anpassung erhält aber ihre tiefe Motivation aus dem Glück, am sich entwickelnden Seelischen der Kinder bzw. Enkelkinder teilzuhaben. Ich versuche einen solchen Prozess noch einmal detailliert zu beschreiben:

> Ich unternahm mit einem Enkel, knapp sechs Jahre alt und gerade in die Schule gekommen, eine kleine Radtour zu einem nahe gelegenen malerischen Mühlenteich. Wir machten in dem zugehörigen Restaurant eine Pause, das wegen des Wochentages und der Nachmittagszeit nur spärlich besucht war. Noch ohne eine Ahnung zu haben, was und wie es sich weiterentwickelte, überließ ich ihm die Aufgabe, unsere Räder nebeneinander zu stellen und diebstahlsicher zu verketten. Dabei sah ich bereits staunend zu, wie er das sperrige Drahtseil durch die Speichen bugsierte und nach geschicktem Versuch-und-Irrtum-Verhalten zusammenzuschließen verstand. Meine Bewunderung für sein technisches Geschick machte mich wohl besonders aufmerksam für sein weiteres Tun. Dabei entstand eine Lernszene an einem Tisch im Garten des Restaurants, die mein Verständnis freudiger Mitschwingung als wesentliches Moment kindlicher Selbstentwicklung vertiefte.
>
> Im Schatten eines Baumes sitzend bestellte sich mein Enkel einen großen Eisbecher, der die lustvolle Belohnung unserer Fahrradtour war. Danach erzählte er mir von diesem und jenem, und sein Blick schweifte über die verschiedenen anderen, teilweise besetzten und teilweise leeren Tische des Restaurants. Dann fiel ihm auf, dass auf allen Tischen ein Schild aufgestellt war, das jeweils an einem Stein

befestigt war. Interessiert nahm er das auf unserem Tisch in Augenschein und stellte fest, dass darauf eine Zahl geschrieben stand. Neugierig sprang er auf, lief zu dem einen oder anderen nicht besetzten Tisch und staunte: Auf jedem Tisch steht eine andere Zahl!? Verwundert stellte er fest, dass auf jedem Tisch – offensichtlich auch auf den besetzten Tischen – ein Schild mit einer verschiedenen Zahl stand. Ich konnte gut mit seiner Verwunderung mitgehen und hatte nicht das Bedürfnis, ihm alles zu erklären, sondern ermutigte ihn auf seinem Entdeckungsweg. Dann kam er auf den Gedanken, die Steine mit den verschiedenen Zahlenschildern von den unbesetzten Nachbartischen auf unseren Tisch zu stellen und nach Größe zu ordnen. Er schien zu überlegen, und ich fragte ihn ausdrücklich, ob er überlege, wozu wohl auf jedem Tisch ein Schild mit einer verschiedenen Zahl stehe. Sein Gesicht formte sich nachdenklich. Wieso denn das? Wieso hat jeder Tisch eine andere Zahl? Ich half ihm mit einem Bild: Stell dir vor, alle Tische sind belegt und viele Leute von den verschiedenen Tischen haben etwas bestellt. Plötzlich hellte sich seine Miene auf, und er zeigte den typischen mimischen Ausdruck eines Aha-Erlebnisses. »Dann schreibt sich die Frau auf, was die vielen Leute bestellt haben. Dann kommt sie nicht durcheinander.« Ich freute mich mit ihm über die Erkenntnis. Kurz darauf kam der üppige Sahnebecher. Ich schaute ihm mit Vergnügen zu, wie er es sich schmecken ließ. Nachdem er den köstlichen Inhalt des Bechers gegessen und den Rest des flüssigen Eises ausgetrunken hatte, kamen wir – ich weiß nicht mehr, wer davon angefangen hatte – noch einmal auf die Signierungen der Tische zu sprechen und entdeckten das Spiel einer verrückten Bedienung. Er stellte sich vor, welche lustige Verwirrung entstehen würde, wenn er oder wir einmal nach der Bestellung die Zahlen auf den Tischen vertauschen würden und er statt Eis z. B. Möhrengemüse bekommen hätte und ein anderer, der vielleicht eine Curry-Wurst bestellt hatte, sein Eis bekommen hätte. Das war ein Spiel, das uns noch eine ganze Weile in den kuriosesten Verwechselungen amüsierte.

Wenn ich den oben geschilderten Prozess verallgemeinere, handelt es sich hier um eine spielerische Situation, in der ein Großvater Anteil nehmend und erfreut an dem kreativen Entdeckungsweg seines Enkels teilhat. Das

Kind freut sich seiner Entdeckungen und wird in diesem schöpferischen Prozess von einer nahen Bezugsperson begleitet und wahrgenommen. Sie schwingt mit dem Selbstwerdungsprozess eines ihm am Herzen liegenden Kindes mit. Der Erwachsene hat es nicht nötig, durch voreilige Belehrungen oder ängstigende Vorannahmen oder gar antizipatorische Androhungen das Kind um diese geistige Tätigkeit zu bringen. Die Abstraktheit und Verdinglichung der Sprache täuscht leicht darüber hinweg, dass die ermutigende und staunende Begleitung des Kindes etwas Prozesshaftes ist. Das Entwicklungsförderliche liegt insbesondere darin, dass die Bezugsperson dem Erleben des Kindes folgt und sich das Kind in seinem Interesse gehalten und in seinem Werden gesehen fühlt. Das Kind freut sich über sein Weiterkommen und die Bezugsperson nimmt es dabei freudig wahr.

Darin, wie sich meine Eltern mir gegenüber verhielten, fühlte ich mich getragen und willkommen geheißen. Hinsichtlich meiner sprachlichen und geistigen Entwicklung erlebte ich – zugespitzt durch das Heranwachsen in zwei völlig verschiedenen Wirklichkeiten – einen großen Mangel an Anregungen und Unterstützungen. Ich erinnere mich noch sehr genau daran, wie verzweifelt mich das Gespräch mit dem Vater zurückgelassen hat, als ich ihn um die Zeit des Schuleintritts darum gebeten hatte, mir das Skatspiel zu erläutern. Seine unklaren und widersprüchlichen Angaben warfen für mich immer neue Fragen auf, ohne dass die von mir gestellten für mich sinnvolle Antworten erhielten. Ich wurde darüber immer mutloser. Ich nahm mich selbst zurück, als ich die zunehmende Hilflosigkeit meines Vaters verspürte und ich ihn – so ist jedenfalls meine Erinnerung – daraus erlösen wollte. Dem entsprach auch, dass meine Eltern in der Zeit der Schwarzen Pädagogik sicherlich kaum eigene Erfahrungen von Empathie und Resonanz machen konnten. Ich erinnere mich noch sehr gut an eine Szene aus meiner psychotherapeutischen Weiterbildung, als eine Dozentin sich im Rahmen einer Demonstration empathisch mit einem Akteur mitbewegte – in der Gesprächstherapie würde man von der Verbalisierung emotionaler Erlebnisinhalte sprechen – und mich diese Intervention tief berührte, weil ich offenbar erstmals bewusst wahrnahm, wie bewegend und neu für mich eine solche responsive Antwort war.

Eine Schwellenphase beider Generationen ist gegeben, wenn die Wettkämpfe die Qualität zweier gleichstarker Spieler erreichen. Eine kurze Zeit können beide unter voller Aufbietung ihres Könnens miteinander wetteifern. Doch dieser Zeitpunkt währt meistens nur kurz, bis die Kinder dann stolz an ihren Großeltern vorbeiziehen. Für die Älteren stellt es eine lustvolle Herausforderung dar, mit den Jungen mitzuhalten. Wenn es den letzteren dann aber gelingt, in meinem Fall den Großvater zu überholen, geht meine Freude am Spiel in die Freude über die Tüchtigkeit meiner Enkel über. Erst bin ich fasziniert von dem spannenden Wettstreit und dann freue ich mich am Wachsen der neuen Generation.

Ich erinnere mich an ein Fußballspiel im Garten meines ältesten Enkels, als dieser so etwa zwölf Jahre alt war und mich an vielen Stellen schon spielend überflügelte. Er wollte mit seinem etwa gleichaltrigen Freund gegen mich auf einem Spielfeld mit kleinen Toren spielen. Er wusste, dass ich im Fußball besondere Fähigkeiten entwickelt hatte. So kam es zu einem Spiel zwischen den beiden aufstrebenden jungen Sportlern und dem Altfußballer. Ich habe das Spiel noch in sehr schöner Erinnerung, weil ich gegen die beiden alle meine noch verbliebenen Fähigkeiten mobilisieren musste, um nicht zu verlieren. Ich weiß nicht mehr, wie es ausgegangen ist, nur dass mir der Kampf einen riesigen Spaß und einen starken Muskelkater am nächsten Tag bereitet hatte. Zurückgeblieben ist das schöne Gefühl, dass ich hier noch einmal mit den Jungtalenten mithalten konnte.

> Eine entsprechende Erfahrung habe ich auch mit meinen elf- bzw. zwölfjährigen Enkeltöchtern während eines Urlaubs auf einem Reiterhof gemacht. Wir tobten im Swimmingpool des Hauses. Dann wollten meine Enkeltöchter mit mir ein Wettschwimmen veranstalten. Obwohl ich ein geübter und regelmäßiger Schwimmer bin, war ich überrascht, wie gut beide mittlerweile schwimmen konnten. Ich staunte nur so, als ich feststellen musste, dass ich – obwohl ich mich sehr anstrengte und alles gab – weder eine Chance beim Kraulen noch beim Rückenschwimmen hatte. Selbst auf der kurzen Bahn des Hotelbades konnten sie mich locker distanzieren. Ich war stolz auf beide und freute mich einfach, dass sie, obwohl ich alles gegeben hatte, locker an mir vorbeischwammen. Sie waren darüber natürlich auch sehr stolz.

Diese Situation der Wende habe ich auch in vielen sportlichen Disziplinen mit den anderen Enkelkindern erlebt, besonders häufig natürlich mit meinem ältesten Enkel. Ich habe die Wettkämpfe mit ihm in schöner Erinnerung, in denen ich mich, so gut ich konnte und so lange ich konnte, gegen das Überflügeltwerden wehrte und ich mit ihm sogar meinen Spaß daran hatte, wenn er gewann und ich immer weniger eine Chance hatte. Das führte zu vielen lustigen Situationen, in denen unser Humor immer für einen gesunden Abstand zum Geschehen und zu einer gesunden Anerkennung des jeweiligen Könnens führte. So war es nicht verwunderlich, dass ich von meinem ältesten Enkel eines Tages eine Mail vorfand, in der er auf unser Können anspielte und der humorvolle Tenor gleichzeitig einen neuen Entwicklungsstand unserer Beziehung signalisierte:

> Hallo Günter,
> da du mich heute morgen auf das Feriengeld angesprochen hast, welches ich sehr, sehr, sehr gut gebrauchen kann, will ich dir meine Überlegungen sofort präsentieren.
> Da ich nun schon 14 (!!!!) Jahre alt bin und meine Wunschliste immer länger und ohne Ende scheint, würde ich mich über folgendes Geld für die Ferien freuen. (Ich habe übrigens eine 1 in Mathe auf dem Zeugnis!!!)
>
> | | |
> |---|---|
> | Yannick | 50? |
> | Eileen & Sina | 40? |
> | Leon & Glenn | 30? |
>
> Diese Anforderungen kommen durch die hohen Eis- und Getränkekosten zustande (falls dieser Betrag zu hoch ist, rate ich dir bei den Jüngeren zu kürzen). Ich werde auch etwas milder mit dir umgehen, indem ich dich Morgen beim Tennis ein oder zwei Sätze gewinnen lasse.
> Mit lieben Grüßen Yannick

Es stellt einen besonderen Wendepunkt in der Beziehung beider Generationen dar, wenn die Enkelkinder erleben, dass sie den Großvater überflügeln können. Es birgt verschiedene Momente: sowohl das Stadium, den echten Wettstreit auszukosten, und das unausweichliche Wissen, dass man nicht mehr lange mithalten kann – und anzuerkennen, wenn der Enkelsohn oder die Enkeltochter einen übertrifft. Ich erlebe es als große Freude, das Können und die Fertigkeiten meiner geliebten Enkelkinder zu beobachten. Das eigentlich schmerzliche Gefühl, dass die eigenen Kräfte nachlassen, verschwindet fast gänzlich hinter dem Stolz über die Potenz der Kindeskinder. Selbst zu verlieren und über das Verlieren an Lebensglück hinzuzugewinnen, indem ich als Großvater erlebe, wie lebendig und tüchtig sie geworden sind. Dieses hinzugewonnene Glück in der faktischen »Niederlage« gegenüber den Enkelkindern ist gleichzeitig eine fruchtbare Entwicklungsstelle im Wirkungsgeschehen zwischen zweien, die sich wechselseitig in ihrem Werden fördern: da ist einmal die strahlende Ermutigung für die Kinder sowie zum anderen die tröstliche Grenzerfahrung des Großvaters, der sein Alter annehmen kann, weil seine Tüchtigkeit in seinen Enkeln weiterlebt. Psychologisch gesehen handelt es sich hier um eine paradoxe Konstruktion. Meine Erfahrungen mit meinem eigenen Großvater, dem einzigen, mit dem ich regelmäßig zusammen war, stehen dazu in einem deutlichen Kontrast.

> Da der Umgang mit den Schulleistungen ein neuralgischer Punkt zwischen meinen Töchtern und mir darstellte, habe ich nie nach den Zeugnissen meiner Enkelkinder gefragt, bis ich gewissermaßen von einer Außenstehenden, der Tagesmutter, auf das gute gymnasiale Zeugnis meiner zweiten Enkeltochter aufmerksam gemacht wurde. Die Tagesmutter hatte sie wie selbstverständlich aufgefordert, mir ihr tolles Zeugnis zu zeigen. Ich war hocherfreut über die zahlreichen sehr guten Noten. Meiner Enkeltochter tat der Glanz in den Augen ihres Großvaters sicherlich sehr wohl. Im Nachhinein wäre ihr beinahe meine Anerkennung aufgrund meiner Verstrickungen mit den eigenen Kindern vorenthalten geblieben. Glücklicherweise hatten meine Tochter und ich schon oft über die damalige Problematik gesprochen, sodass wir mittlerweile unseren Spaß darüber machen können. So fragte ich sie schmunzelnd, ob sie verstehe, wieso ihre Tochter die Noten im Zeugnis hätte, die ich von ihr erwartet hätte. Darauf entgegnete sie vielsagend lachend, solche Leistungen würden immer eine Generation überspringen.

8.3 Freude des Weiterkommens

Die Lebensbewegungen unserer Kinder und Kindeskinder bringen uns unvermeidbar in Krisen und eröffnen Chancen, die mit jeder Lebensbewegung verbunden sind. Das heißt zunächst: Jede Mutter und jeder Vater, jede Großmutter und jeder Großvater werden von ihren Abkömmlingen in Lebenssituationen gebracht, zu deren Bewältigung sie auf die bisher erworbenen, förderlichen oder hinderlichen seelischen Bewegungsmuster zurückgreifen. Diese unumgänglichen Schwellensituationen des Lebens und die impliziten Krisen enthalten aber auch jedes Mal wieder die Chance für Veränderungen, Umbildungen und für die Herausbildung neuer Lösungen. Diese gewinnen dann vor dem Hintergrund der langjährigen Tradition psychoneurotischer Familienmuster eine geradezu psychohistorische Dimension für die jeweilige Familie bzw. den entsprechenden Familienzweig. Darin liegt auch die zweite Chance begründet, die sich Großeltern im Kontakt mit ihren Enkelkindern und insbesondere mit ihren eigenen Kindern bietet, nicht zuletzt die Chance, auf die Beziehung zwischen den Enkelkindern und deren Eltern heilsam einzuwirken.

Im Folgenden möchte ich einige Gegenwartsmomente mit meinen Enkelkindern auf verschiedenen Entwicklungsebenen beschreiben, die für mich zu bleibenden Erinnerungen geworden sind. Sie zeigen typische Zwischenschritte seelischer Entwicklungen, an denen ich teilhatte: Es handelt sich um die Inszenierung und Variierung des Regelwerks von Ballspielen, die verbale Artikulation eines psychologischen Prinzips, die authentische Form eines Dankeschöns und den Sinn des Versagens.

> Ich betreute meinen jüngsten, vierjährigen Enkel. Nach dem Kaffeetrinken nahm er mich bei der Hand und führte mich in sein Kinderzimmer. Hier wählte er aus dem reichhaltigen Angebot von Spielkisten und Kinderbüchern aus, und ich ließ mich mit Vergnügen in die vielfältigsten Spielhandlungen einbeziehen. Ich folgte seinen Einfällen und hatte meinen Spaß dabei, die mir zugewiesenen Rollen kreativ auszugestalten und seine Antworten darauf zu beobachten. Schließlich kletterte er auf eine Fensterbank und zeigte mir durch das eine Fenster den Stall von Pony Picco und Pferd Monti und durch das andere Fenster die Koppel von beiden. Dann begann es plötzlich heftig zu schneien. Die Landschaft, insbesondere die Wiese im Garten, bedeckte sich mit einer weißen Decke. Er kam auf die Idee, dass wir im Schnee Fußballspielen könnten. Er mochte aber nicht auf dem asphaltierten Innenhof spielen, der ihm sonst immer als Spielfeld diente und auf dem auch die Tore standen, weil der Schnee dort teilweise weggetaut war. Er wollte lieber im »Nee«, d. h. auf der Wiese im Garten, Fußball spielen. Er half mir dabei, ein Tor hinüberzuschaffen. Da ich bequemerweise davon ausgegangen war, dass wir auf ein Tor spielen würden, klärte er mich auf, dass man zum richtigen Fuß-

ballspiel zwei Tore benötigte. Er gab mir dabei in unmissverständlicher, aber auch nicht reproduzierbarer Weise zu verstehen, dass ein Tor alleine zu wenig sei. Ich stellte erfreut fest, dass er das Prinzip des Fußballspiels – sicherlich mithilfe seines ehemals ebenfalls aktiven Fußballspielervaters – internalisiert hatte: für jeden ein Tor, in das eigene möglichst keinen Ball hineinbekommen und in dem anderen möglichst viele unterbringen.

Mit seinen gerade vier Jahren variierte er das Fußballspiel geschickt zu einem Ballspiel, indem er, wenn ich mich ihm in den Weg stellte, den Ball unter den Arm klemmte (wie beim Rugby), um mich herumlief und den Ball ins Tor beförderte. Dabei hatte er zwei Techniken. Mal warf er ihn wie beim Handball ins Tor und jubelte, mal lief er mit dem Ball am Fuß an mir vorbei, wenn ich ihm genug Platz ließ, und schoss jubelnd ein Tor. Es machte ihm einen Riesenspaß, wenn ich mich bei seinen Toren »zerknirscht« und »unglücklich« gab und untermalte so auch seine Jubelrufe über seine Tore bzw. meine Fehlschüsse, die er mit triumphalem »Daneben« begleitete. Unser Spiel war so spannend, dass er sich plötzlich eine Auszeit nehmen musste, seine Hose herunterzog und in eine Ecke pinkelte. Dabei staunte er, wie viel Pipi er machte! Wir spielten weiter, vielleicht bis unser Ergebnis von 7:3 für ihn zu unübersichtlich und meine Tore zu viel für ihn geworden waren. »Ich mache einen Neeball« und der Ansatz für ein nächstes Spiel war entdeckt.

Der Geschichte ist sicherlich implizit die Begeisterung anzumerken, die ich beim Spiel mit meinem jüngsten Enkel hatte. Das Mitschwingen mit den Lebensbewegungen eines geliebten Menschen wird erlebt wie ein eigenes Weiterkommen. Möglicherweise ist die Analogiebildung (»wie«) noch zu kurz gegriffen: Ich gehe – oder besser noch – unsere Familiengeschichte geht anders weiter und steigert sich, wenn ich an meine eigene Kindheitsgeschichte denke. Meine Mutter erzählte öfters, dass sie mir in Kleinkindtagen meinen geliebten Ball weggeschlossen hätte, angeblich damit ich keine krummen Beine bekäme. Sie, die ihrerseits zu Beginn des 20. Jahrhunderts unter den Folgen der Schwarzen Pädagogik gelitten hatte, wurde hier wohl von den eigenen Ängsten vor der Lebendigkeit ihres Kindes eingeholt. Mit den Lebensbewegungen des Enkels mitzuschwingen und an seinen Entwicklungsfortschritten teilzuhaben, zeigt Großeltern noch einmal Wege auf, eigene Blockaden zu überwinden. So erfahre ich z. B. noch einmal einen neuen belebenden Entwicklungsschub für die mir verbleibenden Jahre. Ich konnte beobachten, wie sich auch die Blockaden hinsichtlich meiner letzten Veröffentlichungen lockerten. Am folgenden Tag, an dem ich diese Aufzeichnungen notierte, erhielt ich das von einem befreundeten Kollegenpaar empfohlene und bereits bestellte Kinderbuch »Opas Engel« (s. u.). Es berührte mich sehr und ich hatte unmittelbar das Gefühl, dass ich den Schluss meines vorliegenden Buches über die Großeltern gefunden hatte, dass ich die Fülle meines Forschungs- und Erfahrungsmaterials in den kommenden Wochen und insbesondere in den nächsten längeren Ferien endgültig erfassen und in Buchform bringen könnte.

Ein erstaunliches Entwicklungsstadium eines Enkels hinsichtlich des Umgangs mit ambivalenten Tendenzen, in das er sich offenbar sehr früh in seiner Familie einüben konnte, ist mir anlässlich eines Betreuungsnachmittags aufgefallen:

> Ich kam zu einer kurzen Stippvisite mit meinen jüngsten Enkeln bei uns vorbei. Meine Frau war zu Hause geblieben, um an einem Vortrag zu arbeiten und deswegen nicht mit ins Schwimmbad gekommen. Anschließend hatten wir vor, zu einer Eisdiele zu fahren. Beim Abschied nach dem kurzen Zwischenstopp, alle sitzen bereits im Auto, meinte meine Frau durch das geöffnete Türfenster: »Das fällt mir jetzt richtig schwer, hier zu bleiben und euch alleine fahren zu lassen, am liebsten würde ich ja mitkommen.« Darauf antwortete der jüngste, gerade 3;9 Jahre alte Enkel mit einer wie selbstverständlichen Geste, indem er beide Ärmchen hob und seine Worte vielsagend betonte: »Hierbleiben oder mitkommen!?« Seine Stimme hatte den Tonfall, wie wenn man etwas Selbstverständliches, das allen klar sein müsste, zum Ausdruck bringt. Als wollte er sagen: »Es gibt doch nur zwei Möglichkeiten: entweder bleibst du hier oder du kommst mit. So schwer kann das doch nicht sein!« Wir mussten herzhaft lachen, und später führte die Anekdote zwischen meiner Frau und mir zu vielfältigen amüsanten Einfällen, aus welchem Kontext die Formulierung »unseres« Enkels wohl entstanden sein könnte.

Welch ein Entwicklungsschritt in der Generationengeschichte. Das Ausmaß des Weiterkommens wird evident, wenn man bedenkt, dass meine Mutter noch mit ihrem autoritären Vater, meinem Großvater, mit dem ich öfter Zeit verbrachte, erleben musste, wie dieser mit Kreide einen kleinen Kreis aufmalte, seine Tochter dort hineinstellte und diese sich angesichts der angedrohten Strafe nicht aus diesem virtuellen Gefängnis herauszubewegen wagte.

Ein Beispiel, an das ich mich besonders gut erinnern kann, ist die Reaktion meines dritten Enkels, als meine Frau und ich ihm zur Einschulung einen Monstertruck geschenkt hatten. Mir ist in besonders glücklicher Erinnerung geblieben, wie er sich in spontaner Weise für dieses Geschenk bei mir und meiner Frau bedankte.

> Wir konnten es auch gut nachvollziehen, wie begeistert er von diesem technischen Spielzeug war. Er konnte den Monstertruck von seinem Elternhaus auf den benachbarten Bauernhof flitzen, umkehren und zurückfahren lassen und vielerlei Kunststücke mit der technischen Steuerung vollbringen. Voller Stolz baute er ihn vor uns auseinander, zeigte uns, wo die Akkus sind, wie man die Karosserie abnehmen, höher oder niedriger setzen kann, erklärte uns, dass es zwei Ladegeräte und einen doppelten Satz Akkus gibt. Bei der abendlichen Verabschiedung nach dem Einschulungsfest kam es erneut zu einer anrührenden Szene, als wir uns auf den Heimweg machten, uns verabschiedeten und ihm ein »Wiedersehen!« zuriefen. Er bastelte gerade mit seinem Cousin im Schuppen, unterbrach sein Spiel und rief uns völlig überraschend zu: »Vielen Dank, Opa, vielen Dank, Petra, für das schöne Auto!«

Mich hat sein Zuruf deswegen so berührt, weil es in unserer Familie nicht üblich ist, die Kinder zu einer besonderen Dankbarkeitsgeste anzuhalten, sondern wir die Erfahrung gemacht haben, dass sich diese Haltung entsprechend dem Vorbild der Eltern und entsprechend der Altersstufe von selbst ergibt. Und hier war so eine Stelle, die seine originäre und ausdrückliche Dankbarkeit zu einem kostbaren Geschenk machte, mit dem ich (noch) überhaupt nicht gerechnet hatte. Ein letzter Zweifel, ob er nicht doch von Mama und/oder Papa zur Dankbarkeit angehalten worden wäre, löste sich am nächsten Tag auf. Seine Mutter erzählte mir, dass er am Frühstückstisch spontan gesagt habe, wie sehr er sich über das Auto gefreut hätte und dass er sich dafür auch bei Opa und Petra bedankt habe. Das rührte mich erneut. Wer das Glücksgefühl einer solchen authentischen Form von Dankbarkeit erlebt, ist gerne bereit, auf hunderte von dressierten Dankesbezeugungen bei seinen Enkeln zu verzichten.

Die Eltern einer pubertierenden Enkeltochter fühlten sich stark von dem chaotischen Zustand ihres Zimmers herausgefordert. Als alle noch so erfinderischen pädagogischen und psychologischen Maßnahmen nicht fruchteten, wurde die Putzfrau, der die Reinigung des Zimmers nicht mehr zuzumuten war, gebeten, dieses aus ihrem Programm zu streichen. Zur selben Zeit ergab es sich, dass die Deutschlehrerin der Enkeltochter die kreative Aufgabe stellte, sich einmal aus der Sicht einer anderen Person zu beschreiben. Meine damals 16-jährige Enkeltochter wählte eben diese Haushaltshilfe, um sich aus deren Perspektive, also mit deren Augen, zu schildern:

»Sie kommt die Tür rein, lächelt mich an. Ein kurzes ›Hallo‹ und sie verschwindet nach oben. Ich höre, wie sie ihr Zimmer aufschließt. Es ist so gut wie immer zu, wenn ich da bin. Einmal war sie nicht in der Schule und schlief noch, als ich kam. Ich lugte durch den Türspalt. Ich erkannte einen Teppich aus Klamotten vor ihrem Bett. Zwischendrin Zeitschriften, Nagellacke und leere Pfandflaschen. Über ihrem Ledersessel mit dem Lammfell, das auch schon bessere Zeit erlebt hat, hängt ihre Lederjacke.

Ich seh' sie immer mit dieser Jacke. Auch heute wieder. Ich mache mich weiter an die Arbeit. Aus ihrem Zimmer tönt Musik. Alles Mögliche hört sie. Als sie wieder runterkommt, wirft sie ihre Jacke auf den Teppich ... ohne jegliche Miene. Sie legt sich aufs Sofa, schaltet den Fernseher an und ist wenige Minuten danach eingeschlafen. Ihr Vater hat mir letztens erklärt, dass dies schon fast ein Tagesritual wär'. Dafür hat sie Zeit! Aber sonst ist sie der Meinung, dass der Tag ja viel zu kurz ist.

Es ist ein liebes Mädchen, aber ein wenig provokativ zugleich, auch wenn's wahrscheinlich ungewollt ist. Ich gehe nach oben. Im Bad ist alles voll mit jeglichen Bürsten, Handtüchern und Seifen. Alles ihres. Die arme Mutter! Dass ihre Eltern manchmal die Nase voll von ihr haben, kann sie ja so gut wie gar nicht nachvollziehen. Aber sie übertreiben ja wohl auch.

Einmal lag im Flur eines ihrer zahlreichen Tagebücher. Offen. Ich sah nur die obere Seite. Sie war nur vollgekritzelt mit Namen und Sprüchen. Leute in ihrem Alter brauchen so was, weil ihnen ja eh keiner zuhört.

Ich drehe mich um und blicke in ihr Gesicht. Sie guckt mich freundlich an, sagt aber nichts. Sie redet generell nicht viel mit mir. Stets freundlich, aber zurückhaltend. Ich gebe ihr den Weg ins Bad frei und fange an, mich anzuziehen. Ihr Vater kommt, betritt das Wohnzimmer und sieht die Lederjacke auf dem Boden, macht große Augen, hält sich aber zurück. Er hat's schwer mit seiner Tochter!«

Ich bat meine Enkeltochter, als ich von diesem Schulaufsatz erfahren hatte, mir diesen zukommen zu lassen. Nachdem ich ihn gelesen hatte, schrieb ich ihr dazu eine Karte, in der ich ihr mitteilte, dass ich ihren Aufsatz schmunzelnd gelesen hätte. Ich sei sehr angetan davon, wie genau sie beobachten und beschreiben könne. Gleichzeitig bekräftigte ich ihre Meinung, dass es ihre Eltern derzeit sicherlich nicht leicht mit ihr hätten. Als ihr Opi hätte ich es allerdings auch leichter, weil ich aus meiner Distanz eher wahrnehmen könne, welchen Abstand sie trotzdem zu ihrer Wirklichkeit habe: »Du kannst dich sogar noch in die Verfassung der leidgeprüften Eltern versetzen. Alle Achtung.« Diese Karte hat, wie ich später erfahren habe, längere Zeit auf dem Wohnzimmertisch und für alle frei zugänglich gelegen.

Diese Episode erinnerte mich an das chaotische Zimmer einer meiner Töchter, als sie etwa 13 Jahre alt war:

Eines Abends rief sie mich zum Gutenachtkuss in ihr Zimmer. An der Türschwelle stockte ich, weil der gesamte Boden ihres Zimmers mit Spielkram, Wäschestücken und Schulsachen übersät war. Unter dem schockartigen Eindruck und nach kurzer Besinnung sagte ich, dass ich mir nicht zumuten wolle, über alle diese Sachen zu klettern und ich ihr deswegen nur zuwinken könne. Ich wünschte ihr eine gute Nacht und verschwand. Nach einer Weile rief sie mich wieder zu sich. Als ich erneut auf die Schwelle ihres Zimmers trat, sah ich etwas, das mich laut lachen ließ. Sie hatte in der Kürze der Zeit eine Schneise bis zu ihrem Bett freigelegt (wie beim Schneeschippen). Ich ging dadurch, gab ihr den Gutenachtkuss und sagte anschließend anerkennend: »Was habe ich doch für eine clevere Tochter.«

Die Geschichte mit dem unordentlichen Zimmer meiner Enkeltochter rundete sich bei der Feier zu ihrem siebzehnten Geburtstag in einer witzigen Weise ab. Als ich an ihrem Zimmer vorbeiging, konnte ich, da sie die Tür einen Spaltbreit offen gelassen hatte, einen Blick hineinwerfen und stellte sofort fest, dass es ganz proper aufgeräumt war und geradezu zum Eintreten einlud. Bei der nächsten Gelegenheit, als wir allein miteinander sprachen, fragte ich sie, ob sie ausgezogen sei. Erst stutzte sie, und dann fing sie auf mein Augenzwinkern hin an, laut zu lachen.

Anhand der Unordnung im Zimmer eines Pubertierenden zeigt sich ein Unterschied der Großelternsituation gegenüber der Elternsituation in besonderer Klarheit. Die Großeltern leben mit ihrem Enkelkind nicht unter einem Dach und haben die Folgewirkungen eines unordentlichen oder vermüllten Jugendlichenzimmers und die Peinlichkeiten hinsichtlich dritter Personen auch nicht zu ertragen. In diesem Sinne haben sie den viel größeren psychischen Abstand zu dem Problem. Auf der anderen Seite ist ihnen diese Erfahrung auch wieder vertrauter oder näher zugänglich als den Eltern, insofern sie aus ihren Erfahrungen mit den eigenen Kindern um das passagere Übergangsphänomen wissen und es deshalb gelassener einschätzen können. Auch hier zeigt sich die Großelternsituation in prototypischer Klarheit. Sie erleben den Konflikt mit einem zugleich abgeklärten Entwicklungsverständnis. Dabei ist erneut die innige Distanz der Großeltern bzw. ihre abständige Nähe für ein Verständnis der Entwicklungsprobleme besonders hilfreich.

Eine klassische Form der zweiten Chance oder gar der Wiedergutmachung kann sich dabei ergeben, wenn Großmutter oder Großvater die Enkelkinder regelmäßig betreuen. Diese Konstellation kann natürlich ebenfalls zur Wiederholung und Fortsetzung schrecklicher Familienkonflikte führen. Sie bietet aber auch die Gelegenheit der Annäherung und Versöhnung. Wie gut tut es der Tochter, wenn sie z. B. miterlebt, wie liebevoll sich die Großeltern um ihre geliebten Kinder bemühen, wie es sie entschädigt für erlebte Mangelerfahrungen, wie es ihr hilft, diese vielleicht zu relativieren und wie sich eine neue Bezogenheit durch die Vermittlung der Kinder bzw. Enkelkinder entwickelt. Die Chance der Erneuerung bei gereiften Töchtern und Söhnen kann auch darin liegen, zu sehen und zu erleben, wie behindert Oma oder Opa in der Kontaktaufnahme sind, die eingeschränkte Liebes- und Kontaktfähigkeit ihrer Eltern realistisch einzuschätzen, die Diskrepanz zwischen Bedürfnissen und Realität zwar zu betrauern, doch akzeptieren zu lernen. Trotz aller Gefahren der Wiederholung und des erneuten Verfehlens bleibt die Möglichkeit der zweiten Chance gegeben und ist in hinlänglich gesunden Familien immer wieder zu beobachten. Manchmal gelingt es Eltern, diese Diskrepanz selber festzustellen und ihren Kindern gegenüber zu bedauern. Das führt zu nachhaltigen, berührenden Veränderungen in der Beziehung zu den erwachsenen Kindern, zu wohltuenden Formen der Versöhnung und der nachträglichen Verständigung. Wenn das gelingt, ereignen sich Wendepunkte in der Familientradition. Es lässt sich ausdrücklich und unausdrücklich eine schöpferische Umstrukturierung des Familiensystems beobachten.

Den Sinn des Versagens möchte ich zunächst in seiner grundlegenden Bedeutung, nämlich als ein Sich-Versagen, als ein Neinsagen, beispielhaft an meinem Lebenslauf zeigen. Rückblickend auf meine Entwicklung bedauere ich sehr, dass mir der Bereich der Musik während meiner Kindheit und Jugendzeit so verschlossen geblieben ist. In meiner »pietistisch« geprägten Handwerkerfamilie war alles, was nicht mühsame Arbeit und quälende Anstrengung bereitete, im ausdrücklichen Sinne »vom Teufel«. Er steckte in allem, was Lust und Freude bereitete und von den gesegneten Mühen der Alltagsbewältigung abhielt. Darüber gerieten Musisches und Musikalisches unter Generalverdacht. Diese rigide Einstellung regelte die Zugehörigkeit im Familienclan und erzeugte große Ängste, aus der Gemeinschaft verstoßen zu werden. Alles Fremde wirkte wie eine Bedrohung der symbiotischen Existenzform. Der Zwang solcher Systeme ist so unfassbar wie unerbittlich.

> Als ich etwa acht oder neun Jahre alt war, wurde ich von den Eltern eines Spielkameraden, die ihrem Sohn ein Klavier geschenkt hatten – wahrscheinlich als Motivationshilfe für ihr Kind – gefragt, ob ich nicht mit diesem zusammen Klavierunterricht nehmen wollte. Sie stellten mir sogar das Klavier ihres Sohnes zum Üben in Aussicht. Aber es war mir völlig unmöglich, das freundliche Angebot zu nutzen. Darauf einzugehen wäre mir wie eine existenzielle Bedrohung meines Selbst oder meiner Identität vorgekommen. Ich hätte es wie einen Selbstverrat erlebt: Wenn ich meine damalige unausdrückliche Verfassung einmal aus heutiger Sicht in Worte fassen würde, lebte ich die familientypische Grundannahme: Wer auf einem solchen Gerät herumklimpert, mit dem stimmt etwas nicht, der ist nicht normal und taugt nichts. Da war ich mir völlig sicher. Eine solch aversive Einstel-

lung funktioniert weitgehend unbewusst. So überzeugt ich in meiner negativen Reaktion war, so gewiss bin ich mir auch, dass meine Eltern, wenn ich sie gefragt hätte, nichts gegen einen Klavierunterricht eingewandt und ihn mir ausdrücklich nicht untersagt hätten. Ich vermute aber, dass ihnen eine solche Frage ziemlich befremdlich vorgekommen wäre. Meine Mutter hätte sicherlich latent Angst vor den abfälligen Reaktionen ihres Bruders und ihrer Mutter bekommen. Später erlebte ich den Musikunterricht auf dem Gymnasium als quälend und habe nie Freude daran gefunden.

Ich war mir seinerzeit der wirklichkeitsschaffenden Gewalt der Familienatmosphäre selber überhaupt nicht bewusst. Meine damalige Aversion gegen den Klavierunterricht blieb mir auch dann noch ein Rätsel, als ich das spätere Bedauern über meine musischen Fragmentierungen erspüren konnte. Erst viel später konnte ich nachvollziehen, dass meine Abneigung Ausdruck eines familiären Tabus war, das meine familiale Zugehörigkeit sicherte. Das Versagen in Musik hatte einen tiefen psychologischen Sinn, war ein schöpferisches Nichtkönnen, das mich und meine Eltern vor Entwertungen und Beschämungen bewahrte.

Einen vertieften Einblick in die Psychologie des Misslingens verdanke ich einer Tochter, mit der ich einmal über Schulschwierigkeiten ihres Sohnes gesprochen habe. Sie hob hervor, wie schwer es ihm falle, etwas auswendig zu lernen. Das sei ihr besonders daran aufgefallen, wie wenig er von den Texten seiner jugendlichen Lieblingssongs behalten könne. Mich bewegte besonders, wie sehr sie die seelischen Schwierigkeiten ihres Sohnes wahrnahm und zunächst einmal als das annehmen konnte, was sie sind und keine Pseudoerklärungen durch »Faktoren« wie Faulheit, Gedächtnis, Gehirn und dergleichen mehr anführte, mit denen der Sinn der Störung wieder verdeckt worden wäre. Für mich wurde es zu einem berührenden Moment, meine Tochter so einfühlsam zu erleben. Das war wohl der Anhalt und die Anregung dafür, dass mir eine eigene, beschämende Schulerfahrung einfiel. Wie sehr hätte ich selbst Eltern gebraucht, die meine Schwierigkeiten in der Schule mit- und eingefühlt hätten.

Ich erinnerte mich an eine zutiefst peinliche Erfahrung, als ich in der Quinta oder Quarta vom Studienrat für Deutsch vor die Klasse gerufen wurde, um Schillers Gedicht »Die Glocke« aufzusagen.

> Ich stand vorne und sagte: »Die Glocke von Friedrich Schiller«. Obwohl ich mich seit langem bemüht hatte, das lange Gedicht zu lernen, wusste ich nicht einmal die ersten Worte. Es entstand eine entsetzliche und sich endlos hinziehende Situation, in der das »Setzen, sechs« und der entsprechende Eintrag ins Notizbuch des Lehrers wie eine Erlösung aus einer unerträglichen und beschämenden Situation wirkte.

Als meine Tochter mir von der Schwierigkeit ihres Sohnes, sich ein Gedicht einprägen zu können, berichtete, war ich meinem Enkelsohn in tiefer Empathie, die eigentlich eher ein Mitfühlen als ein Einfühlen ist, verbunden. Zunächst einmal war für mich beeindruckend, wie empathisch ich unser beider Schwierigkeiten als erlebte und quälende Unzulänglichkeit wahrnehmen konnte. Dabei kommt mir eine auch durch mein Alter mitbedingte Schwierigkeit vielleicht heute hilfreich entgegen. Es fällt mir zunehmend schwerer, Wörter und Sätze, die ich im Gespräch, Radio, Theater, Fernsehen, Kino usw. höre, differenziert, insbesondere bei Nebengeräuschen, zu verstehen. Ich vermute, dass es sich bei dieser Schwäche nicht nur um eine allgemeine Altersschwerhörigkeit handelt, also eine Form des sogenannten natürlichen Rückgangs menschlicher Funktionen, sondern auch um eine Entsprechung zu eigenen Schwierigkeiten beim Lesen- und Schreibenlernen. Man könnte es sich natürlich durch kurzschlüssige Rückführungen auf Intelligenz oder Sprachfähigkeit oder durch eine Verschiebung der psychologischen Fragen auf die physiologische Ebene leicht machen und Erklärungen suchen. Wie ließe sich das Phänomen aber erlebnismäßig verstehen?

Ich würde es heute als Folgesymptom eines Kulturschocks verstehen, in dem sich die Schwierigkeiten der Loslösung von den primären Objekten wiederholten. Dazu fallen verschiedene unbearbeitete Brüche meiner Entwicklung auf. Ich habe auf dem Gymnasium quasi Latein als Erstsprache mit Deutsch als Zweitsprache gelernt. In meinem sprachlichen Umfeld habe ich nie einen Satz kennen gelernt, der mit einem Partizip und dem Objekt (*Festgemauert in der Erde*) beginnt und nicht mit dem Subjekt (*Die Form* steht festgemauert in der Erde). Solche Satzmuster waren mir nicht verfügbar. Noch besser trifft zu, dass sie mir völlig fremd waren. Damit werden auch meine Widerstände verständlich, die mein Lernen tiefenpsychologisch behinderten, nämlich die hochdeutsche Sprache zu erwerben und mich damit unweigerlich von den geliebten Bezugspersonen zu entfernen. Ich habe mich gegen das Unvertraute, gegen das Neue und Fremde auf einer tiefen Ebene gewehrt. Der erlebte Bruch zwischen dem schlichten, aber vertrauten Vorstadtmilieu und der beängstigenden und überfordernden Welt der »Höheren Schule« war für mich so belastend, dass ich den gewohnten, für das neue Umfeld aber völlig unpassenden Halt nicht aufgeben wollte. Dagegen kämpfte allerdings die Delegation der Eltern im Streben nach Höherem.

Natürlich können physiologische Erklärungen durchaus psychologisch sinnvoll integriert werden. Durch meine limitierte und unartikulierte Sprache blieben besonders die sensiblen Lernphasen (und entsprechend deren physiologische Materialisierungen) ungenutzt. Die schockartigen Erfahrungen verstärkten die normalen Widerstände der Entwicklung. Jedenfalls scheint mir am plausibelsten zu sein, dass sich in dem Unvermögen, Schillers Glocke richtig zu lernen und vorzutragen, zeigte, wie sehr ich mich von weiteren Lösungsschritten von den Eltern noch überfordert fühlte. Dem entsprach die Tendenz meiner Eltern, mich nicht an ein fremdes Milieu verlieren zu wollen, mich aber zur Kompensation ihrer eigenen Minderwertigkeitsgefühle unbedingt nötig zu haben. An anderer Stelle habe ich bereits ausgeführt, wie ich diese Delegation als Erlöser der Eltern auch im Sinne meiner kindlichen Größenphantasien übernommen hatte. Das hat seine Auswirkungen bis in die heutige Zeit, die aus der Rückschau eines alten Menschen mittlerweile jedoch mehr zur humorvollen Selbstbetrachtung anregt.

Wenn besondere Bilder unserer Eltern und/oder Großeltern vor unserem inneren Auge erscheinen, dann spüren wir etwas von dem über den Tod hinausweisenden Bedeutsamkeiten unserer primären Bezugspersonen. Ich stelle heutzutage mit einem liebevollen Gefühl fest, wie meine Eltern in vielen meiner Gewohnheiten oder Eigenheiten meiner Wirklichkeitsgestaltung weiterleben. Von grundlegender Bedeutung sind in diesem Zusammenhang zwei Kindheitserinnerungen, in denen meine Eltern sich über meinen Entwicklungsfortschritt gefreut haben. In dieser Verfassung haben sie mich ermutigend in meinem Leben begleitet.

> Ich bin etwa drei Jahre alt, sitze in der Küche auf dem Töpfchen und erledige mein »Geschäft«. Ich fühle mich wohl dabei. Ich weiß nicht genau, ich glaube, meine Mutter wendet sich ab oder geht weg.

Später wurde mir bewusst, dass sie auf dem Weg ins Schlafzimmer war. Anfangs vermutete ich, um die Betten zu machen. Später wurde mir das als Deckerinnerung der Urszene deutlich. Ich stehe auf und strecke ihr den »gefüllten« Topf entgegen. Unter seinem Gewicht wackelt mein ganzer Körper. Meine Mutter ist hoch erfreut und nimmt mich herzend in den Arm. Ich bin sehr stolz. Ich glaube, dass dabei, als ich aufstand, auch das Fußbänkchen, auf dem ich mit Bauklötzen gespielt hatte, umkippte.

Die andere Erinnerung betrifft eine oasenhafte Erfahrung mit meinem Vater und dem Großvater väterlicherseits.

Eine Zeit lang nahm mich mein Vater sonntagmorgens mit zu dem etwa zehn Minuten Fußweg entfernt wohnenden Großvater, um ihn – wie das damals üblich war – nass zu rasieren. Der Weg dorthin soll den Erzählungen in der Familie zufolge für mich bereits sehr lustvoll gewesen sein. Ich soll nämlich nach wenigen Schritten vorgegeben haben, schon müde zu sein, um den Hauptteil des Weges auf Papas Arm zu verbringen, der dem zärtlichen Anliegen nicht widerstehen konnte. Ich selbst erinnere mich noch genau, wie ich darüber gestaunt habe, wie weit sich die Gesichtshaut meines Opas (um sie vor der Rasur mit dem Rasiermesser zu glätten) verschieben ließ. Der Höhepunkt meiner Erlebensgeschichte bestand aber darin, dass ich aus dem Schränkchen unter dem Spülstein die sorgsam gestapelten Holzquader herausholen durfte, die der Großvater als Modellschreiner von seiner täglichen Schicht stückweise mit nach Hause brachte und so das Brennmaterial für den Winter besorgte. Der Clou dabei war für mich, dass er diese Holzblöcke alle bis auf einen kleinen Schaft angesägt hatte und ich mit wachsendem Eifer und Stolz, die von den Ermutigungen meines Vaters und Großvaters noch belebt wurden, ein Holzstück nach dem anderen abgebrochen habe. Ich fühlte mich stark und mächtig, diese dicken Holzklötze in ihre Teile zerlegen zu können. Ich habe auch noch deutlich vor Augen, dass mir hin und wieder die Zerteilung der beiden letzten Holzstücke zu schwer fiel und mir Vater oder Großvater dabei zur Hand gingen. Insgesamt durchzog das gesamte Geschehen eine wohlige Spielatmosphäre.

Früher hatte ich ein ambivalentes Gefühl, wenn mich Zuhörer meiner Vorträge anschließend auf meinen unverkennbaren rheinischen Dialekt ansprachen. Gedanken, mir diese Eigenart abzugewöhnen, waren nicht so fern, bis ich auf einer tiefen Ebene zu verstehen begann, dass ich darin die innige Verbundenheit zu meinen Eltern weiterleben lassen konnte. Deswegen kann ich heute mit liebevollem und tiefgründigem Humor den Zuspruch annehmen, wenn ich auf meinen rheinischen Tonfall aufmerksam gemacht werde. Als Übergang dieser Einstellung fällt mir dazu auch noch ein, dass ich früher, bevor mir diese Zusammenhänge bewusst wurden, die Erklärung darin gesehen hatte, dass ich einen Hochschullehrer, bei dem ich auch später promovierte, besonders verehrte, und dieser ebenfalls den rheinischen Tonfall in seinen Veranstaltungen artikulierte. Erst später verstand ich, dass ich darin ja schon die Vaterfigur (»Doktorvater«) weiterleben lassen konnte. Es dauert schon eine geraume Zeit in einem psychoanalytischen Prozess, bis man sich den tiefen psychologischen Wahrheiten allmählich annähert. Das ist immer mit dem angenehmen Gefühl einer Bereicherung und Steigerung der Lebendigkeit verbunden. In diesen tiefenpsychologischen Kontext gehört auch folgende bedeutsame »schöne« Kindheitserinnerung meiner Biografie:

> Als ich noch die Grundschule besuchte und der für mich schreckliche Kulturschock des Übergangs auf das Gymnasium, der Schule von Studienräten für Studienräte, noch bevorstand, besuchte ich meinen Vater zur Mittagspause in der Maschinenfabrik, um ihm den Henkelmann mit dem von meiner Mutter zubereiteten Mittagessen zu bringen. Es war jedes Mal eine glückliche Erfahrung, der quälenden Atmosphäre meiner Großfamilie für einige Zeit entronnen und dafür in seiner Nähe zu sein und daran teilzuhaben, wie er mit seinen verölten, schmutzigen Händen lustvoll das Essen aus dem Topf schlürfte. Sein Schmatzen verbreitete eine wohlige Atmosphäre des Miteinanders zwischen uns, auch als er abschließend genussvoll grunzend den Löffel ableckte. Ich hätte mich wohl von keinem in meinem Glücksgefühl verstanden gefühlt, der sich über die mangelnden Tischsitten meines Vaters echauffiert oder ereifert hätte. Bis auf den heutigen Tag hege ich zwiespältige Gefühle gegenüber einer Etikette, die ich mir natürlich in meinem weiteren Lebenslauf unter sehr ambivalenten Gefühlen anzugewöhnen hatte.

Meine Widerstände hingen mit der nötigen Anpassung an die gesellschaftlichen Normen der Mittel- und Oberschicht zusammen, wie sie bei meinem beruflichen Aufstieg nötig wurden. Immer wieder galt es, den Konflikt zwischen dem Verlust meiner heimeligen Herkunft und der Steigerung meines Sozialprestiges zu regulieren.

8.4 Geh aus mein Herz und suche Freud

Die Familie bietet die besten Anregungen, trianguläre Grunderfahrungen mit den Eltern einzuüben. Mit Geschwistern und nahen Verwandten werden Kinder angeregt und herausgefordert, den Radius ihrer Lebensbewegungen über die Dynamik der Kernfamilie hinaus zu erweitern. Einen Zwischenschritt der sozialen Integration bieten hier die vielfältigen Anregungen und Herausforderungen innerhalb der Großfamilie, falls diese so weit gediehen ist. Das wurde mir bei vielen Familientreffen und -festen deutlich. Diese Erfahrungen verdichteten sich anlässlich eines gemeinsamen Winterurlaubes mit den Familien meiner Töchter. Ich erlebte es als Glück, teilzuhaben an einer beweglichen Regulation zwischen den Bedürfnissen nach einem Zusammensein in der Großfamilie und den Bedürfnissen nach einem familialen oder personalen Fürsichsein sowie den vielen Zwischenstadien der sich immer wieder bildenden und umbildenden Untergruppen, die stark durch die unterschiedlichen Alterstufen und Interessen der Enkelkinder bestimmt waren.

Eine meiner Töchter sagte mir während dieser Zeit, dass sie in früheren gemeinsamen Urlauben oft erlebt habe, dass sich nach einigen Tagen eine Art Lagerkoller eingestellt hätte, bei dem sich die Familien erst einmal in ihre familiäre Intimität zurückgezogen hätten. Eine andere Tochter pointierte mir gegenüber auch die andere Seite, dass sie auch in diesem Urlaub wieder erlebe, wie sich »wie von selbst« und ungezwungen immer wieder verschiedene Untergruppierungen bilden würden, ohne dass das mit Belastung, Ärger oder Streit verbunden sei. Ich konnte an diesen intersubjektiven Begegnungen, für sich und mit anderen zu sein, lustvoll und neugierig teilhaben. Dass diese Bewegungen immer wieder einmal die engeren Umkreise des familiären Umfeldes überschreiten, wurde für mich auch in diesem Urlaub deutlich. Mein ältester, 19-jähriger Enkel fuhr nämlich vorzeitig zurück, um mit seiner Freundin Geburtstag und Neujahr zu feiern. Dass dies wichtige Entwicklungsschritte sind, klingt humorig an, wenn ich hier anmerke, dass er mir anlässlich eines gemeinsamen Essens, zu dem er mich nach seiner Rückkehr aus Amerika eingeladen hatte, eröffnete, er habe eine neue Freundin, was er mir selbst als erster erzählen wolle, weil er es nicht so schön fände, wenn ich es von seiner Mutter, also meiner Tochter, erfahren würde. Darüber hinaus war es für mich ein besonderes Glücksgefühl zu erleben, wie meine Frau, die ja nicht die leibliche Mutter bzw. Großmutter der Kinder und Kindeskinder ist, in den Kreis integriert ist und diesen gemeinsamen Winterurlaub zum Wohlgefallen aller Beteiligten organisiert hatte. Hier brauche ich nur meinen jüngsten (damals vierjährigen) Enkel zu zitieren, der spontan und begeistert feststellte: »Das war aber schön«, nachdem wir – meine Frau, er, seine Eltern und ich – von einem längeren Spaziergang durch knietiefen Schnee und einigen Rodelabenteuern auf steilen und glatten Bahnen zurückkamen, während sein älterer Bruder in der Skischule war.

Wie weit das Bedürfnis junger Menschen geht, ihren sozialen Kreis zu erweitern, wurde mir an meinen beiden ältesten Enkelkindern deutlich. Während der Älteste sich in Amerika nach einem anstrengenden Semester an einer technischen Universität bei seinen ehemaligen Gasteltern und Gastgeschwistern erholte, machte sich seine Schwester startklar für den Flug nach Südafrika, um mit einer Schülergruppe bei der Renovierung einer Schule zu helfen. Bei der Verabschiedung hob meine Enkeltochter lachend hervor, dass die Eltern sicherlich froh wären, einmal wieder für sich allein zu sein. Für die Sommerferien war bereits eine Railway-Tour der Geschwister durch Europa geplant. Über einen Blog im Internet berichteten die Teilnehmer der Reisegruppe immer wieder von ihrem Entwicklungshelferdienst in Afrika. Ein Tagesbericht, der mit »Ab ins Hospital« überschrieben war, erschreckte mich, insbesondere als ich las, dass er im Besonderen meine Enkeltochter betraf.

> Lieber Blog,
>
> der heutige Tag sollte so verlaufen wie die bisherigen Arbeitstage: Dach streichen, Fenster streichen, Wasserrohre aufhängen. Doch es kam etwas anders als erwartet …
>
> Bei mir hat sich seit der Anreise eine Nagelentzündung am Zeh entwickelt, die sich mit der Zeit verschlimmerte und mich mehr und mehr außer Gefecht setzte.

Da selbst der Gang zum Arbeitsplatz heute Morgen sehr schmerzhaft war, beschloss ich zusammen mit Herrn B. die Verletzung von einem Fachmann näher untersuchen zu lassen. So kam es, dass ich zusammen mit Finn, als Begleiter, zum St. Mary's Hospital lief, um dort Sr. Johanna meinen Zeh zu zeigen. Diese entschloss, nach ausführlicher Begutachtung Teile des Nagels operativ entfernen zu lassen. ... Nach knapp 2 Stunden waren wir endlich an der Reihe ... Weiter ging es in den ›Pre-and Post‹ Bereich des Hospitals ... wo wir eine gefühlte Ewigkeit auf meine Behandlung warten mussten ... Durch mein Frühstück im Magen mussten wir leider 3 Stunden warten bis ich endlich in den OP-Saal konnte. Gegen halb 4 wurde ich endlich Richtung ›Theatre‹ gefahren, wo meine Behandlung beginnen sollte. Dort mussten wir erneut vor dem Saal warten. Auf Nachfrage beim Chefarzt verkündete er uns, dass ich die nächste ›on the table‹ sei. (Was mich kaum nervös machte.) Anschließend wurden Finns und meine Wege getrennt, er ging mit Sr. Johanna zum Mittagessen und ich wurde in den OP-Saal geschoben. Der Raum war zwar sehr klein (besonders weil 7 nette in grün gekleidete Ärzte um mich herumstanden) aber nicht so steril wie die bei uns in Deutschland. Die Ärzte gingen auf meinen Wunsch einer lokalen Betäubung ein und fragten stets, ob auch alles in Ordnung sei. Begeistert davon, dass sie eine ›große Deutsche‹[2] operierten, ging die Operation schmerzfrei und schnell vorüber ...

Mein Fuß ist einwandfrei verbunden und kann jetzt in Ruhe heilen. Als Fazit ist zu sagen, dass die Vorurteile die vielleicht manche dem Afrikanischen Gesundheitsweisen zusprechen, zumindest im St. Mary's Hospital nicht zutreffend sind. Auch wenn man sich mit seiner Behandlung etwas in Geduld üben muss. ;-)

Das Dach ist übrigens von der einen Seite fertig gestrichen und mit den Fenstern ist der Rest der Truppe heute auch schon sehr weit vorangekommen ...

Der Leser kann sich sicherlich gut vorstellen, wie ich mich bei der Lektüre dieses Blogs erst einmal sorgte, als ich realisierte, dass es um meine Enkelin ging, von der ich u. a. bereits ein Bild gesehen hatte, auf dem sie mit ihren Klassenkameraden am »Kap der guten Hoffung« steht. Er wird aber auch gut nachvollziehen können, wie sich meine anfängliche Sorge immer mehr in Stolz auf meine erwachsene Enkelin wandelte. Ich bewunderte, wie gelassen und souverän sie mit ihrer Erkrankung umgegangen war, wie sie geradezu humorvoll ihre Behandlung in einem afrikanischen Krankenhaus schilderte und wie

2 Sie ist über 180 cm groß.

sie sogar noch auf Vorurteile gegenüber dem südafrikanischen Gesundheitswesen zu sprechen kam, um schließlich wieder zu den sachlichen Aufgaben ihrer Schulgruppe, nämlich die Renovierung einer verfallenen Schule, zurückzukehren. Ich freute mich über diese bewundernswerten Schritte der Verselbstständigung. Mir fiel in diesem Zusammenhang ein, dass meine Mutter sich, als ich sie in meinen Vierzigern einmal gefragt hatte, was sie wohl am meisten an mir stören würde, beklagt hatte, ich würde »so in der Weltgeschichte herumgondeln«. Als ich auf ihre Angst, dass meine Gondel nicht wieder in ihrer Nähe landen würde, einging, stimmte sie mir süßsauer lachend zu.

Glücklicherweise gondeln meine beiden ältesten Enkel weiter in der Weltgeschichte umher. In meiner Entwicklungsgeschichte hatte ja bereits die Fahrt ins Schullandheim zu einem mich belastenden Komplex geführt. Die Enkeltochter hat sich nach dem Leistungsstress der letzten Jahre mit dem Turbo-Abitur nach zwölfjähriger Schulzeit eine wohlverdiente Auszeit gegönnt und mit ihrer Freundin einen Traum erfüllt. In der Zeit, in der ich an diesem Kapitel schreibe, ist sie für ein Jahr nach dem Modus »work and travel« nach Neuseeland geflogen.

In den letzten Jahren seiner Schulzeit und in den ersten Semestern seines Studiums der Ingenieurwissenschaften ist mir mein ältester Enkel eine wichtige Hilfe bei den technischen Anforderungen in unserer Praxis geworden. Besonders hilfreich ist er für mich bei der computertechnischen Vorbereitung von Vorträgen, Aufsätzen und Büchern gewesen, wenn er Power-Point-Präsentationen sowie Bilder bearbeitete und Kurzvideos erstellte. Die erste Erinnerung an unsere Zusammenarbeit geht in sein dreizehntes Lebensjahr zurück. Nachdem er, meine Frau und ich aus dem Wintersport zurückgekehrt waren, erfuhren wir von seiner Mutter, dass er bei seinen Erzählungen über diesen Urlaub auch erwähnte, dass sein Großvater erstmals ein Handy benutzt und er mir die Funktionsweise erklärt habe. Dabei habe er erstaunt festgestellt, dass der Opa ganz schön begriffsstutzig sein könne, was doch sonst gar nicht der Fall sei. Hier kehrt die Paradoxie der Beziehung zwischen Enkel und Großeltern wieder: Obwohl er etwas Kritisches feststellt, fühle ich mich nicht gekränkt, sondern bin im Gegenteil stolz darüber, einen so tüchtigen Enkelsohn zu haben. Er ist heute geradezu zum Spezialisten für Computertechnik geworden und diesbezüglich über alle neuen Entwicklungen informiert. Trotz meiner heutigen Aversionen gegen technische Neuerungen unterstützt er mich liebevoll dabei, die für mich bedeutsamen Arbeitserleichterungen zu nutzen.

Mit meinen ältesten Enkeltöchtern, die mittlerweile volljährig sind, haben sich schöne Gemeinsamkeiten entwickelt: Nachdem wir vorher Freilichtbühnen und Musicals besucht haben, gehen meine Frau und ich derzeit mit ihnen ins Kino, ins Schauspielhaus oder besuchen Ausstellungen und kosten diese besonderen gemeinsamen Ereignisse bei einem guten Essen und interessanten Gesprächen aus. Einen besonderen Glücksmoment erlebte ich am Rande eines solchen Treffens anlässlich eines Varietébesuchs. In der Pausenunterhaltung hörte ich, wie die ältere Enkeltochter der jüngeren einen Kinotipp und Kerninformationen zum Film »Eine dunkle Begierde« von David Cronenberg gab. Ich habe mich überhaupt nicht in das Gespräch eingemischt. Mein heimliches Glücksgefühl bestand darin, dass meine geliebten Enkeltöchter von sich aus auf die berühmte Spielrein-Affäre zu sprechen kamen, also auf die interessante und gefährliche Methode der Psychoanalyse (John Kerr, 2011). Zu meiner Freude wurde hier eine Schnittfläche gemeinsamer geistiger Interessen deutlich als Zeichen dafür, dass ich mit meinen Enkelkindern und meine Enkelkinder mit mir und uns nicht einsam sind, wie ich es leidvoll in meiner Kindheit erlebt hatte. Das so erfahrene Weiterkommen ist unmittelbar wohltuend.

Im Laufe der Jahre hat sich auch meine Beziehung zu meiner Schwester gewandelt. Das begann mit einem zunehmenden Austausch über unsere familiendynamischen Rollen in unserer Herkunftsfamilie und prägte sich bei mir noch einmal besonders aus in der freudigen Anteilnahme an den Entwicklungen meiner Nichte und meines Neffen. In den letzten Jahren hat sich diese erfreuliche Tendenz noch dadurch bestätigt, dass beide mich während und nach ihren erfolgreichen Studien in Psychologie und Medizin bzw. Soziologie bei vielen Forschungsprojekten unterstützt haben. Diese Zusammenarbeit war für mich sehr anregend und hilfreich. Die aktuellen innerfamiliären Zusammenhänge unterscheiden sich wesentlich von dem in der eigenen Kindheit erfahrenen Modell. Hier waren die Wirkungszusammenhänge zwischen verschiedenen Familienzweigen sowohl durch Verstrickungen, in denen sich die Mitglieder verschiedener Linien wechselseitig entwerteten und miteinander rivalisierten, als auch durch Spaltungen zwischen den Vertretern der verschiedenen Linien gekennzeichnet, in denen die einen stigmatisiert und die anderen entsprechend positiv verklärt wurden.

9. Zwischen Sonnenaufgang und Sonnenuntergang

9.1 Ein Märchen zur Wirklichkeit des Altwerdens

In der Öffentlichkeit herrscht eine morbide Vorstellung vom Altwerden vor. Es wird als irreversibler Rückbildungsvorgang betrachtet und nur an die belastende Notwendigkeit gedacht, diese alten Menschen in ihrem vielfältigen Leiden zu begleiten. Ohne die altersbedingten Entwicklungen verleugnen zu wollen, gewinnen sie jedoch eine ganz andere Bedeutung, wenn auch die damit nicht selten verbundenen Reifungs- und Versöhnungsprozesse mitgedacht werden. Man denke nur an berühmte Künstler, Schriftsteller, Dirigenten, Politiker, Wissenschaftler, Heilige, die bis ins hohe Alter hinein, auch wenn die leiblichen und vielleicht auch seelischen Rückbildungen unverkennbar waren, verehrt wurden und unserer Kultur wesentliche Impulse geschenkt haben. Wenn wir die positiven Seiten von Alter und Altern übersehen, gewinnen die negativen Vorstellungen leicht die Macht selbsterfüllender Prophezeiungen, die mit entsprechenden Helfern eine auf Krankheiten fixierte Wirklichkeit gestalten, aus der die Freude am Leben verbannt ist. Wenn ich die vielen Trauerseminare zur Kenntnis nehme, die von verschiedensten Institutionen angeboten werden, kann ich als Psychotherapeut, der ich ebenfalls viele Menschen in ihrer Trauer begleitet habe, diese Angebote nur begrüßen. Ich weiß um die Bedeutung dieser segensreichen Bereitstellungen. Ich halte diese Angebote aber für ergänzungsbedürftig um Veranstaltungen, die *vor* dem Tod der Alten diesen sowie ihren Angehörigen angeboten werden, in denen das Thema des Sterbens – auch im humorvollen und freudigen Kontext – ansprechbar wird.

Hinsichtlich des Altwerdens und Sterbens befinden sich alle Menschen auf einer Expedition in eine fremde Sphäre. Hierbei spielen die zwischenzeitlich errichteten »Basislager«, persönlichkeitspsychologisch gesprochen die jeweiligen Charakterstrukturen oder Lebensstile, eine vorstrukturierende Rolle. Es lässt sich immer wieder beobachten, dass Menschen in der Weise alt werden und sterben, wie sie auch gelebt haben. Die Hospizbewegung ist von der Idee getragen, dem Sterbenden eine Möglichkeit zu bieten, seinen nahenden Tod zu leben und mit seinen Angehörigen zusammen das definitive Ende seines Lebens würdig zu gestalten. In prototypischer Weise verdichtet das Märchen der Gebrüder Grimm (Panzer, o. J., S. 261) »Der alte Großvater und der Enkel« das familiäre und gesellschaftliche Wirkungsgeschehen beim Altwerden. Da das Märchen sehr kurz ist, sei es hier noch einmal in Gänze wiedergegeben, damit es anschließend in seinem tiefen psychologischen Sinn aufgeschlüsselt werden kann.

> »Es war einmal ein alter Mann, der konnte kaum gehen, seine Knie zitterten, er hörte und sah nicht viel und hatte auch keine Zähne mehr. Wenn er nun bei Tisch saß, und den Löffel kaum halten konnte, schüttete er Suppe auf das Tischtuch, und es floß ihm auch etwas wieder aus dem Mund. Sein Sohn und dessen Frau ekelten sich davor, und deswegen mußte sich der alte Großvater endlich hinter den Ofen in die Ecke setzen, und sie gaben ihm sein Essen in ein irdenes Schüsselchen, und noch dazu nicht einmal satt, da sah er betrübt nach dem Tisch, und die Augen wurden ihm naß. Einmal auch konnten seine zittrigen Hände das Schüsselchen nicht fest halten, es fiel zur Erde und zerbrach. Die junge Frau schalt, er aber sagte nichts und seufzte nur. Da kauften sie ihm ein hölzernes Schüsselchen für ein paar Heller, daraus mußte er nun essen: wie sie nun da so sitzen, so trägt der kleine Enkel von vier Jahren auf der Erde kleine Brettlein zusammen. ›Was machst du da?‹ fragt der Vater. ›Ei‹, antwortete das Kind, ›ich mach ein Tröglein, daraus sollen Vater und Mutter essen, wenn ich groß bin‹. Da sahen sich Mann und Frau eine Weile an, fingen endlich an zu weinen, holten alsofort den alten Großvater an den Tisch, und ließen ihn von nun an immer mit essen, sagten auch nichts, wenn er ein wenig verschüttete« (Panzer, o. J., 261).

Der alte Großvater wird zittrig und verliert zunehmend seine kultivierten Lebensformen. Sohn und Schwiegertochter ekeln sich vor ihm. Er wird ihnen lästig, und sie möchten ihn am liebsten loswerden. Das Verhalten des Enkels bringt eine überraschende Wende in die Geschichte. In einer vordergründigen Interpretation könnte man dem gerade vierjährigen Kind wie dem kleinen Lord in Kap. 3 Kompetenzen eines Erwachsenen unterstellen: Es mache seine Eltern darauf aufmerksam, dass sie ihren Vater, seinen Großvater, abschieben und beschämen und dass sie sich nicht in seine schwierige Lage einzufühlen vermögen. Das Märchen wurde oft in moralisierender und erzieherischer Absicht in den Unterricht eingebaut und verkannt. Je mehr nämlich der Kleine – vielleicht nach dem Bild des göttlichen Jesuskindes – idealisiert wird, der den Eltern als moralische Instanz die Leviten liest und sie auf ihre sittliche Pflicht verweist, wird der Sinn des Märchens verflacht. Als könnte ein vierjähriges Kind seinen Eltern in solcher Absicht und in dieser Weise gegenübertreten! Hierbei geht auch die Responsivität für die emotionale Wirklichkeit des Kindes verloren. Diese kommt aber den Eltern in einem seelisch bewegenden Augenblick, quasi in einem Now-Moment (Stern, 1998, 2005) bzw. im Verlauf eines Enactments (Heisterkamp, 2002), doch noch zu Bewusstsein und leitet eine wesentliche Veränderung ein. Der bekannten Jungianischen Märchen- und Mythenforscherin Ingrid Riedel (2008) steckt »nur die schrecklich moralische Beispielgeschichte, die in die Grimmsche Märchensammlung geraten ist, von Kindheit an noch in den Knochen« (S. 101).

Die unmittelbare Wirkung der schlichten Äußerung des kleinen Kindes bleibt bei einer rein erzieherischen Interpretation ein Rätsel. Wenn wir allerdings von dem liebevollen Bezogensein zwischen Eltern und Kind bzw. noch präziser vom originären Liebesvorschuss bzw. von den evolutionären Vorerwartungen des Kindes ausgehen, die es seinen nahen Bezugspersonen vom ersten Tag seines Lebens an entgegenbringt und die seinerseits Eltern und auch Großeltern zutiefst berührt, gewinnt das Märchen einen tieferen Sinn und eine starke Dynamik. Die Rede vom Glanz in den Augen der Eltern muss ergänzt werden um die Rede vom Glanz in den Augen des Kindes. Bereits die erste Silbe der kindlichen Antwort ist bedeutsam: »Ei«. Wir brauchen diese nur einmal zu wiederholen, und bei »Ei ei« fallen uns sofort die Laute ein, mit denen wir, wie unsere Kinder, Zärtlichkeiten verbal begleiten. Die beiden Laute verweisen auf den tiefen Sinn und auf die basale entwicklungsmäßige Wahrnehmung des Kindes.[3] Wer selber Kinder und Enkelkinder hat, weiß, wie tief deren authentisches Verhalten auf (Groß-)Eltern wirkt, und zwar immer dann, wenn sie unmittelbar spüren oder geradezu davon erfasst werden, wie ihr (Enkel-)Kind sie liebt. Es sei an die vielen Liebeserklärungen meiner Enkelkinder erinnert, die in diesem Buch zu finden sind: wenn einer mein Foto küsst, wenn einer für mich ein zusätzliches Besteck auflegt, wenn sie sich freuen, mich zu sehen oder mit mir zu telefonieren oder wenn einer bei seiner Kinderfrau von mir schwärmt usw.

Das Märchen vom Großvater und dem kleinen Enkel handelt von derartigen liebevollen Kontakten. Es sind solche Erlebnisse, die sich in dieser Begegnung des Enkels bzw. des Sohnes mit seinen Eltern andeutungsweise abspielen. Der Vierjährige steckt in den Anfängen seines Entwicklungsprozesses und ist noch sehr vertraut damit, dass auch er etwas verschüttet, dass ihm etwas aus dem Mund fließt oder dass er etwas fallen lässt. In einem hinlänglich günstigen Erziehungsmilieu führen diese archaischen Formen des In-der-Welt-Seins nicht zu gravierenden Irritationen. Man denke nur an die Phase der Sauberkeitsgewöhnung, in der die Bezugspersonen des Kindes sogar in liebevoller oder besorgter Weise Bezug auf die körperlichen Ausscheidungen nehmen und freudig die Verdauungsvorgänge des Kindes begleiten. Der eigentlich berührende Gegenwartsaugenblick ereignet sich in dem Moment, als das Kind sich anschickt, ein ähnliches Tröglein wie die Eltern zu basteln, und zwar für die Zeit, wenn es selber so alt ist wie seine Eltern jetzt und wenn es selber seine alten Eltern versorgen wird. Was ist daran so berührend? Was vernehmen die Eltern da wohl? Ihnen wird unmittelbar deutlich, dass ihr geliebtes Kind wie selbstverständlich davon ausgeht, dass sie es gut meinen mit ihrem Vater bzw. seinem Großvater, dass sie ihn so lieben, wie das Kind seinerseits seine Eltern und seinen Großvater liebt. Dem kleinen Sohn kommt es gar nicht in den Sinn, dass der Großvater seinen Eltern lästig sein könnte. Die Eltern wiederum müssen sich eingestehen, dass ihr Kind davon ausgegangen ist, dass ihr Verhalten von derselben Zuneigung getragen wird, wie es selbstverständlich seine Mutter, seinen Vater und auch seinen Großvater liebt.

---

3 Dieser Laut (»Ei«) wurde in der Ausgabe von Carl Helbling (1990, 523-524) ausgelassen. Hier ist eine interessante Stelle für die Projektion der Gebrüder Grimm und ihrer späteren Herausgeber zu sehen, wenn sie die Texte, aus welchen Gründen heraus auch immer, modifizieren. Aber das ist in diesem Zusammenhang nicht weiter relevant.

Vielleicht haben sie sogar gemerkt, dass ihr Sohn gar nicht anders leben könnte, als seine Eltern zu idealisieren. In diesem Moment sind sie durch das Erleben ihres Kindes in ihrer eigenen primären Liebe zu ihren Bezugspersonen berührt worden. Dabei erweitert sich ihr Bewusstsein: Sie können sich besser in die seelische Wirklichkeit des Kindes und auch in die des Großvaters einfühlen. Sie werden leidensfähiger und spüren ihre eigene Traurigkeit. Die Eltern lassen sich von dem liebevollen Verhalten ihres Kindes berühren, und es wird ihnen bewusst, was sie bisher zur eigenen Selbststabilisierung mit ihrem Vater bzw. Schwiegervater gemacht haben. Die Wahrnehmung dieser Situation führt bei den Eltern zu einer neuen emotionalen Erfahrung. Hierbei handelt es sich um eine Situation des »low-tension-learnings«, das die neuere Säuglingsforschung untersucht (Dornes, 1993, 1997, 1999). Sie macht uns darauf aufmerksam, dass es neben den in der psychoanalytischen Tradition besonders hervorgehobenen dramatischen Schwellen der Entwicklung noch eine andere Form seelischen Werdens gibt. Dieses ist psychotherapeutisch bzw. behandlungsmethodisch noch kaum erschlossen (Heisterkamp, 2002).

Wir haben es hier mit einem entwicklungspsychologischen Beispiel der in der Psychoanalyse berühmt gewordenen korrektiven emotionalen Erfahrung zu tun, die auf Alexander (1956) zurückgeht. Da dieser das Ereignishafte nicht genügend berücksichtigt hat und den Eindruck vermittelte, der Therapeut könnte derartige korrigierende (!) Erfahrungen herstellen, schütten Analytiker bis auf den heutigen Tag quasi das Kind mit dem Bade aus, indem sie mit der Unmöglichkeit, Erfahrungen willentlich und manipulativ verändern zu können, auch aus dem Auge verlieren, dass sich im Verlauf der Psychotherapie ein basales Wahrnehmen und Verstehen ereignen kann (Heisterkamp, 2002). Abgesichert wurde diese Verleugnung im deutschen Sprachraum durch eine translative Fehlleistung, in der sehr häufig »corrective emotional experiences« übersetzt wurde als »korrigierende« und nicht als »korrektive« Erfahrungen. Mit der Kritik am Manipulativen des Ansatzes von Alexander wurde gleichzeitig die Erfahrung abgewehrt, dass sich in der Psychotherapie immer wieder Now-Moments, wie es heute nach Stern (1998, 2005; Eife, 2004) heißt, ereignen. Sie sind mehr und anders als bloße Deutungen. Eine solche Einschätzung vermeidet, auch wenn der Therapeut alle formalen Regeln der Behandlung befolgt, die Fiktion eines abgegrenzten Individuums und macht ihn zu einem untergeordneten Glied des umfassenden psychotherapeutischen Werkes, verkürzt: des sich ergebenden Beziehungsgefüges. In diesem gewinnt das Seelische einen strukturellen Tiefgang mit den impliziten Wirkungen eines operativen und präsentischen Verstehens. In der neuzeitlichen Intersubjektivitätstheorie wird die Fiktion des unabhängigen, isolierten und neutralen Geistes als eine Form defensiver Grandiosität des Therapeuten selber angesehen (Jaenicke, 2006).

Man kann bei den Eltern im Märchen ein weit verbreitetes psychosoziales Abwehrmuster beobachten, das in der Verschiebung eigener Selbstanteile auf Andere (Alte, Fremde usw.) besteht, um sich selbst besser zu fühlen. Je mehr sie das in berührenden Begegnungen wie hier mit ihrem Sohn oder in der psychotherapeutischen Behandlung wahrzunehmen in der Lage sind, tauchen auch die bislang unterdrückten Gefühle (z. B. sich nichtig und unfähig zu fühlen, sich selbst abzulehnen oder zu verachten usw.) auf, die zuvor durch die Verschiebung auf und die Abhandlung am Anderen abgewehrt wurden. Dass es zu solchen Highlights des Selbsterfahrens wie in dem Märchen kommt, hängt letztlich mit der latenten und der dem Seelischen immanenten Selbstbehandlung zusammen, die bereits seit Urzeiten vor der Entdeckung von Psychologie und Psychotherapie wirksam war. Darüber kommt es immer wieder zu fruchtbaren Augenblicken in der Selbstwerdung. Je seelisch gesünder ein Mensch ist, umso offener ist er für diese heilsamen Gegenwartsmomente. Es gibt allerdings viele Eltern und Großeltern, deren Selbstbewegung so erstarrt oder aufgelöst ist, dass sie auch vom Erleben und Verhalten ihrer Kinder nicht erreicht werden und diese dann die notgeborene Selbstunterdrückung über die Identifikation mit dem Aggressor (A. Freud, 1984) immer mehr übernehmen. Eine solche Überanpassung an das Erleben und Verhalten der Eltern wird zu einer Notlösung, weil das Kind auf diese Weise versucht, diese doch noch zu erreichen, darüber aber sich seiner selbst immer mehr entfremdet.

Das scheinbar so naive Märchen der Gebrüder Grimm ist von hoher Aktualität. Hillman (2005) weist darauf hin, dass die Misshandlung alter Menschen (auch) in den Vereinigten Staaten zu einer weit verbreiteten Erscheinung geworden ist, und er fasst das – analog zu dem Arrangement des Grimmschen Märchens – als eine Form der projektiven Abwehr auf. Da wir gewöhnlich das Altwerden hassen, hassen wir die Alten dafür, dass sie uns das vor Augen führen. Derartige Anfeindungen erschweren den alten Menschen die Verarbeitung des Alterns zusätzlich, zumal wir als Alte selber im gesellschaftlichen Netz solcher Wahrnehmungen gefangen sind, nämlich in einem Jugendkult mit den entsprechenden Ängsten vor dem Altwerden und mit den entsprechenden morbiden Vorstellungen vom Altwerden. In der Erzählung von Enquist »Großvater und die Wölfe« (2003) erfahren wir neben der Tatsache, dass die Alten gebrechlich und hinfällig werden, auch dass sie alt im Sinne von reif und wertvoll sein können, insofern sie noch Entwicklungshilfen für ihre Enkel bieten können. Hillman erinnert daran, dass wir alte Gegenstände und Texte verwahren, dass wir uns bedeutsame Menschen in guter Erinnerung behalten, und dass wir Helden und Heilige verehren. »Alt ist eine der größten Quellen der Freude, die Menschen kennen« (Hillman, 2005, S. 89). Im Märchen vom Großvater und seinem Enkel kann sich jeder wiederfinden, insofern es hier um Grundbefindlichkeiten und um den Umgang mit den realen Molesten des Alters geht.

9.2 Hinfallen und Aufrichten

Wie die altersgemäßen Einschränkungen wahrgenommen und verarbeitet werden, folgt einem personcharakteristischen Lebens- und Bewegungsmuster. Eine Reihe von Stürzen und Verletzungen, insbesondere deren Wahrnehmungen, stecken meinen seelischen Prozess ab, in dem mir die Vergänglichkeit meiner Existenz – kognitiv natürlich seit Kindertagen bewusst – erlebnismäßig zugänglich wurde. Wahrzunehmen und zu akzeptieren, dass sich z. B. das Spektrum sinnvoller altersgemäßer Sportaktivitäten einengt, wurde umso schwieriger, je mehr der Sport eine haltgebende Funktion in meiner Entwicklung hatte. Während meiner schockierenden Erfahrungen beim Übergang aus der einfach strukturierten, aber warmen Welt meiner Eltern in die differenzierte, aber kalt erlebte Welt des Gymnasiums wurden meine sportlichen Kompetenzen geradezu zur Grundlage seelischen Überlebens. Ein sehr guter Sportler und insbesondere Fußballspieler zu sein, war die einzige Sicherheit, die ich sowohl in der restringierten Welt meines Elternhauses hatte als auch, zumindest teilweise, in der elaborierten Welt der Studienräte. Ich werde nie die Ermutigung vergessen, die ich in der Oberstufe des Gymnasiums erlebte, wenn ich kurz vor dem Einlauf auf das Spielfeld von Lehrern, die dem Spiel zuschauen wollten, begrüßt und angefeuert wurde. Diese Situationen sind Glanzlichter eines beschwerlichen »Aufstiegs« in eine andere soziale Schicht. Für mich ist das Forschungsergebnis, von dem Leuzinger-Bohleber und Kollegen (2002) in ihrer Erhebung berichten, nur eine Bestätigung meiner persönlichen Erfahrungen, dass nämlich unter den mittels Tiefeninterviews untersuchten, ehemaligen Patienten besonders viele Personen vertreten waren, die während ihrer Entwicklung offenbar besondere Schwierigkeiten mit dem Übergang von einer »niederen« in eine »höhere« gesellschaftliche Schicht zu bewältigen hatten.

Rückblickend ist mein Weg des Alterns durch eine Reihe von einfach anmutenden Stürzen markiert. Die konkrete und symbolische Bedeutung von der »Hinfälligkeit« des alten Menschen hat wohl hier ihren Ursprung. Anders als in früheren Situationen, in denen ich natürlich auch des Öfteren hingefallen bin (z. B. als Kind oder als Sportler), bezog ich diese Stürze auf meinen Alterungsprozess und dessen verminderte Wahrnehmungsabwehr. Früher waren z. B. die vielfältigen Sportverletzungen als Fußballspieler an Sehnen, Gelenken, Muskeln und Knochen traumatische Verletzungen im Sinne der Medizin. Sie machten mich allerdings nicht auf den Prozess meines Alterns aufmerksam, sondern schienen nur fachgerecht behandelt und nachbehandelt werden zu müssen, damit bald mein ursprünglicher Zustand wieder hergestellt sein würde, ich also wieder fit wie vorher sein würde und natürlich dann entsprechend auch wieder zum Einsatz im Spiel kommen könnte. Die Erfahrung der Unwiederbringlichkeit ließ ich nur kurz einmal zu, als ich in jungen Jahren bei einem Ellenbogencheck meine beiden Schneidezähne verlor sowie eine schwere Kreuzbandverletzung im Knie erlitt, die das Ende meiner Laufbahn als Leistungssportler bedeutete. Diese Einbuße ließ sich noch dadurch relativieren bzw. ich konnte sie dadurch abfangen, dass ich weiterhin in einer Altherrenmannschaft spielte und danach als Freizeitsportler mit Sportsfreunden im gleichen Alter weiter kickte. Dem entsprach auch eine gewisse Abwehr, die immer deutlicher werdenden Leistungseinschränkungen wahrzunehmen. Hierfür war es sicherlich hilfreich, dass die sportlichen Einschränkungen kontinuierlich mit Kompetenzerweiterungen im beruflichen Bereich (Zweitstudium, Promotion, akademische Laufbahn) einhergingen. Auf diese Weise konnte ich allmählich eine Reihe von Stürzen als immer deutlichere Hinweise auf altersgemäße Einschränkungen, letztlich als immer deutlichere Fingerzeige auf die Endlichkeit meiner Existenz akzeptieren. Ich vermute, dass man bei allen alten Menschen eine Reihe von Stürzen beobachten kann, die auch als natürliche Mahnung anzusehen sind, die eigene Anfälligkeit, Hinfälligkeit und Endlichkeit zu bedenken.

Ich kann diesem Prozess der Realisierung meiner altersmäßigen Beeinträchtigungen am Verlauf meiner Biografie nachgehen, wie ich meine »körperlichen Verletzungen« lange Zeit wahrgenommen habe. Dazu möchte ich den viel zitierten Satz des Phänomenologen Merleau-Ponty (1966) heranziehen, nach dem ich nicht nur *einen Körper habe*, sondern auch *mein Körper bin*. Der tiefe Sinn dieser kognitiv so leicht nachvollziehbaren Erkenntnis hat sich mir erlebnismäßig erst im fortgeschrittenen Alter erschlossen, während mir, was für viele Leistungssportler zutrifft, vorher die typisch medizinisch-naturwissenschaftliche Perspektive als Abwehr diente. Meine Widerstände lassen sich zunächst einmal an dem typischen Missverständnis der üblichen Aussage, dass wir einen Körper »haben«, verdeutlichen. Vor meinem biografischen Hintergrund als ehemaliger Leistungssportler war meine körperliche Tüchtigkeit lange Zeit von besonderer Wichtigkeit für meine Selbstwerdung. Bis weit in die Zeit des Hobbysports hinein waren meine für Fußballspieler typischen Beeinträchtigungen an Bändern, Muskeln, Gelenken und Knochen halt Beschädigungen an meinem »Bewegungsapparat«, die es in bewährter Weise medizinisch und physiotherapeutisch zu behandeln und durch sorgfältige Rehabilitation und intensives Training zu beseitigen galt.

Ich habe die positivistische Form der Wahrnehmung lange beibehalten, um nicht zulassen zu müssen, dass ich meinen Körper überhaupt nicht *so haben* kann, wie ich z. B. ein Fahrrad oder ein Haus *haben* kann, dass also das Körperhaben über eine objektale Wahrnehmung hinausgeht und bereits ein Ausdruck meiner vorgegebenen, nie bewusstseinsfähigen fleischlichen Existenz (Kühn, 2007; Heisterkamp 2007a) ist. Die Auffassung meines leiblichen Seins und meiner körperlichen Verletzungen als ein scheinbares Weltding ersparte mir zu erkennen, dass es sich bei meinen Beschwerden um die Spätfolgen einer langjährigen chronischen Überlastung mit vielfältigen Analogien in den verschiedenen Lebensbereichen und auch in der Gestaltung meines Altwerdens handelte. Erst spät entdeckte ich die implizite Annahme in meiner Wahrnehmung, nämlich dass ich durch die medizinischen und physiotherapeutischen Maßnahmen wieder in den ursprünglichen Lebenszustand versetzt würde. Bis ich dieser latenten Fiktion, quasi unverwüstlich oder gar unsterblich zu sein, inne wurde und aufmerkte, dass alle meine Behandlungen nur relative Heilungen in einem irreversiblen Rückbildungsprozess darstellten, hat es noch lange gedauert, obwohl ich selbstverständlich schon seit Kindertagen »wusste«, dass ich wie alle anderen Menschen und Kreaturen auch einmal sterben würde.

Den Sinn des zweiten Teils der phänomenologischen Aussage von Merleau-Ponty, nämlich dass wir unser Körper *sind*, erlitt ich bei einem sogenannten Schlaganfall. Ein solches Ereignis ist sehr schwierig zu verarbeiten. Die leibhafte Erfahrung, hilflos diesem Prozess ausgeliefert zu sein und schlagartig von den Beinen gerissen zu werden, ohne über irgendeine Steuerungsmöglichkeit über seinen Körper zu verfügen, in seiner Feinmotorik so beeinträchtigt zu sein, zumindest zeitweise, z. B. nicht mehr richtig schreiben zu können, nicht mehr in der Lage zu sein, sich richtig die Zähne zu putzen und im CT den bleibenden Schaden weiß auf schwarz sehen zu können, schüttelt die eigene Struktur mächtig durch. Die Verunsicherung ist umso größer, je mehr die geistige und körperliche Tüchtigkeit eine wichtige kompensatorische Bedeutung hatten.

Wie ein Gewitter aus heiterem Himmel kippte mein Lebensgefühl, in dem ich mich überwiegend froh und lebendig erfuhr, um in das entsetzliche Leid, ohnmächtig einer lebensbedrohlichen Desintegration meiner leiblichen Existenz ausgeliefert zu sein. Schockartig erlebte ich einen »kleinen« embolischen kortikalen Teilinfarkt, dessen landläufige Bezeichnung als »Schlaganfall« das Erleben dabei treffend beschreibt. Ohne näher auf die psychodynamischen Hintergründe meiner Struktur einzugehen, führten mir die Folgewirkungen vor Augen, wie *notwendig* eine Umstrukturierung meiner Wirklichkeit geworden war und welcher tiefe psychologische Sinn sich mir in meinem Zusammenbruch vermittelte. Durch meinen Schlaganfall erlitt ich mit schrecklicher leiblicher Gewissheit, *dass ich mein Körper bin.* In dieser Situation wurde mir in einer nie zuvor erfahrenen leibhaftigen Weise die Fragilität meiner Existenz deutlich. Das Pathische meines Lebens und das unsichtbare Fleisch meiner seelischen Existenz wurden mir in erschreckender Weise zugänglich (Kühn, 2007). Dieses Gefühl von Hilflosigkeit, Kontrollverlust und Angewiesensein ist mir noch nie so unmittelbar erfahrbar gewesen wie in diesen Momenten. Mit zunehmender Erholung wurde mir aber auch das Gefühl der Dankbarkeit zugänglich für das Geschenk des Lebens, das ich bisher so selbstverständlich vorausgesetzt hatte. Glücklicherweise hielt sich der gesundheitliche Schaden in erträglichen Grenzen und erwies sich als weitgehend kompensierbar. Die unwiederbringliche Beschädigung meiner leiblichen Verfassung stellte mich allerdings vor eine neue, für mein Alter charakteristische Entwicklungsaufgabe: nämlich eine bisher noch nie so erlebte Todesangst schöpferisch zu integrieren und eine bisher noch kaum erahnte Form der Selbstreflexion und des Welterlebens, kurz die Neugestaltung meiner Wirklichkeit anzugehen.

Im Märchen vom alten Großvater hat das Erleben und Verhalten des Enkelkindes das Gefüge seiner Familie grundlegend verändert. Es handelt sich hierbei um eine heilsame Wandlung, weil sie die Entwicklung aller Familienmitglieder weiterführt. In der Psychoanalyse sprechen wir hier in Anlehnung an S. Freud, Adler, Kohut, A. Freud, Balint oder Winnicott von Selbsterneuerung, Neubeginn, Wieder- oder Neubelebung.

Ich möchte den Gedanken der stärkenden Ressourcen in der Beziehung zwischen Großeltern und Enkelkindern wieder am eigenen Beispiel aufgreifen. Als mich eine meiner Töchter im Krankenhaus besuchte, brachte sie mir ein Bild und einen Brief von ihrer damals siebenjährigen, gerade ins zweite Schuljahr gewechselten Tochter mit an mein Krankenbett. Meine Enkeltochter hatte spontan das unten folgende Bild für mich gemalt und noch einen lieben Brief dazu verfasst. Ich war von dem Geschenk tief berührt und erlebte es als wichtigen Schub in meinem Bemühen, mich von den Folgen des Schlaganfalls zu erholen und mich möglichst bald wieder selbst zu übernehmen.

Meine fünf bis dato geborenen Enkelkinder winken mir alle aus dem Bild zu, ich selber bin gleichzeitig unter den Winkenden und stehe wie der damals jüngste Enkel auf einem kleinen Podest. Ich nehme die Botschaft so wahr, dass ich für alle wichtig bin, sie mich freudig begrüßen und dass sie damit gleichzeitig verbinden, wie viel Spaß es macht, wenn wir etwas miteinander machen. Ich höre sie alle rufen: »Hallo Opa, werde schnell wieder gesund und komm bald wieder, wir wollen noch viel mit dir machen und uns noch oft mit dir unseres Lebens freuen!« Dass ich auf einem Podest stehe, erlebe ich so, dass meine Enkelin damit noch einmal meine besondere Bedeutung hervorhebt. Dass ich mir aus dem Bild selber zuwinke, könnte sogar zum Ausdruck bringen, dass sie mir die Kompetenz wünscht, mich auch selber zu ermutigen.

In dieser berührenden Szene mit meiner ältesten Enkeltochter kommt in prototypischer Weise zum Ausdruck, welche Bedeutung Enkelkinder und Großeltern füreinander haben können. Großeltern sind nicht nur wichtige Entwicklungsobjekte für die Kinder, sondern auch umgekehrt ergeben sich immer wieder Konstellationen, in denen Enkelkinder ihre Großeltern bei der Bewältigung ihrer Entwicklungs- und Lebensaufgaben anregen und ermutigen. Die Erleichterung über den relativ glimpflich verlaufenen Schlaganfall und die rührenden Liebesgrüße meiner Enkeltochter vermischten sich zu bewegenden Glücksgefühlen meinerseits. Sie steigerten meinen Elan, meine erfreulicherweise relativ geringen Ausfallerscheinungen durch intensives Training wieder zu beheben. Auch der beigefügte Brief beglückte mich in mehrfacher Hinsicht.

Einmal beeindruckte mich, wie spontan und ungehemmt sich meine Enkeltochter auszudrücken vermochte. Schon sehr früh hatte sie übrigens den Wunsch geäußert, Schriftstellerin zu werden. Meine Freude über diesen Kinderbrief könnte eine Ermutigung für sie sein, ihren eigenen Weg in einer primär sportlich orientierten Familie zu gehen. Hier kann sie auf meine Zuversicht und Ermutigung bauen. Zweitens dachte ich anerkennend an ihre Eltern, denen es offenbar gelungen ist, ihrem Kind das Bedürfnis, sich schriftlich mitzuteilen, nicht durch eine Forcierung der Rechtschreibung auszutreiben. Da beide von Beruf Lehrer sind, freut mich diese pädagogische Kompetenz ganz besonders. Ich erlebte das auch als einen beruhigenden Hinweis darauf, dass meine Tochter es offenbar nicht nötig hatte, Hausarbeitsdramen, wie sie mit mir – noch bar jeder analytischen Selbsterfahrung – leider vorgekommen waren, zu wiederholen.

Meine Enkeltochter half mir dabei, die schreckliche Erfahrung produktiv in meine Wirklichkeit zu integrieren. So wurde sie quasi in dieser Situation zu einem »Entwicklungsobjekt« für mich, wie es in der analytischen Kinder- und Jugendlichenpsychotherapie heißt (Westram, 2006). Sie war mit ihren siebeneinhalb Jahren in dem Alter, in dem sie sich der Lebenszyklen allmählich bewusst wurde und ein wachsendes Interesse an den Fragen des Lebens und des Todes hatte und dabei auch offen war für erste Vorbilder ihrer Umgebung. Meine Bemühungen um eine adaptive und schöpferische Bewältigung meiner neuen Lebenssituation wurden für sie, die diesen Prozess mit liebevoller kindlicher Sorge begleitete, vermutlich ebenfalls zu einer neuen Erfahrung, die ihre Wahrnehmung vom Rhythmus des Lebens zwischen seinen natürlichen Grenzen von Geburt und Tod bereicherte und eine neue Entwicklungsebene des Bewusstseins und der altersgemäßen Reflexion evozierte. Einige Jahre später ging ich anlässlich meines ersten Aufsatzes zur Psychologie der Großelternsituation auf dieses Beispiel ein. Nachdem ich

Großvater und Enkelkinder

meiner Enkeltochter und ihren Eltern das Manuskript des geplanten Vortrages gesendet hatte, erhielt ich geradezu postwendend von ihr unter dem Betreff »OH DANKE!« eine Mail, die in lebendiger Weise zum Ausdruck bringt, wie sie einige Jahre später als beinahe 14-Jährige von meiner Darstellung bewegt worden ist:

> Hallo oooopiiiileinchen :)
>
> ja, ich bin heute nach der Schule nach Hause gekommen & habe sofort einen Brief gesehen. Erst habe ich gedacht er ist an Papa oder Mama, weil ich sonst nie Briefe bekomme. Ich hab geguckt & er ist für EILEEN D. ;).
>
> ich hab mich gefreut & war auch sehr neugierig was wohl drinnen steht. als ich dann den beigelegten brief gelesen habe, war ich noch gespannter. ich habe die Zeilen gelesen (auch wenn ich, wie du ja schon sagtest, nicht alles verstanden habe). ich war wirklich richtig gerührt, als ich dann den teil zu meinem bild & dem Brief gelesen habe. So geehrt :). der Teil ist wirklich toll formuliert & ich musste lachen, als ich gesehen habe wie komisch ich damals mit 7 gemalt habe :D & erst geschrieben :))(an den Brief kann ich mich garnicht erinnern, nur an das Bild!) sehr lustig :D

nu ja. vielen dank, kann ich nur sagen & ich werde schriftstellerin & bin schon mitten in meinem buch :)
es wird zwar nicht soo toll, aber ein anfang!
wir sehen uns bald. viele liebe grüsse,
deine Eileen :)
ps: viele grüsse auch von dem rest der d.s (samt hund :)

Bei der vielfach berufenen Tradition der Kultur, die von der älteren zur jüngeren Generation übergehen soll, handelt es sich keineswegs, wie die Sprache nahe legt, um einen linearen Prozess. Die Wirkungen zwischen Großeltern und Enkelkindern sind nämlich wechselweiser Natur. Im günstigen Falle sind beide füreinander Entwicklungsobjekte, da jede Generation die andere bei der Bewältigung ihrer jeweiligen Entwicklungsaufgabe fördert und ermutigt. Die Wirkungszusammenhänge formen sich jedoch noch komplexer aus, insofern die Reaktionen der liebevoll besorgten Enkeltochter sowohl die Wahrnehmung meiner eigenen Kindheit beeinflusst haben als auch »eine zweite Chance« für die Beziehung zu meiner Tochter, der Mutter der Enkeltochter, eröffneten. An dieser Stelle gewinnt vielleicht auch der Leser einen Eindruck von den ungeheuer vielfältigen und komplexen Vorgängen der transgenerationalen Wirkungszusammenhänge, die die Welt von gestern, von heute und morgen durchformen. So haben die wunderbaren Liebeserklärungen meiner Enkelkinder, selbst wenn sie noch nicht einmal zwei Jahre alt gewesen sind, auch frühe Liebesgefühle zu meinen eigenen Kindern bzw. zu meinen eigenen Eltern evoziert. Entsprechend meinem Entwicklungsstand konnte ich diese Gefühle weiter vom Ballast notgeborener Sicherungs- und Abwehrformen befreien. Darüber hinaus eröffnete sich auch für die Beziehung zu den eigenen Kindern und die Wahrnehmung der längst verstorbenen Eltern eine neue Entwicklungschance. Der seelische Spielraum der bisherigen Lebensbewegung erweitert sich, obwohl der Spielraum körperlicher Beweglichkeit kleiner wird. In diesem Sinne bieten uns unsere Kinder und Enkel im Sinne von A. Freud (1980) immer wieder Anregungen für die eigene Entwicklung. Vor dem Hintergrund der kulturhistorischen Evolutionstheorie von Greenspan und Shanker (2007), nach der sich im frühen emotionalen Austausch zwischen den Bezugspersonen und den Kleinkindern die Voraussetzungen menschlichen Denkens herausbilden und dabei im Zeitraffer einen Entwicklungsprozess von Millionen von Jahren wiederholen, der sowohl in positiver als auch in negativer Entwicklungsrichtung offen ist, zeigt sich hier ein noch weitgehend unerschlossenes Feld für die kulturhistorische Bedeutung der Rolle der Großeltern.

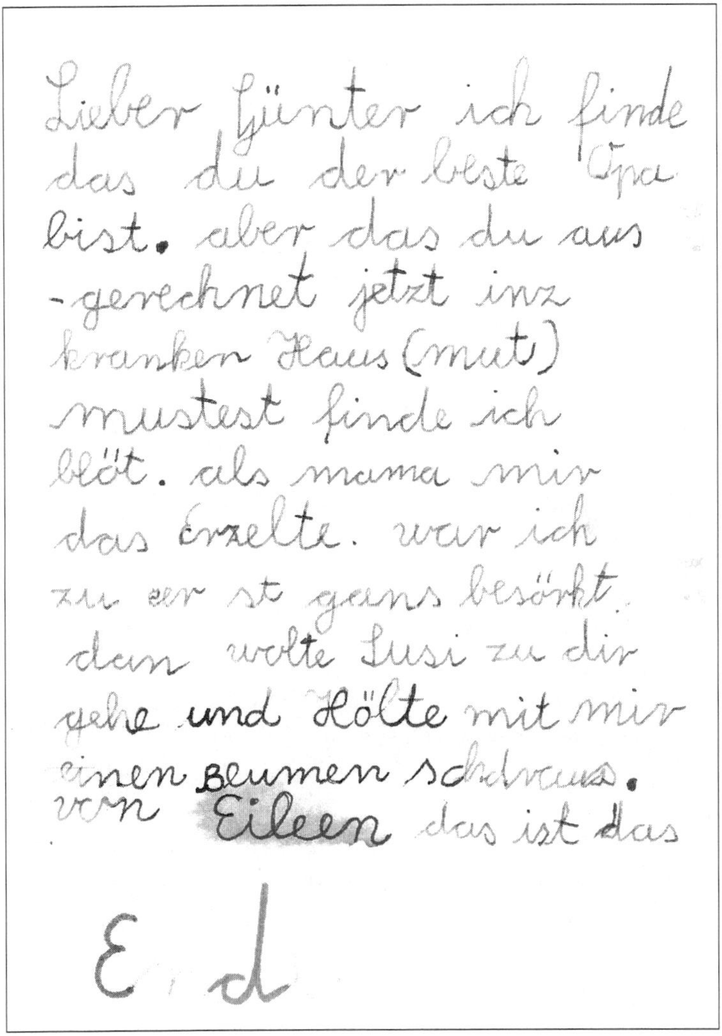

Lieber Günter ich finde
das du der beste Opa
bist. aber das du aus
-gerechnet jetzt inz
kranken Haus (mut)
mustest finde ich
blöt. als mama mir
das erzelte. war ich
zu eer st gans besörkt.
dan wolte Susi zu dir
gehe und Hölte mit mir
einen Beumen schdraus.
von Eileen das ist das

E d

Brief von der Enkeltochter

9.3 Generalproben fürs Sterben

Mit fortschreitendem Lebensalter spüre ich zunehmende Einschränkungen. Besonders unangenehm nehme ich wahr, dass ich eher in Verwirrung gerate. Damit hängt wohl auch die nachlassende Bereitschaft zusammen, mich auf Veränderungen einzulassen. Schmerzlich stelle ich als Sportler und bewegungsfroher Mensch aktuell bei mir fest, wie meine Fähigkeiten zu joggen nachlassen. Die verbliebenen Aktivitäten wie Schwimmen, Walken, Wandern und hin und wieder Tanzen trösten mich angesichts dieses Prozesses nur teilweise. Nach den Schlaganfallerfahrungen bin ich deutlich schreckhafter geworden. In allem spüre ich wohl eine latente Angst vor dem Tod, die ich bei einer direkten Antwort auf die Frage, ob ich Angst vor dem Tod hätte, wohl nicht bedenken würde. Jedenfalls spüre ich deutlich den Wunsch, alt zu werden und noch einige Jahre des Lebens vor mir zu haben. Mein Ziel könnte ich mit der 93-jährigen Margarete Mitscherlich so formulieren:

> »Meine Einstellung bis zum Lebensende ist – Körper hin oder her – mir festliche Augenblicke zu verschaffen und nie zu vergessen, dass es solche Augenblicke immer wieder zu geben vermag und es von mir abhängt, ob ich versuche, sie zu erkennen, sie zu erschaffen und zu genießen« (Mitscherlich, 2011, S. 239).

2008 wurde der seinerzeit 77-jährige Schauspieler Armin Mueller-Stahl in einer Tageszeitung damit zitiert, dass er in seinen letzten Filmrollen immer wieder gestorben sei und dass er das Gefühl habe, dass diese Inszenierungen so etwas wie die Generalproben seines eigenen Sterbens gewesen seien. Wie im vorausgegangenen Kapitel bereits deutlich wurde, haben wir alle unsere Vorerfahrungen mit einem unwiderruflichen Verlust. In vielen Fällen ist dabei das Thema Tod wie bei Mueller-Stahl direkt im Spiel. Es wird den Leser vielleicht überraschen, wenn ich dabei mit freudigen Erinnerungen beginne. Die Vorbereitung des eigenen Sterbens beginnt oft schon in früheren Jahren. Während der Umgang mit Verletzungen oder Erkrankungen noch stärker durch Abwehrformen bedingt ist, kennen viele bereits aus jungen Jahren schöne und glückliche Lebenserfahrungen, die nicht selten in dem Ausspruch münden »Das ist so schön, jetzt kann ich auch sterben«. Auch wenn sich diese Erfahrungen schon relativ früh im Leben ereignen, so haben sie doch nachhaltige Wirkungen, insofern man von einem erfüllten Leben leichter Abschied nehmen kann, als wenn die Lebensbewegung noch in vielen unerledigt gebliebenen Entwicklungsaufgaben steckengeblieben ist. Es ist quälend für die Betroffenen und die Beteiligten, sich am Leben festzuklammern, nicht loszukommen von vielen unerledigten Erfahrungen. Wenn Sterbende seelisch blockiert sind, können sie auch das eigene Sterben nicht leben oder gar neugierig sein auf das, was da vor ihnen liegt, quasi die letzte Phase der Lebensexpedition zu gestalten.

Eine typische Situation zu Freude und Tod habe ich erlebt, als meine Frau und ich während eines gemeinsamen Urlaubes mit meinen Enkeltöchtern eines Abends am Tisch saßen und wir unseren Spaß miteinander hatten. Es war sehr schön und lustig mit uns. Meine Frau und auch ich, wir konnten gut auf die giggelnden Späße der in der Vorpubertät befindlichen Mädchen eingehen und hatten herzhaft mitgelacht. Es war ein wunderschöner Abend. Nachdem wir uns wieder eingekriegt und beruhigt hatten, sprach ich, keineswegs traurig, sondern eher heiter einen Einfall aus, der mit meinem Tod zusammenhing. Ich dachte nämlich, dass dieser frohe gemeinsame Abend doch auch eine schöne Erinnerung sein könnte, wenn ich einmal gestorben wäre. Es würde mich heute schon freuen, wenn sie sich an diese oder ähnliche Situationen erinnern, in denen wir so viel Spaß miteinander hatten. Ich glaube mich noch daran zu erinnern, dass die beiden Mädchen und auch meine Frau überhaupt nicht an meinen Tod denken wollten. Das wollte ich natürlich auch nicht, aber ich hatte den Eindruck, dass diese Antizipation, bei ihnen in schöner und lustiger Erinnerung zu bleiben, durchaus etwas Tröstliches für mich hatte. Dass die anderen sich noch nicht mit meinem Tod beschäftigen wollten, war nachvollziehbar. Für mich mit über 70 Jahren stehen solche Gedanken aber an. Ich vermute und hoffe, dass sie später einmal auch meiner Frau und den Enkeltöchtern, die mich sehr wahrscheinlich überleben werden, tröstlich und hilfreich sein könnten.

Mit zunehmendem Alter beschäftigt mich der nahende Tod immer mehr. Dazu habe ich natürlich Phantasien. Die angenehmste besteht darin, dass meine Frau, meine Töchter und meine Enkelkinder mich durch die letzten Tage und Stunden meines Lebens begleiten. Dahinter steckt die Hoffnung, keinen plötzlichen Tod durch Krankheit oder Unfall zu erleiden. Die Vorstellung, dass meine Frau, meine Töchter und Enkelkinder während meines Todes um mich versammelt sind, hat wie das nun einmal mit Phantasien so typisch ist, etwas Fiktives und Illusionäres. Dennoch bin ich ziemlich sicher, dass viele meiner Hoffnungen sich erfüllen werden. Das erlebe ich als sehr beruhigend. Dieser Vorentwurf meines Sterbens macht mir Mut für den endgültigen Abschied von meinen geliebten Angehörigen. Angst spüre ich – wie wohl alle Menschen – angesichts einer möglichen längeren Phase des Siechens, in der ich mich nach Besuch von meinen Lieben sehne, aber sie aufgrund ihrer Lebenssituation überhaupt nicht so oft kommen können, wie ich mir das wünschen würde. Hierbei fürchte ich eine gewisse Wiederholung, dass ich ähnlich lange auf meine Töchter warten müsste, wie ich mich früher besonders meinen Töchtern vorenthalten hatte. Tröstlich sind demgegenüber die Erfahrungen, an denen ich den Leser ja habe teilhaben lassen, dass ich mit meinen Kindern und Kindeskindern in meinem bisherigen Leben wesentlich weitergekommen bin.

Ungelöste Konflikte mit mir, die der einen oder dem anderen in den Sinn kommen oder Kränkungen, die sie mit mir erlebt haben, sind hoffentlich nur vereinzelt und gut integriert. Das letzte Bild von der perimortalen Zeit, das mir vor Augen tritt, zeigt eine Gesellschaft beim Beerdigungsschmaus, bei der die Trauernden auch einen leckeren Streuselkuchen essen. Dabei erinnern sie sich vielleicht in ihrer Trauer auch daran, wie oft ich ihnen selber einen solchen gebacken habe. Ich bin zuversichtlich, dass die meisten dankbar sind, sich mit einem überwiegend heiteren und schöpferischen Freund über den Tod hinaus verbunden zu fühlen. Und wo sie auf Eigenheiten und Versäumnisse ihres Vaters oder Großvaters oder Freundes eingehen, geschieht das in einem humorvollen Abstand.

Meine früheste Kindheitserinnerung, die den Tod betrifft, geht auf eine Situation zurück, in der ich mich völlig verunsichert und in diffuser Weise entsetzt fühlte. Ich war gerade sechs Jahre alt geworden. Aus dem Nachlass meiner Mutter habe ich entnommen, dass mein Onkel, der Zwillingsbruder meiner Mutter, mir zu meinem Geburtstag von der Kriegsfront in Italien ein Päckchen mit gebrannten Mandeln und Glückwünschen geschickt hatte. Meine Mutter hatte mir öfters von ihm erzählt, dass er mich sehr mochte und mich mit meinen hellblonden Haaren zärtlich seinen »Goldfasan« nannte. Diese zärtliche Anrede ist die einzige liebevolle Geste, die mir aus meiner erweiterten Herkunftsfamilie erinnerbar ist. Kaum zwei Monate nach meinem sechsten Geburtstag ergab sich eine schreckliche Lebenssituation:

> Der Erinnerung nach befinde ich mich in der Wohnung dieses Onkels und seiner Frau im Nachbarhaus. Meine Mutter und viele andere Menschen sind da. Alle sind außer sich, total verstört, sie weinen, klagen, und ich bin völlig verwirrt, spüre eine verzweifelte und katastrophale Stimmung, ohne sie fassen zu können. Ich sehe mich noch ganz irritiert nach oben in die verweinten und verzweifelten Gesichter meiner Verwandten schauen, in dem Bemühen, mich zu orientieren. Endlich finde ich in dem Gewühl meine Mutter, und sie nimmt wohl meine Verwirrung und Angst wahr und versucht, mir die Situation zu erklären mit den Worten: »Onkel Ernst ist gefallen.« Obwohl es schwer nachvollziehbar und kaum denkbar ist, dass sie nur das gesagt hat, kann ich mich an nichts anderes erinnern. Die Antwort verwirrt mich allerdings noch mehr, da ich als Sechsjähriger diese Mitteilung wörtlich nahm. Wie oft war ich nicht selber schon hingefallen. Selbst wenn ich mich verletzt hatte, so waren doch die Umstände völlig andere als die, die sich mir in dieser schrecklichen Familientragödie vermittelten. Ich kann mich nicht erinnern, wie und wann und mit wessen Hilfe ich mich wieder zu beruhigen begann. Über 60 Lebensjahre später merke ich noch eine innere Erregung, wenn ich diese Kindheitserinnerung erstmalig niederschreibe und frage mich, ob die Verwirrungen, in die ich mit zunehmendem Alter gerate, nicht auch von Überforderungssituationen wie dieser fundiert worden sind.

Der Tod meines Großvaters väterlicherseits (seine Frau war schon lange gestorben, bevor ich überhaupt geboren wurde) sowie der Eltern meiner Mutter sind mir kaum in Erinnerung geblieben. Vom Tod meiner Großeltern mütterlicherseits hatte ich mich als Pubertierender weitgehend distanziert. Darüber hinaus hatte ich tagtäglich miterleben müssen, dass insbesondere meine Mutter unter ihren Eltern stark gelitten hatte. Da ich noch mit ihr als dem Opfer, die alle diese Qualen masochistisch verarbeitete, identifiziert war, also mit ihr gelitten hatte unter dem, was meine

Großeltern meiner Mutter alles anzutun schienen, wie sehr und wie häufig sie sie in affektive Ausnahmezustände gebracht hatten, in denen meine Mutter geradezu außer sich geriet und ich mich dann für ihr Wohlergehen verantwortlich fühlte, war ich, so konnte ich mir im Laufe meiner Analysen immer deutlicher eingestehen, geradezu erleichtert über das vermeintliche Ende des ewigen Familienterrors, der nur von den »bösen« Eltern meiner Mutter auszugehen schien. Die lebenslange Abhängigkeit meiner Mutter von ihrem Vater und ihrer Mutter realisierte sich auch in der Erinnerung meiner Schwester, die es schrecklich fand, wie sie mir später berichtete, dass sowohl die Großmutter als auch der Großvater im Bett unserer Mutter gestorben und aufgebahrt waren. Als hätte sie damals auch schon geahnt, wie gefangen unsere Mutter noch in ihrer Herkunftsfamilie war, die in den Nachbarhäusern um sie herum wohnte und sich auch immer wieder in den Wohnungen oder in dem gemeinsamen Garten versammelte.

Im Gegensatz dazu fällt mir der innige Kontakt einer meiner Töchter zu ihrem Großvater ein, der sich besonders für sie interessierte, als ich, ihr Vater, viel zu häufig abwesend war und mein Vater, also der geliebte Opa meiner Tochter, wegen einer Beinamputation nicht mehr berufstätig sein konnte. Dieses Beispiel berührt mich ganz besonders, weil ich selber unter der häufigen Abwesenheit dieses meines Vaters gelitten hatte und er nun für meine geliebte Tochter der wurde, nach dem ich mich gesehnt hatte. Mich berührt an dieser Situation auch die darin liegende zweite Chance und die Wahrnehmung, wie dankbar ich meinem Vater im Nachhinein dafür bin, meinen schmerzlichen Verlust an meiner eigenen Tochter, die ihrerseits unter meiner väterlichen Abwesenheit litt, teilweise wieder gutgemacht zu haben. Hier wird ein entwicklungsförderlicher Beitrag für drei Familiengenerationen deutlich.

Die Zuneigung zu ihrem Opa war so groß, dass meine Tochter eines Tages nach dem Kindergarten aus eigenem Antrieb ins nahe gelegene Krankenhaus ging, um ihn, der dort für kurze Zeit stationär aufgenommen werden musste, zu besuchen. An der Rezeption wurde ihr auch tatsächlich von einer hilfsbereiten Ordensschwester der Weg zum Krankenzimmer gezeigt. In dem innigen Zusammenspiel mit seiner Enkelin füllte mein Vater die Beziehungslücke, die ich wegen meiner eigenen Ambitionen in der Beziehung zu meiner Tochter hatte entstehen lassen. Das ist nicht nur ein tragisches Beispiel eines fatalen Wiederholungszwanges, sondern auch ein bewegendes Beispiel transgenerativer Kompensation, die besonders wohltuend für alle Beteiligten ist, wenn sie von ihnen als solche verstanden werden kann. Belastend wird die Situation, wenn diese entwicklungspsychologische Schieflage in dem Dienst neurotischer Sicherungs- und Abwehrformen stecken bleibt.

Unbewusst gingen mein Erleben beim Soldatentod meines Onkels und mein Agieren bei der Beerdigung meines Vaters eine unselige Verbindung ein. Obwohl unsere Tochter ein so inniges Verhältnis zu ihrem Großvater entwickelt hatte, nahmen wir sie zu seiner Beerdigung nicht mit. Vor dem Hintergrund ihres Besuches beim kranken Großvater im Krankenhaus und vor der Bedeutung, die er für sie hatte, ist das zunehmend auch für mich eine schmerzliche Erinnerung. Mit wachsender psychotherapeutischer Erfahrung und nach Gesprächen mit meiner Tochter wurde mir diese Erkenntnis, dass wir sie nicht mit zur Beerdigung genommen hatten, immer peinlicher. Meine Scham- und Schuldgefühle nahmen allmählich ab, und zwar in dem Maße, in dem ich durch die zunehmende Selbsterfahrung auf den Sinnzusammenhang zwischen diesen beiden Ereignissen aufmerksam wurde und meine Empathie für meine eigene diesbezügliche Mangellage wuchs. Hierbei handelt es sich um eine Wiederholungsszene, die den vermeintlichen Schutz meiner Tochter zum Ziel hatte, aber den eigentlichen Mangel reinszenierte. Sicherlich führten unsere nachträglichen Gespräche dazu, dass wir uns nun tiefer und inniger verstehen konnten.

Bei den Generalproben des Sterbens ist die Herrlichkeit des Lebens noch immer, manchmal sogar in besonderer Weise zugänglich. So hat Michael Kumpfmüller (2011) in einer tragisch-schönen Liebesgeschichte die Beziehung zwischen dem tuberkulosekranken Franz Kafka und der Köchin Dora Diamant beschrieben. Im letzten Jahr seines Lebens gelingt Kafka etwas, das er nie für möglich gehalten hat, nämlich sich innerhalb kurzer Zeit für das intime Zusammenleben mit einer Frau zu entscheiden. Kumpfmüller wirft mit seinem Roman ein überraschend heiteres Licht auf den berühmten Schriftsteller, der, bereits schwer erkrankt, seine große Liebe findet und sein Leben übernimmt, bevor es dafür zu spät ist. Er stellt seinem Roman gewissermaßen als Motto einen Tagebucheintrag Kafkas aus dem Jahre 1921, also drei Jahre vor seinem Tod, voran:

> »Es ist sehr gut denkbar, dass die Herrlichkeit des Lebens um jeden und immer in ihrer ganzen Fülle bereit liegt, aber verhängt, in der Tiefe, unsichtbar, sehr weit. Aber sie liegt dort, nicht feindselig, nicht widerwillig, nicht taub. Ruft man sie beim richtigen Wort, beim richtigen Namen, dann kommt sie. Das ist das Wesen der Zauberei, die nicht schafft, sondern ruft.«

Noch auf dem Sterbebett und trotz aller lebensbedrohlichen Einschränkungen eines dem Tode Geweihten stellt der Romanschreiber für Kafka fest: »(...) das Leben ist noch immer ein Leben, ja, es gefällt ihm, mehr denn je vielleicht, bei den dümmsten Anlässen freut er sich« (Kumpfmüller, 2011, S. 229).

9.4 Omas und Opas Engel

Das Altern, die Vorbereitungen auf das Sterben und die Formen, in denen es sich ereignet, sind Übergangserfahrungen. Das gilt ebenso für die Angehörigen, die daran teilhaben und Lebensbilder mit den Verstorbenen verinnerlicht haben. So stellt sich den Großeltern und Enkelkindern die Entwicklungsanforderung, die Spannungen zwischen dem Aufblühen und dem Vergehen zu regulieren. Für Großeltern öffnet sich eine lebenssteigernde Möglichkeit, ihre seelische Existenz gewissermaßen über die natürlichen Grenzen der eigenen Lebensspanne hinaus zu erweitern. Unausdrücklich finden wir angesichts unserer Kinder und insbesondere unserer Kindeskinder Trost, dass das Leben selbst nicht stirbt, sondern nur wir als einzelne Lebewesen sterben. Unsere selbst wieder sterblichen Nachkommen verhelfen uns zum Erlebnis der Teilhabe an einem nie sterbenden Lebensgrund (v. Weizsäcker, 1997, S. 83).

Enkelkinder können darüber auch zu einem Trost für die Großmutter oder den Großvater werden, wenn der Partner stirbt und der andere alleine zurückbleibt. Eine 80-jährige Frau berichtete mir, was ihr die Enkelkinder bei der Bewältigung des Todes ihres Mannes, also dem Großvater der Kinder, bedeuten würden. Sie sprächen oft vom Opa, kauften vom Taschengeld eine Blume, legten Steine und Muscheln, die sie von ferne mitbringen, auf den Grabstein usw. Die Beziehung zu ihren Enkelkindern vermittle ihr einen Lebenssinn und Lebensmut. Umgekehrt führt unser vorausgegangenes Leben in die Geschichtlichkeit des Daseins ein und bereitet die Enkelkinder in einer unter gesunden familiären Verhältnissen erträglichen Form auf die eigene Vergänglichkeit vor.

Über den seelischen Mechanismus der sogenannten Verinnerlichung, d. h. der Verarbeitung von Erfahrungen, entwickeln Enkelkinder Lebensbilder, in denen ihre Großeltern gewissermaßen zu Schutzengeln werden, die sie durch ihr Leben begleiten oder im ungünstigsten Falle zu Dämonen, die ihr Leben terrorisieren. Entsprechend können natürlich auch Großeltern ihre Enkelkinder benötigen und die Verwerfungen ihres Lebens mit den tatsächlichen oder vermeintlichen Bösartigkeiten ihrer Kinder und Kindeskinder zu rationalisieren versuchen. Auf die Mehrzahl der Erfahrungen mit Großeltern bezogen verdichten sie sich zu Bildern, die über ihren Tod hinaus wirksam werden. Eine solche transzendente Erfahrung aus der Sicht eines dankbaren Enkelkindes klingt an in dem Gedicht von Ringelnatz (nach Callori di Vignale, 2008, S. 7) über Omas Engel.

Omas Engel

Großmutter hat viel gelernt und gesehn
Im Laufe der wechselnden Jahre.
All, was sie redet, klingt eigen und schön
Und trifft wohl immer das Wahre.

Sie weiß noch immer so innig warm
Für ihre Lieben zu sorgen.
Drum fühlt auch der Enkel spielender Schwarm
Bei ihr sich wohl und geborgen.

Und blickt sie nach Weise der alten Fraun
Versonnen hinaus in die Weite,
Dann, scheint es, als könne den Himmel sie schaun,
Als stünd' ihr ein Engel zur Seite.

Noch während der Enkel die innige Geborgenheit genießt, überschreitet sein Erleben mit Omas Blick in den Himmel das Irdische und scheint einen Engel an ihrer Seite wahrzunehmen. Dabei transformiert er die leibhaftige

Erfahrung des wohligen und bergenden Kontaktes zu einem Bild der Großmutter als mögliche Seelenbegleiterin oder Seelenführerin. Der Engel ist in der Analytischen Psychologie C. G. Jungs eine archetypische Gestalt, »der in Zeiten der Not, der Krise, des Übergangs und der Initiation die Funktion der Begleitung, der Führung und Wegweisung hat« (A. Müller, 2003, S. 340). Dieser heimliche »Seelenbegleiter«, »Seelenführer« oder »Menschenflüsterer« hilft dabei, zwischen dem Unbewussten und dem Bewusstsein zu vermitteln. Archetypen stammen der Jungschen Hypothese nach aus dem kollektiven Unbewussten. Sie stellen der Menschenart gemeinsame Grund- oder Urformen der Wirklichkeitsauffassung bereit. Sie werden von Seifert (2003, S. 31) als »universale Bereitschafts- und Reaktionssysteme« des Menschen gekennzeichnet. In Psychotherapien oder Biografien erfährt man immer wieder, wie geliebte und tüchtige Großeltern ihre Enkelkinder bewegt und beflügelt haben. Im liebevollen Kontakt mit ihrer Oma und/oder Opa haben sie ein Bild verinnerlicht, das sie über deren Tod hinaus schützend und ermutigend begleitet. Wenn wir Fotos und andere Erinnerungsstücke unserer Eltern und/oder Großeltern aufbewahren, spüren wir etwas von den über den Tod hinausweisenden Bedeutsamkeiten des Lebens. Es gibt ein tiefes Bedürfnis im Menschen nach existenzieller Kontinuität, das über den individuellen Tod hinaus wirkt.

Ein wichtiger transgenerationaler Entwicklungsschritt bestand für mich darin, einige Zeit nach dem Tod meiner Mutter das Elternhaus, als also niemand mehr von meinen Eltern lebte, zu verkaufen. Ich hatte die elterliche Wohnung von etwa 50 Quadratmetern anfangs für drei und später für vier Personen als ständig übervölkert erlebt. Abgesehen von der kriegsbedingten Überfüllung, in der die Wohnung mehr als sechs Personen einen Unterschlupf bot, wurde die Wohnung als Baubude, als Verwaltungsbüro, als Ort der Besprechungen und der Auseinandersetzungen mit den Mietern sowie als Treffpunkt des verstrickten Familienclans genutzt. Darüber hinaus waren die Besitzverhältnisse lange Zeit unklar. Die Wohnung bzw. das Haus wurden für mich sehr früh zum Inbegriff eines familiären Quälwerkes. Als ich dieses Haus schließlich erbte, merkte ich immer deutlicher, wie mich die Hausverwaltung belastete. Der Verkauf stellte einen weiteren, materialen Lösungsschritt von meinen Eltern dar, die die Trennung von diesem »Objekt« während ihrer Lebenszeit sicherlich als Sünde wider den »heiligen« Geist ihrer Familie erlebt hätten. Da auch meine Töchter, die sich in dem Haus als Studentinnen sehr wohl gefühlt hatten, quasi »hinausgewachsen« waren und nicht die Verwaltung übernehmen wollten, entschloss ich mich zum Verkauf. Meine Töchter freuten sich über das damit verbundene vorzeitige »warme Erbe« von mir. Eine freute sich ganz besonders, weil auf diese Weise ein Teil des Erlöses aus dem Verkauf des Hauses, mit dem sie schöne Erinnerungen an Oma und Opa verband, in die Finanzierung ihres eigenen Hauses überging. Das entsprach auch den Auffassungen der beiden anderen Töchter, die sich in ihren jungen Jahren in dem Haus ebenfalls sehr wohl gefühlt hatten.

Das Bewusstsein, mental über den Tod hinaus existent zu bleiben, ist ein großer Trost für die Alten und macht ihnen die Annäherung an das Ende ihres Daseins leichter. Das Kinderbuch »Opas Engel« von Jutta Bauer (2003) ist von diesem Gespür für ein transgenerationales Überdauern und eine Art psychologischer Vererbung getragen. In den Wirklichkeiten der Enkelkinder leben die Großeltern imaginär weiter. Eine tiefsinnige Lektüre des schön illustrierten Büchleins setzt die magische Erlebensweise des Kindes bzw. die symbolische Wahrnehmung eines Erwachsenen voraus:

> »Junge, mir konnte keiner was …«, sagt Opa zu seinem Enkel, der weiß, wie gern Großvater erzählt. Großvater liegt im Krankenbett in einem dunklen Raum, am Boden steht eine Urinflasche, und eine Lampe scheint direkt auf sein Gesicht. Am Fußende sitzt der kleine Enkel neugierig und fröhlich, und der Großvater hat seine Hand auf die Hand des Enkels gelegt.
>
> »Jeden Morgen lief ich über den großen Platz zur Schule«, beginnt Großvater seine Erzählung ungefähr in dem Alter, in dem sein kleiner Enkel jetzt ist. »In der Mitte stand eine große Engelsstatue. Ich beachtete sie gar nicht. Ich hatte es eilig und mein Ränzel war schwer.« Das ist alles, was Großvater von seinem Engel erzählt. Nur auf den Bildern, die Großvaters Erzählung begleiten, erscheint der Engel. Denn kaum ist Großvater als kleiner Junge mit wehenden Haaren, einem Schultornister auf dem Rücken, seinem Käppi, das ihm bei seiner Geschwindigkeit vom Kopf fliegt, an der Statue auf dem großen, hellen Platz vorbeigesaust, löst sich der Engel von der hohen grauen Säule, auf der er steht, und schwebt, nur mit blauen Umrissen gezeichnet, dem Jungen hinterher, Arme und Hände in

seine Richtung ausgestreckt. Es ist Opas Schutzengel mit einem kleinen gelben Heiligenschein über dem Kopf, der ihn von nun an überall hin begleitet und vor Gefahren bewahrt. Ein freundlicher Engel, der lächelt. Und an den angedeuteten Brüsten unter seinem eigentlich durchsichtigen Gewand und dem kleinen Haarknoten im Nacken ist deutlich zu erkennen, dass es ein weiblicher Engel ist.

In den folgenden Geschichten sind die verschiedensten Gefahren zu überstehen. In allen Situationen bewahrt ihn der Schutzengel vor Schlimmerem, ohne dass Großvater etwas von ihm zu wissen scheint. So kann Großvater stolz von seinen Freuden und Tüchtigkeiten als Schüler und Erwachsener und schließlich als Großvater berichten.

Junge, mir konnte keiner was.

»Eigentlich war es schön …«, sagt Großvater im Rückblick auf sein Leben, »manchmal auch sonderbar …« »Ich hatte viel Glück«, und der Leser sieht Großvater als alten Mann in der Nacht in einem Lehnstuhl vor einem großen Fenster sitzen und in die Sterne blicken, während sein Engel bei ihm ist und sich hinter ihm auf die Lehne stützt. »Großvater wurde müde und schloss die Augen,« übernimmt dann der Enkel, der die ganze Zeit zugehört hat, das Wort. »Ich ging leise raus.« Auf einem großen hellen Platz mit Bäumen, die im Licht Schatten werfen, Autos und Bussen, einem Hund, der an der Leine einem Huhn hinterherjagen möchte, springt der Enkel froh mit ausgebreiteten Armen davon, kickt sein Käppi fort wie einen Fußball und jauchzt: »Draußen war es noch hell und warm! Was für ein schöner Tag es war.«

Nur in der linken oberen Ecke des Bildes sieht der Leser ein Auto mit einem roten Kreuz, dessen Hinterlade offen ist. Ein Mann schiebt eine Bahre hinein. Aufrecht stehende Füße sind zu sehen. Aber an der Tür des Hospizes wenige Schritte entfernt beginnt eine Spur, an deren Ende in der Nähe des Enkels Opas Engel erscheint. Er ist ihm nachgeschwebt, ohne dass der Junge es bemerkt hätte. Mit einem Lächeln auf dem Gesicht blickt Opas Engel auf den ausgelassenen Jungen. Er ist bei ihm und wird ihn von nun an beschützen.

Jeden Morgen lief ich über den großen Platz

Wer dieses Kinderbuch nur rational-nüchtern erfassen kann, wird vielleicht an kitschige Glanzbilder von Heiligen oder an manipulative Schutzengelepisoden mit dem Werbeslogan: »Immer nah, immer da!« erinnert. Vernunftbetonten Lesern mutet die Rede von Engeln vielleicht okkult an, die man nur geringschätzig belächeln kann. Aber bereits der rationale Freud, der übersinnliche Phänomene gar nicht mochte, war der Auffassung, dass irgendetwas Wahres daran sei. Als sein Biograf Jones ihn skeptisch und herausfordernd fragte, wohin das denn führen würde und dass man dann ja auch gleich an Engel glauben könnte, antwortete Freud, »ganz richtig, sogar an den lieben Gott« (Jones, 1982, S. 443f., zitiert nach L. Müller, 2003, S. 310ff.). C. G. Jung ahnte bereits, »dass auf diesem Gebiete eine reiche Ernte für die Erfahrungspsychologie« (2001, GW 1, §150) zu erwarten sei. Nach ihm lassen sich Engel, die uns insbesondere aus Märchen, Mythen und Religion bekannt sind, als archetypisches Bild verstehen, das auf evolutionär gewordene und dem Menschen eigene und vererbte Grundformen oder Urgestalten der Erfahrungsbildung zurückgeht, also auf das kollektive Unbewusste verweist. Verwandte archetypische Urbilder sind der Heiler, der Held, der Heilige usw.

Vor dem Hintergrund einer psychologischen Auffassung wird wohl die tiefe seelische Dimension des Kinderbuches leichter fassbar. Ich denke hier an das Beispiel meiner kleinen Tochter, die ihren Großvater im Krankenhaus besuchte und dort ersatzweise einen (groß-)väterlichen Seelenbegleiter fand, den sie ,aufgrund meiner väterlichen Abwesenheit, so vermisste und nötig hatte. Aus einer entsprechenden Mangellage heraus finden viele Kinder im günstigen Fall Trost, Beistand und Ermutigung bei ihren Großeltern. Der Großvater aus »Opas Engel« – selbst wenn er noch ziemlich egozentrisch von sich erzählt oder zu erzählen scheint – kommt bei seinem Enkel offenbar gut an. Dazu wird sicher die zärtliche Geste, die sich vermutlich auch in seiner Stimme artikuliert haben mag, beitragen. In der analytischen Sichtweise spricht der Großvater mit seinem Motto »Mir konnte keiner was« die archaischen Kräfte der Individuation oder Selbstwerdung an und ermutigt seinen Enkel, seiner selbst gewahr zu werden, sich zu entwickeln und zu entfalten; der zu werden, der er ist. Diese Selbstorganisation setzt eben einen kontinuierlichen Austausch des individuellen Bewusstseins mit der Energie des kollektiven Unbewussten voraus. Hier wird der Großvater zum Vorbild der Individuation, zum Seelenbe-

Draußen war es noch hell und warm.

gleiter und Seelenführer seines Enkels. Doch das Beispiel des Briefes und des Bildes, die meine Enkeltochter mir ins Krankenhaus ans Krankenbett schickte, macht hier allerdings auch noch einmal darauf aufmerksam, dass auch umgekehrt Kinder und Kindeskinder zum Engel ihrer Eltern und Großeltern werden können.

Das Beruhigende und Tröstliche, das die Großeltern mit dem Leben ihrer Enkelkinder verbinden und das sie ruhig sterben lässt, hängt mit einer tiefen, im kollektiven Unbewussten fundierten Ahnung eines jeden Menschen zusammen, in einer quasi ewigen Kontinuität des Lebendigen zu existieren oder existiert zu haben. Insofern bestimmt das Archetypische den Lebensabend vieler Alter. Darüber fühlen sie sich mit den anderen Menschen verbunden, eingetaucht in einen umfassenden Lebensstrom, und das gilt natürlich besonders für die unmittelbaren leiblichen Abkömmlinge. Wolfgang Huber, der langjährige Ratsvorsitzende der Evangelischen Kirche in Deutschland, antwortete auf die Frage, wofür er am ehesten auf allen Besitz verzichten würde: »Für die Zukunft des Lebens, also für meine Kinder und Enkel. Aber auch für die nächste und übernächste Generation.« Die ethische Forderung nach der Verantwortung über die Grenzen des eigenen Lebens hinaus ist psychologisch oder phänomenologisch begründet in der unmittelbaren, für eine Erfahrungswissenschaft nicht mehr weiter hinterfragbare Erfahrung der Selbstgewissheit des Lebens selbst, der Lebensaffektion im Sinne der radikalen Lebensphänomenologie (Kühn, 2007).

> Ich holte meinen seinerzeit fünfeinhalbjährigen Enkel vom Kindergarten ab. Am Tag zuvor hatte er seiner Mutter spontan gesagt, wie er sich freue, dass sein Opa ihn vom Kindergarten abhole. Ich war für die Kinderfrau eingesprungen. Ich freute mich auch, ihn zu sehen, und er lachte mich an, als er mich sah und gab mir direkt etwas des von zu Hause mitgenommenen Spielzeugs in die Hand. Er trug den einen Teil und ich den anderen, und so machten wir uns auf den Rückweg. Unterwegs stellte ich fest, dass da ein Verkehrszeichen stand, das ein Pferd und einen Reiter in einem rot umrandeten Verkehrsschild zeigte. Er erläuterte mir sofort, dass das ein Verbotsschild für Reiter sei, die da nicht vorbeireiten dürften. Und dann erläuterte er mir auch noch: »Das ist ein Friedhof, da liegen alle Menschen, die tot sind.« Zusätzlich stellte er noch fest, dass alle Menschen und auch er einmal sterben würden. Ich hob hervor, er sei ja noch sehr jung und das würde noch eine längere Zeit dauern. In meinem fortgeschrittenen Alter sei das anders und es würde bei mir nicht mehr so lange bis zu meinem Ende dauern. Aber dann könnte er mich ja an meinem Grab besuchen kommen. Er nickte zustimmend und stellte beruhigend fest: »Aber das dauert ja noch was.«

Das klang wie selbstverständlich. Ich freute mich über seinen Wunsch, den ich darin verspürte, noch lange etwas von mir zu haben. Mir ging es ebenso. Auch ich würde gerne noch eine Weile seinen Lebensweg und den meiner Lieben begleiten, weil es mir so viel Freude bereitet. Ein bewegender Kontakt mit meinem jüngsten Enkel. Ich spürte in diesem Augenblick das Glück, Großvater zu sein und sonnte mich im Glanz der Morgenröte meines Alters.

Dank

Die Glücksgefühle mit meinen Enkelkindern sind ja das Thema des vorliegenden Buches und finden ihren Ausdruck in den einzelnen Kapiteln. Bei der langen Werkphase von zehn Jahren schulde ich mehreren Personen meines Umfeldes einen besonderen Dank für die Unterstützung während des nicht immer einfachen Weges. Es bedurfte vieler Überlegungen, um eine literarische und wissenschaftliche Form für meinen abenteuerlichen Entdeckungsweg durch sechs Generationen zu finden. Vielleicht hinterlasse ich meiner Familie auch ein Vermächtnis, das einzelnen über meinen Tod hinaus noch die eine oder andere Anregung für ihr Leben bietet.

Wie ich bereits im ersten Kapitel angedeutet habe, verdanke ich meinem Freund und Kollegen Pit Wahl den Anstoß für mein autobiografisch gestaltetes Alterswerk im Spiegel der Begegnungen mit meinen Enkeln. Im Jahre 2004 fragte er mich, nachdem ich ihm sicherlich bis dato schon viel von meinen Enkelkindern erzählt hatte, ob ich auf der nächsten Jahrestagung meiner Gesellschaft einen Vortrag zur Beziehung zwischen Großeltern und Enkelkindern halten würde. Das Vorhaben entfachte innerhalb der Großfamilie vielfältige und teilweise auch kontroverse Diskussionen über das Für und Wider, die Beziehungen in der eigenen Familie öffentlich anzusprechen. Der Vortrag, den ich seinerzeit auf der Tagung in Mainz gehalten habe, wurde zu einer wichtigen Zwischenstation. Die damaligen Zuhörer fühlten sich vom Thema und meinen Ausführungen angesprochen. Vor allem waren zwei meiner Töchter, die dem Vortrag zugehört hatten, dankbar berührt von der Art und Weise, wie ich mich durch die verschiedenen Generationen hindurch bewegt und welche Gegenwartsmomente ich mit ihnen und ihren Kindern erlebt hatte.

Dennoch blieben Bedenken in meiner Familie und auch bei mir bestehen, insofern ich mich nicht entscheiden konnte, das Manuskript meines Vortrages für eine Veröffentlichung im Tagungsbericht freizugeben. Ich verblieb noch, wieder familiär und kollegial angeregt, auf der Suche nach einer angemessenen Form, wie ich zum Ausdruck bringen könnte, was mein Glückserleben mit meinen Enkelkindern und meiner Familie ausmacht, welche Bedeutung diese Erkenntnisse für meine Entwicklung haben und wie ich über die Selbstanalysen einen generellen Zugang zu den schöpferischen Wirkungszusammenhängen zwischen Enkeln und Großeltern finden könnte.

Einen weiteren Zwischenschritt bildete ein Vortrag, in dessen Mittelpunkt die Analyse eines Märchens der Gebrüder Grimm »Der alte Großvater und der Enkel« auf dem Symposium »Psychoanalyse und Altern« in Kassel im Jahr 2008 stand, das bei vielen wegen seiner moralisierenden und erzieherischen Interpretation in unangenehmer Erinnerung geblieben ist. Sein tiefer psychologischer Sinn wurde deswegen zumeist verkannt. In dem 2009 veröffentlichten Beitrag gehe ich auch auf entsprechende Analogien zu meinen Großvatererfahrungen ein. Diese Veröffentlichung fand sowohl familiäre als auch berufliche Anerkennung und motivierte mich, »am Ball zu bleiben«. Von besonderer Bedeutung war hier sicherlich auch die begeisterte Reaktion einer Enkeltochter, die ich im Buch bereits erwähnt habe.

Während der Entstehungsphase des Buches fühlte ich mich durch die interessierten Nachfragen der Kolleginnen und Kollegen des Steißlinger Kreises (Heinzel, 2008) und durch ihre tiefen psychologischen Anregungen ermutigt, mein Vorhaben zu realisieren.

In meiner Suchbewegung hat mich meine langjährige Sekretärin Jutta Streubühr kontinuierlich unterstützt. Sie hat die Vielzahl verschiedener Einfälle katalogisiert. Geduldig hat sie immer wieder neue Versionen meiner Texte geschrieben. Dabei konnte ich von ihren breiten literarischen und kunstwissenschaftlichen Studien und von ihrer in vielen Jahren geschulten Beweglichkeit in der literarischen Recherche profitieren. Für all diese Bemühungen gilt ihr mein herzlicher Dank.

Bei den Abschlussarbeiten vor der Veröffentlichung spielte mein Schwager Ulrich Dischner eine wichtige Rolle. Als pensionierter Lehrer hat er meine Texte gelesen und lektoriert, und zwar so sorgfältig, wie das ein sehr guter Lehrer nach einer langen Berufserfahrung macht. Seine Korrekturen, Fragen und Änderungsvorschläge waren für mich bereichernd. Darüber hinaus belebten die Gespräche mit ihm und meiner Schwester Margot Dischner viele weitere Erfahrungen aus nächster familiärer Nähe. In diesem Zusammenhang machte ich auch die ermutigenden Erfahrungen, wie meine Texte die Betroffenen berührten und unsere Beziehungen weiter vertieften.

Eine dauernde fachliche Unterstützung und emotionale Begleitung meines Projektes erfuhr ich durch meine Frau und Kollegin Petra Heisterkamp. Mit ihrer kritischen und liebevollen Unterstützung regte sie mich immer wieder an. Hier wurde ihre besondere Position in der Familie zu einem tragenden Agens meines Schaffens. Sie sorgte immer wieder dafür, dass auch etwaige familiale und fachliche Bedenken reflektiert wurden. Darüber hinaus führten wir viele Diskurse, in denen sich meine Überlegungen klärten und verfeinerten. Für diese offenen Gespräche bin ich ihr zutiefst dankbar. Sie machen eine wichtige Dimension meines Glücks aus.

Ratingen, im September 2014
Günter Heisterkamp

Literatur

Adler, A. (1908). Das Zärtlichkeitsbedürfnis des Kindes. In A. Adler (1973), *Heilen und Bilden* (S. 63–66). Frankfurt a. M.: Fischer.

Adler, A. (1910). Der psychische Hermaphroditismus im Leben und in der Neurose. Zur Dynamik und Therapie der Neurose. In A. Adler (1973), *Heilen und Bilden* (S. 85–93). Frankfurt a. M.: Fischer.

Adler, A. (1978 [1912]). *Über den nervösen Charakter. Grundzüge einer vergleichenden Individual-Psychologie und Psychotherapie.* Frankfurt a. M.: Fischer.

Adler, A. (1978 [1929a]). *The science of living.* New York: Greenberg. Dt.: Adler, A. *Lebenskenntnis.* Frankfurt a. M.: Fischer.

Adler, A. (1981 [1929b]). *Neurosen. Zur Diagnose und Behandlung.* Frankfurt a. M.: Fischer.

Adler, A. (1980 [1930]). Verzärtelte Kinder. *Zeitschrift für Individualpsychologie, 5,* 177–181.

Adler, A. (1979 [1931]). *Wozu leben wir.* Frankfurt a. M.: Fischer.

Adler, A. (1973[1933]). *Der Sinn des Lebens.* Frankfurt a. M. : Fischer.

Adler, A. (1983 [1935]). Die Vorbeugung der Delinquenz. In A. Adler, *Psychotherapie und Erziehung. Ausgewählte Aufsätze Bd. III.* 1933–1937 (S. 96–119). Frankfurt a. M.: Fischer.

Alexander, F. (1956). *Psychoanalysis and Psychotherapy.* New York: W. W. Norton & Company.

Balint, M. (1970). *Therapeutische Aspekte der Regression.* Stuttgart: Klett-Cotta.

Bauer, J. (2003). *Opas Engel.* Hamburg: Carlsen Verlag.

Beauvoir, S. de (1977). *Das Alter.* Reinbek b. Hamburg: Rowohlt.

Behling, K. (2002). *Martha Freud. Die Frau des Genies.* Mit einem Vorwort von Anton W. Freud. Berlin: Aufbau Taschenbuch Verlag.

Bion, W. R. (1992). *Elemente der Psychoanalyse.* Frankfurt a. M.: Suhrkamp.

Blos, J. W. (2000). On grandparents, grandchildren, and books for the very young. A response to the contribution by Robert A. Furman. *Child Analysis, 11,* 53–66.

Blothner, D. (2003a). *Das geheime Drehbuch des Lebens. Kino als Spiegel der menschlichen Seele.* Bergisch Gladbach: Bastei Lübbe.

Blothner, D. (2003b). *Der glückliche Augenblick.* Gießen: Psychosozial-Verlag.

Bode, S. (2013). *Die vergessene Generation. Die Kriegskinder brechen ihr Schweigen.* Stuttgart: Klett-Cotta.

Bollas, Ch. (1997). *Der Schatten des Objekts. Das ungedachte Bekannte. Zur Psychoanalyse der frühen Entwicklung.* Stuttgart: Klett-Cotta.

Bowen, M. (1969). Die Familie als Bezugsrahmen für die Schizophrenieforschung. In G. Bateson (Hrsg.), *Schizophrenie und Familie* (S. 181–220). Frankfurt a. M.: Suhrkamp.

Brandes, H. (2006). Spieldynamik und Teamentwicklung im Fußball – eine Annäherung aus gruppenanalytischer Perspektive. *Gruppenpsychotherapie und Gruppendynamik, 42* (2), 150–167.

Brecht, B. (1967). Die unwürdige Greisin. *Gesammelte Werke Bd. 11* (S. 315–320). Frankfurt a. M.: Suhrkamp.

Brisch, K. H.. Das Krippenrisiko. Interview mit Christine Brinck. *Die Zeit* vom 16.01.14, 61-62.

Brunner, R. & Titze, M. (Hrsg.). (1995). *Wörterbuch der Individualpsychologie.* München, Basel: Reinhardt.

Burnett, F. H. (2009 [1886]). *Little Lord Fauntleroy. Dt.. Der kleine Lord.* Frankfurt a. M.: Insel.

Callori di Vignale, Ch. (Hrsg.). (2008). *Zum Glück gibt's die Oma.* Freiburg, Basel, Wien: Herder. *Die Zeit* vom 22.12.2011.

Dilthey, W. (^{3}1957, 1961 [1894]). Ideen über eine beschreibende und zergliedernde Psychologie. *Gesammelte Schriften.* Bd. V. Stuttgart: Teubner.

Dornes, M. (1993). *Der kompetente Säugling. Die präverbale Entwicklung des Menschen.* Frankfurt a. M.: Fischer.

Dornes, M. (1997). *Die frühe Kindheit. Entwicklungspsychologie der ersten Lebensjahre.* Frankfurt a. M.: Fischer.

Dornes, M. (1999). Von Freud zu Stern. Klinische und anthropologische Implikationen der psychoanalytischen Entwicklungstheorie. *Psychotherapeut, 2,* 74–82.

Deutsche Psychoanalytische Vereinigung (2008). Memorandum der Deutschen Psychoanalytischen Vereinigung (DPV). Krippenausbau in Deutschland. Psychoanalytiker nehmen Stellung. *Forum der Psychoanalyse, 24* (1), 92–95.

Eife, G. (2000). Der »emotionale Durchbruch« - ein verschenkter Augenblick der Begegnung. *Zeitschrift für Individualpsychologie, 25,* 118–122.

Eife, G. (2004). »Augenblick der Begegnung«. Die Eröffnung einer trans-subjektiven Dimension. In A. Gerlach, A.-M. Schlösser & A. Springer (Hrsg.), *Psychoanalyse des Glaubens* (S. 231–242). Gießen: Psychosozial-Verlag.

Elias, R. (1993). Jugend in Mährisch-Ostrau. In M. Ueberle-Pfaff, *Wie gut, dass es die Oma gibt. Das nützliche Geschenkbuch für die neuen Großmütter* (S. 106–113). Freiburg i. Br., Basel, Wien: Herder.

Elias, N. & Dunning, E. (2003). Zur Dynamik von Sportgruppen – unter besonderer Berücksichtigung von Fußballgruppen. In dies., *Sport und Spannung im Prozess der Zivilisation* (S. 338–362). Frankfurt a. M.: Suhrkamp.

Enquist, P. O. (2003). *Großvater und die Wölfe.* München, Wien: Hanser.

Erikson, E. H. (1965). *Kindheit und Gesellschaft.* Stuttgart: Ernst Klett Verlag.

Ermann, M. (2007). Sind Kinderkrippen gut genug? Ein Interview mit Christiane Ludwig-Körner. *Forum der Psychoanalyse, 23* (1), 72–75.

Fischer, G. (2008). Objektkonstanz. In W. Mertens, B. Waldvogel (Hrsg.), *Handbuch psychoanalytischer Grundbegriffe* (S. 526–528). Stuttgart: Kohlhammer.

Fooken, I. (1999). Intimität auf Abstand. Familienbeziehungen und soziale Netzwerke. In A. Niederfranke, G. Naegele & E. Frahm (Hrsg.), *Funkkolleg Altern 2. Lebenslagen und Lebenswelten, soziale Sicherung und Altenpolitik* (S. 209–242). Opladen, Wiesbaden: Westdeutscher Verlag.

Freud, A. (1980). Wege und Irrwege in der Kinderentwicklung. In dies, *Die Schriften der Anna Freud. Bd. VIII* (S. 2121–2359). München: Kindler.

Freud, A. (1984). *Das Ich und die Abwehrmechanismen.* Frankfurt a. M.: Fischer.

Freud, S. (1900). *Die Traumdeutung. GW Bd. II/III.* Frankfurt a. M. 1999: Fischer.

Freud, S. (1960). *Briefe 1873–1939.* Hrsg. von Ernst L. Freud.. Frankfurt a. M.: S. Fischer.

Freud, S. (1999). *Gesamtregister. GW XVIII.* Zusammengestellt von Lilla Veszy-Wagner. Frankfurt a. M.: Fischer.

Freud, W. E. (2003). *Remaining in Touch – Zur Bedeutung der Kontinuität früher Beziehungserfahrungen. Konsequenzen aus der psychoanalytischen Entwicklungspsychologie für die Prophylaxe. Gesammelte Schriften 1965–2000.* Hrsg. von Hans von Lüpke. Frankfurt a. M.: Edition Déjà-vu.

Funke, G. & Kühn, R. (2005). *Einführung in eine phänomenologische Psychologie.* Freiburg, München: Verlag Karl Alber.

Furman, B. (1999). *Es ist nie zu spät, eine glückliche Kindheit zu haben.* Dortmund: Borgmann.

Furman, R. A. (2000). On grandparents and grandchildren. *Child Analysis, 11,* 17–40.

Geißler, P., Heisterkamp, G. (2013). *Einführung in die analytische Körperpsychotherapie.* Gießen: Psychosozial-Verlag.

Greenspan, St. I. & Shanker, St. G. (2007). *Der erste Gedanke. Frühkindliche Kommunikation und die Evolution menschlichen Denkens.* Weinheim, Basel: Beltz.

Grünewald, St. (2007). *Deutschland auf der Couch. Eine Gesellschaft zwischen Stillstand und Leidenschaft.* München: Heyne.

Grünewald, St. (2013). *Die erschöpfte Gesellschaft. Warum Deutschland neu träumen muss.* Frankfurt a. M.: Campus.

Haarer, J. (1934). *Die deutsche Mutter und ihr erstes Kind.* München: Lehmanns.

Havighurst, R. (1972). *Developmental task and education.* New York: Longman Group United Kingdom.

Heinzel, R. (2008): Wie der Steißlinger Kreis entstand. *Psychoanalyse und Körper,* Nr. 12, 7 (1), 109–111

Heisterkamp, G. (1972). Zur Psychologie der Zwillingssituation. *Schule und Psychologie, 19* (6), 346–360.

Heisterkamp, G. (1985). Zur Psychodynamik und Psychotherapie der Familie. *Zeitschrift für Individualpsychologie, 10,* 154–169.

Heisterkamp, G. (1990). Konturen einer tiefenpsychologischen Analyse originärer Lebensbewegungen. Teil I und II. *Zeitschrift für Individualpsychologie, 15,* 83–85 und 163–176.

Heisterkamp, G. (1993). *Heilsame Berührungen.* 2. Aufl. 1999 München: Pfeiffer.

Heisterkamp, G. (2000). Ist die Psychoanalyse ein freudloser Beruf? In A.-M. Schlösser & K. Höhfeld, (Hrsg.), *Psychoanalyse als Beruf* (S. 275–296). Gießen: Psychosozial-Verlag.

Heisterkamp, G. (2002). *Basales Verstehen. Handlungsdialoge in Psychotherapie und Psychoanalyse.* Stuttgart: Pfeiffer bei Klett-Cotta.

Heisterkamp, G. (2003). Geteilte Freude ist doppelte Freude. In E. Bartosch (Hrsg.), *Der »Andere« in der Selbstpsychologie* (S. 135–168). Wien: Verlag Neue Psychoanalyse Wien.

Heisterkamp, G. (2004). Psychotherapeutische Atmosphäre und seelisches Wachstum. In U. Lehmkuhl (Hrsg.), *Zeit erleben – Lebens-Zeit. Beiträge der Individualpsychologie Bd. 30* (S. 207–236). Göttingen: Vandenhoeck und Ruprecht.

Heisterkamp, G. (2006). Atmosphärische Bedingungen psychotherapeutischer Behandlung. *Psychosozial, 29* (4), 33–47.

Heisterkamp, G. (2007a). Zur Behandlungsatmosphäre aus der Sicht des Analysanden. *Zeitschrift für Individualpsychologie, 32*, 6–25.

Heisterkamp, G. (2007b). Psychoanalyse und Freude. In Kühn, R. & Witte, K. H. (Hrsg.), *psycho-logik. Jahrbuch für Psychotherapie. Philosophie und Kultur. Bd. 2. Existenz und Gefühl* (S. 102–119). München: Verlag Karl Alber.

Heisterkamp, G. (2007c). Praxis der Analyse seelischer Lebensbewegungen. In Geißler, P. & Heisterkamp, G. (Hrsg.), *Psychoanalyse der Lebensbewegungen. Zum körperlichen Geschehen in der psychoanalytischen Therapie* (S. 299–340). Wien: Springer.

Heisterkamp, G. (2009): Der alte Großvater und der Enkel. *Psychotherapie im Alter, 6* (3), 339–351

Heisterkamp, G. (2010). Analytische Körperpsychotherapie. In Müller-Braunschweig, H. & Stiller, N. (Hrsg.), *Körperorientierte Psychotherapie* (S. 87–105). Wien: Springer.

Heisterkamp, G. (2011). Freude bringt alles in Bewegung, was im Menschen ist. In P. Wahl, H. Sasse & U. Lehmkuhl (Hrsg.), *Freude – Jenseits von „Ach und Weh"? Beiträge zur Individualpsychologie Bd. 37* (S. 40-73). Göttingen: Vandenhoeck und Ruprecht.

Heisterkamp, G. (2012). Sphären psychoanalytischer Behandlung. In P. Geißler (Hrsg.), *Stimme und Suggestion. Die »musikalische Dimension« und ihre suggestive Kraft im psychotherapeutischen Geschehen* (S. 135–153). Gießen: Psychosozial-Verlag.

Heisterkamp, G. (2013). Der Ball ist rund. Aphorismen zu einer Psychologie des Fußballspiels. *Psychoanalyse und Körper, 23*, 12. (II), 5–28.

Heisterkamp, P. (1996). Alfred Adler als Vordenker der intersubjektiven Perspektive in der Psychoanalyse. *Zeitschrift für Individualpsychologie, 21*, 131–143.

Heisterkamp, P. (2010). Formen des Bezogenseins. In Wahl, P., Sasse, H. & Lehmkuhl, U. (Hrsg.), *Intersubjektivität oder Robinson Crusoe (=Beiträge zur Individualpsychologie Bd. 36)* (S. 98–124). Göttingen: Vandenhoeck und Ruprecht.

Helbling, C. (Hrsg.) (1990). *Kinder- und Hausmärchen. Gesammelt durch die Brüder Grimm. Bd. 1.* Zürich: Manesse.

Herzka, H. S. (1988). Vorwort. In P. Schwob, *Großeltern und Enkelkinder. Zur Familiendynamik der Generationsbeziehung* (S. 7–9). Heidelberg: Asanger.

Hillman, J. (2005). *Vom Sinn des langen Lebens. Wir werden, was wir sind.* München: DTV.

Horn, E. (2014). *Was tun mit dem transgenerationalen Erbe? Von der Abwehr durch Spaltung zum Dialog.* Unveröff. Manuskript.

Hrdy, S. B. (2010). *Mütter und andere (Mothers and others). Wie die Evolution uns zu sozialen Wesen gemacht hat.* Berlin: Bloomsbury.

Hugo, V. (1985 [1877]). *L'art d'être grand-père.* Paris: FLAMMARION.

Hurry, A. (2002). Psychoanalyse und Entwicklungstherapie. In dies. (Hrsg.), *Psychoanalyse und Entwicklungsförderung von Kindern. Schriften zur Psychotherapie und Psychoanalyse von Kindern und Jugendlichen* (S. 43–88). Frankfurt a. M.: Brandes & Apsel.

Jacobi, J. (1978). *Die Psychologie von C. G. Jung. Eine Einführung in das Gesamtwerk.* Frankfurt a. M.: Fischer.

Jaenicke, C. (2006). *Das Risiko der Verbundenheit – Intersubjektivitätstheorie in der Praxis.* Stuttgart: Klett-Cotta.

Jones, E. (1982). *Das Leben und Werk von Sigmund Freud.* Bern: Huber.

Jung, C. G. (1988). *Über die Entwicklung der Persönlichkeit. GW Bd. 17.* Düsseldorf: Patmos, Walter.

Jung, C. G. (2001). *Psychiatrische Studien. GW Bd. 1.* Düsseldorf, Zürich: Walter.

Kerr, J. (2011). *Eine gefährliche Methode. Freud, Jung und Sabina Spielrein.* Reinbek b. Hamburg: Rowohlt.

Klein, M., Riviere, J. (1964). *Love, Hate, and Reparation.* New York: Norton.

Kohut, H. (1976). *Narzißmus.* Frankfurt a. M.: Suhrkamp.

Kohut, H. (1981). *Die Heilung des Selbst.* Frankfurt a. M.: Suhrkamp.

Kohut, H. (1987). *Wie heilt die Psychoanalyse?* Frankfurt a. M.: Suhrkamp.

Krause, R. (2002). Affekte und Gefühle aus psychoanalytischer Sicht. *Psychotherapie im Dialog, 3* (2), 120–126.

Kühn, R. (2007). Der unsichtbare Leib. Affektivität und Fleisch in phänomenologischer Sicht. In P. Geißler & G. Heisterkamp (Hrsg.), *Psychoanalyse der Lebensbewegungen. Zum körperlichen Geschehen in der psychoanalytischen Therapie* (S. 595–613). Wien: Springer.

Kühn, R., Stachura, R. (2005). *Patho-genese und Fülle des Lebens. Eine phänomenologisch-psychotherapeutische Grundlegung.* Freiburg, München: Verlag Karl Alber.

Kumpfmüller, M. (2011). *Die Herrlichkeit des Lebens.* Köln: Kiepenheuer und Witsch.

Künkel, F. (1929). *Vitale Dialektik.* Leipzig: Hirzel.

Lehmkuhl, G., Groner, H. (1994). *Register der deutschsprachigen individualpsychologischen Periodika (1914–1992) (=Beiträge zur Individualpsychologie Bd. 19).* München, Basel: Reinhardt.

Leuzinger-Bohleber, M., Rüger, B., Stuhr, U. & Beutel, M. (Hrsg.). (2002). *»Forschen und Heilen« in der Psychoanalyse. Ergebnisse und Berichte aus Forschung und Praxis.* Stuttgart: Kohlhammer.

Leuzinger-Bohleber, M. & Schmied-Kowarzik, W. (Hrsg.) (2001). *Gedenk und vergiss - im Abschaum der Geschichte. Trauma und Erinnern. Hans Keilson zu Ehren.* Tübingen: Edition diskord.

Levy, M. (1993). Wie ich die Geburt meines ersten Enkelkindes erlebte. In M. Ueberle-Pfaff, *Wie gut, dass es die Oma gibt. Das nützliche Geschenkbuch für die neuen Großmütter* (S. 18–21). Freiburg i. Br., Basel, Wien: Herder.

Lichtenberg, J. D. (1998). Modellszenen und Motivationssysteme – mit besonderer Berücksichtigung körperlicher Erfahrungen. In S. Trautmann-Voigt & B. Voigt (Hrsg.), *Bewegung ins Unbewusste. Beiträge zur Säuglingsforschung und analytischen KörperPsychotherapie* (S. 110–128). Frankfurt a. M.: Brandes & Apsel.

Lüscher, K. (2008). Großelternschaft – eine soziologische Annäherung. In G. Klosinski (Hrsg.), *Großeltern heute – Hilfe oder Hemmnis? Analysen und Perspektiven für die pädagogisch-psychologische Praxis* (S. 33–58). Tübingen: Attempto Verlag.

Mahler, M. (1980). *Die psychische Geburt des Menschen.* Frankfurt a. M.: Fischer.

Mergel-Hölz, H. (2011). *Transgenerationale Weitergabe von Kriegstraumata.* Unveröff. Vortragsmanuskript.

Merleau-Ponty, M. (1966). *Phänomenologie der Wahrnehmung.* Berlin: De Gruyter.

Mertens, W. (1990). *Einführung in die psychoanalytische Therapie. Bd. 1.* Stuttgart u.a.: Kohlhammer.

Mertens, W. (Hrsg.) (1993). *Schlüsselbegriffe der Psychoanalyse.* Stuttgart: Verlag internationale Psychoanalyse.

Mertens, W. (2008). Ödipuskomplex. In. Mertens, W. & Waldvogel, B. (Hrsg.), *Handbuch psychoanalytischer Grundbegriffe* (S. 532–545). Stuttgart: Kohlhammer.

Mertens, S. (2008). Chaos ist nur ein Wort. Interview mit Cosma Shiva Hagen. *Prisma, 35,* 22.

Milch, W. (2001). *Lehrbuch der Selbstpsychologie.* Stuttgart u.a.: Kohlhammer.

Miller, A. (1979). *Das Drama des begabten Kindes.* Frankfurt a. M.: Suhrkamp.

Miller, A. (1980). *Am Anfang war Erziehung.* Frankfurt a. M.: Suhrkamp.

Miller, A. (1981). *Du sollst nicht merken.* Frankfurt a. M.: Suhrkamp.

Mitscherlich, M. (2011). *Die Radikalität des Alters. Einsichten einer Psychoanalytikerin.* Frankfurt a. M.: Fischer.

Moser, T. (1996). *Dämonische Figuren. Die Wiederkehr des Dritten Reiches in der Psychotherapie.* Frankfurt a. M.: Suhrkamp.

Moser, T. (2012). *Kunst und Psyche. Familienbeziehungen.* Stuttgart: Belser.

Müller, A. (2003). Psychopompos. In Müller, L. & Müller, A. (Hrsg.), *Wörterbuch der Analytischen Psychologie* (S. 340). Düsseldorf und Zürich: Patmos, Walter.

Müller, L. (2003). Parapsychologie. In Müller, L. & Müller, A. (Hrsg.), *Wörterbuch der Analytischen Psychologie* (S. 310–312). Düsseldorf und Zürich: Patmos, Walter.

Müller, L & Müller, A. (Hrsg.). (2003). *Wörterbuch der Analytischen Psychologie.* Düsseldorf und Zürich: Patmos, Walter.

Panzer, F. (Hrsg.). (o. J.). *Kinder- und Hausmärchen der Brüder Grimm.* Wiesbaden: Vollmer.

Papoušek, M. (1989). Frühe Phasen der Eltern-Kind-Beziehungen. Ergebnisse der entwicklungspsychobiologischen Forschung. *Praxis der Psychotherapie und Psychosomatik,* 34, 109–122.

Piaget, J. (1946). *Psychologie der Intelligenz.* Zürich: Rascher.

Pilgrim, V. E. (1977). *Manifest für den freien Mann.* München: Trikont.

Quadbeck, E. (2012). Betreuungs-Basar. *Rheinische Post* vom 26.04.2012.

Quinodoz, D. (2010). *Älterwerden. Eine Entdeckungsreise. Erfahrungen einer Psychoanalytikerin.* Gießen: Psychosozial-Verlag.

Radebold, H. & H. (2009). *Älterwerden will gelernt sein.* Stuttgart: Klett-Cotta.

Reinert, Th. (2001). »Keiner versteht mich! Als rede ich chinesisch! Ich glaube, ich bin verrückt.« Die bizarre Welt des Borderline-Patienten. *Zeitschrift für Individualpsychologie, 26,* 99–115.

Reinert, Th. (2004). *Therapie an der Grenze. Die Borderline-Persönlichkeit. Modifiziert-analytische Langzeitbehandlungen.* Stuttgart: Pfeiffer bei Klett-Cotta.

Richter, H. E. (1969). *Eltern, Kind und Neurose.* Reinbek b. Hamburg: Rowohlt.

Richter, H. E. (1972). *Patient Familie. Entstehung, Struktur und Therapie von Konflikten in Ehe und Familie.* Reinbek b. Hamburg: Rowohlt.

Riedel, I. (2008). Großeltern im Märchen. In G. Klosinski (Hrsg.), *Großeltern heute – Hilfe oder Hemmnis? Analysen und Perspektiven für die pädagogisch-psychologische Praxis* (S. 91–104). Tübingen: Attempto Verlag.

Rohde-Dachser, Ch. (1987). Ausformungen der ödipalen Dreieckskonstellation bei narzisstischen und bei Borderline-Störungen. *Psyche, 41,* 773–799.

Rosenfeld, S. (2010). Die übergriffige Großmutter. *Psychotherapie im Alter, 7* (2), 151–159.

Salber, W. (1965). *Morphologie des seelischen Geschehens.* Ratingen: Henn.

Salber, W. (1982). *Der psychische Gegenstand.* 5. erw. Auflage Bonn: Bouvier.

Salber, W. (1987). *Psychologische Märchenanalyse.* Bonn: Bouvier.

Salber, W. (1988). *Kleine Werbung für das Paradox.* Köln: Arbeitskreis Morphologische Psychologie e. V.

Salber, W. (1993). *Seelenrevolution. Komische Geschichte des Seelischen und der Psychologie.* Bonn: Bouvier.

Salber, W. (1997). *Traum und Tag.* Bonn: Bouvier.

Salber, W. (1998). *Gestalt auf Reisen. Das System seelischer Prozesse.* Bonn: Bouvier.

Salber, W. (2006). *Sigmund und Anna Freud. Eine Doppelbiographie.* Bonn: Bouvier.

Salber, W., Rascher, G. (1986). *Märchen im Alltag. Eine empirische Untersuchung.* Köln: Arbeitskreis Morphologische Psychologie e.V.

Sampedro, J. L. (2004). *Das etruskische Lächeln.* München: Goldmann.

Schäfer, A. (2006). Großeltern – die unentbehrliche Generation. *Psychologie heute, 9,* 32–37.

Schröter, M. (Hrsg.) (2010). *Sigmund Freud. Unterdess halten wir zusammen. Briefe an die Kinder.* Berlin: Aufbau.

Schwob, P. (1988). *Großeltern und Enkelkinder. Zur Familiendynamik der Generationsbeziehung.* Heidelberg: Asanger.

Schwob, P. (1992). Großeltern, Eltern, Kinder. Liebe – und was noch? In Buchholz, P., Cierpka, M. & Seifert, Th. (Hrsg.), *Liebe und Psychotherapie. Der Körper in der Psychotherapie. Weiterbildungsforschung* (S. 62–76). Berlin, Heidelberg u. a.: Springer.

Seifert, T. (2003). Archetyp. In L. Müller, A. Müller (Hrsg.), *Wörterbuch der Analytischen Psychologie* (S. 31–34). Düsseldorf und Zürich: Patmos, Walter.

Soulé, M. (Hrsg.) (1979). *Les grands-parents dans la dynamique psychique de l'enfant.* Paris: Editions ESF.

Spitz, R. A. (1976). *Vom Dialog. Studien über den Ursprung der menschlichen Kommunikation und ihrer Rolle in der Persönlichkeitsbildung.* Stuttgart: Ernst Klett Verlag.

Stern, D. N. (1998). Now-moments und Vitalitätskonturen als neue Basis für psychotherapeutische Modellbildungen. In Trautmann-Voigt, S. & Voigt, B. (Hrsg.), *Bewegung ins Unbewusste. Beiträge zur Säuglingsforschung und analytischen KörperPsychotherapie* (S. 82–96). Frankfurt a. M.: Brandes & Apsel.

Stern, D. N. (2005). *Der Gegenwartsmoment. Veränderungsprozesse in Psychoanalyse, Psychotherapie und Alltag.* Frankfurt a. M.: Brandes & Apsel.

Stierlin, H. (1975). *Von der Psychoanalyse zur Familientherapie.* Stuttgart: Klett.

Stierlin, H. (1982). *Delegation und Familie.* Frankfurt a. M.: Suhrkamp.

Tenbrink, D. (2003). Das Trauma aus psychoanalytischer Sicht. *Zeitschrift für Individualpsychologie, 28,* 271–287.

Tripp, E. (1991). *Reclams Lexikon der antiken Mythologie.* Stuttgart: Philipp Reclam jun.

Ueberle-Pfaff, M. (1993). *Wie gut, dass es die Oma gibt. Das nützliche Geschenkbuch für die neuen Großmütter.* Freiburg i. Br., Basel, Wien: Herder.

Uhlendorff, H. (2003). Großeltern und Enkelkinder. Sozialwissenschaftliche Perspektiven und Forschungsergebnisse hinsichtlich einer selten untersuchten Beziehung. *Psychologie in Erziehung und Unterricht, 50,* 111–128.

Uhlendorff, H. (2008). Alt und Jung außerhalb und innerhalb der Familie. In D. Hoffmann, W. Schubarth & M. Lohmann (Hrsg.), *Jungsein in einer alternden Gesellschaft. Bestandsaufnahme und Perspektiven für das Zusammenleben der Generationen* (S. 133–152). Weinheim: Juventa.

Vendel, E. van de (2007). *Großvater, Kleinvater.* Mit Bildern von Ingrid Godon. Hamburg: Carlsen Verlag.

Voland, E. (2009). Altern und Lebenslauf – ein evolutionsbiologischer Ansatz. In H. Künemund, M. Szydlik (Hrsg.), *Generationen. Multidisziplinäre Perspektiven* (S. 23–43). Wiesbaden: VS Verlag.

Weizsäcker, V. v. (1997). Der Gestaltkreis. Theorie der Einheit von Wahrnehmen und Bewegen. In. ders., *Gesammelte Schriften Bd. 4* (S. 83–335). Frankfurt a. M.: Suhrkamp.

Wellershoff, D. (2004). *Der verstörte Eros. Zur Literatur des Begehrens.* München: btb.

Westram, J. (2006). Der Therapeut als Realobjekt. *Analytische Kinder- und Jugendpsychotherapie, 47,* 209–237.

Winnicott, D. W. (1974). *Reifungsprozesse und fördernde Umwelt.* München: Kindler.
Winnicott, D. W. (1979). *Vom Spiel zur Kreativität.* Stuttgart: Klett-Cotta.
Winnicott, D. W. (1983). *Von der Kinderheilkunde zur Psychoanalyse.* Frankfurt a. M.: Fischer.
Winnicott, D. W. (1984). *Familie und individuelle Entwicklung.* Frankfurt a. M.: Fischer.
Witte, K. H. (2002). Eine ciszendentale Interpretation der Individualpsychologie Alfred Adlers. In. R. Brunner (Hrsg.), *Die Suche nach dem Sinn des Lebens. Transpersonale Aspekte der Individualpsychologie. Beiträge zur Individualpsychologie Bd. 27* (S. 95–134). München, Basel: Reinhardt.
Witte, K. H. (2010). *Zwischen Psychoanalyse und Mystik. Psychologisch-phänomenologische Analysen.* Freiburg i. Breisgau: Verlag Karl Alber.

Abbildungen

Leider konnten trotz unserer Bemühungen nicht alle Rechteinhaber der im Buch wiedergegebenen Abbildungen ausfindig gemacht werden. Wir bitten daher darum, berechtigte Ansprüche an den Verlag zu richten.

S. 12: Freud mit Tochter Sophie. Privatfoto, Urheber unbekannt.
S. 13: Freud mit den Enkeln Ernstl und Heinele. Privatfoto, Urheber unbekannt.
S. 73: Etruskisches Paar (Sarcofago degli Sposi). Spätes 6. Jh. vor Chr. Museo nazionale etrusco di Villa Giulia. Rom. Foto von Gerard M. Gebruiker, Niederlande (08.07.2004) http.//it.wikipedia.org/wiki/File.Banditaccia_Sarcofago_Degli_Sposi.jpg (08.11.2013)
S 74: Domenico Ghirlandaio. Großvater und Enkel. 1488.
S. 77, 78: Edward Van de Vendel & Ingrid Godon (Illustrationen), Kleinvader, 2007, Em. Querido's Uitgeverij, Amsterdam.
S. 79: Susan Lordi. Willow Tree Grandfather. Skulptur. Privatfoto.
S. 105: Familienbild von S., 9 Jahre. Privatbesitz.
S. 106: Spaziergang mit dem Vater. Aus: S. Kunert (1960), Schulbilder-Apperzeptions-Test. Köln. Unveröff. Manuskript.
S. 120: Opa und Petra. Zeichnung. Privatbesitz.
S. 121: Danke. Privatbesitz.
S. 160: Mein erstes Haushaltsbuch. Privatbesitz.
S. 161: Das ist ein Bügeleisen. Privatbesitz.
S. 169: Max Beckmann. Familienbild Heinrich George. 1935, © VG Bild-Kunst, Bonn 2015
S. 170: Pablo Picasso. Famille au Bord de la Mer. 1922, © Succession Picasso/ VG Bild-Kunst, Bonn 2015.
S. 194: Familienbild Weihnachtszeit. Privatbesitz.
S. 196: Andy Warhol. Flowers. 1964-65 © 2015 The Andy Warhol Foundation for the Visual Arts, Inc. / Artists Rights Society (ARS), New York.
S. 251: Großvater und Enkelkinder. Privatbesitz.
S. 253: Brief Enkeltochter. Privatbesitz.
S. 264, 265, 267: Jutta Bauer, Opas Engel © Carlsen Verlag GmbH Hamburg 2001.

Psychosozial-Verlag

Josef Christian Aigner

Der ferne Vater

Zur Psychoanalyse von Vatererfahrung, männlicher Entwicklung und negativem Ödipuskomplex

3. Auflage 2013 · 444 Seiten · Broschur
ISBN 978-3-8379-2297-4

»Es gibt Bücher, die kommen als vermeintlich spröde wissenschaftliche Themendiskussion daher und entpuppen sich bei der Lektüre als spannendes Lehrbuch.

Dieses Buch ist dafür ein Beispiel. Der österreichische Psychoanalytiker schuf ein Werk, das ein Gesamtbild der Vaterfigur in der Psychoanalyse, aber auch in der Gesellschaft zeichnet. [...] Mit Verve fordert der Autor eine ›sozialpolitische Wende‹ weg von der Allverfügbarkeit des Menschen und hin zu mehr Individualität, die auch Männern eine selbstverständlichere Anwesenheit und damit Nähe zu Kindern einräumt.«

Andrea Schneider in
Deutsches Ärzteblatt PP

»Aigners Buch samt seiner Ausflüge und Exkursionen in die Sphären der Psychoanalyse ist nicht unbedingt leichte Bettlektüre. Doch wer einen Faible für psychodynamische Hintergründe hat und wer es auf Dauer nicht so sehr schätzt, mit vorschnellen, humoresken Zeitdiagnosen mehr abgespeist als aufgeklärt zu werden, der findet in seinem seitenstarken Werk viel Bedenkenswertes und viel auch an purem Wissen, dass sich von Kapitel zu Kapitel immer mehr verknüpft. Und gibt es etwas besseres, als wenn man plötzlich den Lesefluss unterbricht, weil sich eigene Gedanken aufdrängen?«

Frank Keil in Switchboard